大潮

改革开放的亲历者
激情澎湃的大时代

口述：“对外”的故事

韩淑芳　主编

Koushu
Duiwai De Gushi

中国文史出版社

图书在版编目（CIP）数据

口述．“对外”的故事 / 韩淑芳主编．—北京：中国文史出版社，2018.6
（大潮）
ISBN 978-7-5205-0321-1

Ⅰ．①口…　Ⅱ．①韩…　Ⅲ．①改革开放—成就—中国　Ⅳ．① D619

中国版本图书馆 CIP 数据核字（2018）第 122214 号

责任编辑： 李晓薇

出版发行：**中国文史出版社**
社　　址：北京市西城区太平桥大街 23 号　邮编：100811
电　　话：010-66173572　66168268　66192736（发行部）
传　　真：010-66192703
印　　装：北京地大彩印有限公司
经　　销：全国新华书店
开　　本：787 × 1092　　1/16
印　　张：19.5
字　　数：283 千字
版　　次：2018 年 7 月北京第 1 版
印　　次：2018 年 7 月第 1 次印刷
定　　价：59.80 元

《大潮》丛书

主　　编： 韩淑芳

副 主 编： 王文运　张春霞

策划编辑：（以姓氏笔画为序）

卜伟欣　牛梦岳　李晓薇　赵姣娇

高　贝　徐玉霞　梁玉梅　梁　洁

前言
PREFACE

改革开放，是中国人民在中国共产党领导下进行的一场天翻地覆的伟大革命，堪称中国乃至世界当代史上具有划时代意义的伟大事业。正如习近平主席所言："改革开放这场中国的第二次革命，不仅深刻改变了中国，也深刻影响了世界。"

13 亿多中国人民，在中国共产党的带领下，从农村到城市，从经济领域到政治、文化、社会、生态等方方面面，万众一心，锐意进取，艰苦创业，砥砺奋进，铸就了国家和民族发展史上史诗般的辉煌。古老的中国，从世界上最贫穷落后的国家之一，发展成为世界第二大经济体、第一大工业国、综合实力大国，中国人民的生活实现了从贫穷到温饱、再到总体小康的根本性转变。

这场历史上前所未有的大改革大开放，极大地激发了中国经济社会的生机与活力，调动了亿万人民群众的积极性。冲破人民公社旧体制、创造"大包干"的农民，抓住时代机遇、不惧风险、突破固有思维的个体经营者，艰苦创业、矢志不渝、勇于实践的企业家，为民族复兴与腾飞砥砺前行的科学工作者，奋斗在生产一线的大国工匠，心系祖国、积极投身改革开放事业的港澳台同胞和海外侨胞，为城市发展与崛起身先士卒、殚精竭虑的书记与市长，以及勇敢面对变革、迎接命运挑战的普通百姓……千军万马汇聚成波澜壮阔、激情澎湃的改革开放大潮。

我们有幸生活在这个大时代，我们有幸见证了中华民族走上复兴之路，我们有幸成为改革开放亲历者，我们有幸融为改革开放大潮中激情涌动的一滴水甚至一朵浪花。当一个个亲历者的经历、体悟与情感化作一篇篇生动、鲜活的文字，当我们阅读这些饱含激情与时代精神的文字，改革开放的大潮不禁砰然澎湃而来，激动着我们，感染着我们。

几十年来，人民政协各级机构征集编辑了大量反映改革开放的“三亲”（亲历、亲见、亲闻）文史资料，我们择其精华编辑了《大潮》丛书，通过亲历者讲述的一个个生动鲜活的故事，记录历史，见证岁月，讴歌时代。

韩淑芳

2018 年 6 月

目 录
CONTENTS

第 一 章

栽好梧桐树　引得凤凰来

杨冠群　**国门初启，迎宾百趣生**

小球转动了“大球”。1971年“乒乓外交”，特别是1972年尼克松访华后，中美关系开始解冻，西方国家也纷纷跟上，与中国建交。中国大门打开后，许多西方知识界人士都抱着好奇的心态，想了解被封闭了20多年的这个“共产主义大国”到底是什么样子，来华参观游览的西方客人逐渐增多。由于长期隔绝和海外的歪曲宣传，不少人还是带着几分疑虑，甚至是抱着某些风险准备跨进中国大门的。我当时被国家旅游局从外交学院借调过来，负责外国游客的接待工作。

去天安门跑步要先“请示”

一个美国旅行团刚下飞机，被安顿在北京饭店。吃过晚饭，团领队宣布各自回房休息。

众人离去后，一对中年夫妇悄悄找到我，带着试探的口吻问道：“在美国，我们俩每天早上都有跑步的习惯。刚才大轿车路过天安门广场，离饭店不远，我们想明晨开始到广场跑跑步，不知可否？”

在我看来，这是一个不成问题的问题，还需来“请示”？但细加琢磨，觉得情有可原，因为他们来中国之前受到了“到了中国行动不能自由”的提示。

在北京尚且如此，到了地方上，客人的顾虑就更多了。好在凡是集体活动都有接待人员陪伴，他们尽可放心。但自由活动时间，个别人想到街上走走，了解点风土人情，或采购点手工艺品，却往往放心不下，不敢单独行动。

他们的印象是：中国对外国人控制严格，与中国人打交道时，如果出现误会或意外，语言又不通，会有被“拘留”的风险。因此，他们每次外出总是拽我同行“保驾”。

我尽力而为，即使在公共场所，也总是同他们保持某些距离，从外围上给予照应。目的是给他们安全感，同时也创造一种比较轻松自然的氛围，以便他们同群众自由接触。

误会无处不在

每个来华旅游的客人都带有照相机。万里迢迢，好不容易来到这个“神秘的国度”，还不拍照留念？但奇怪的是，开始时他们个个都像“小媳妇”，战战兢兢不敢动手。原来客人心有顾虑，出发前常有“熟知内情”的人提醒：到了大陆不要随意照相。

经我们陪同人员耐心解释，他们才一块石头落地，快门噼噼啪啪按个没完，但有时又不免出格。主要是有些客人为了猎奇，专门找落后镜头拍——小脚老太太啦，要饭的小孩啦，卖力气的“苦力”啦，孤苦的残疾人啦……

有时，我实在看不过去，只好出面干预，借西方人自己的规矩，请客人“尊重个人权利，先征得被照者的同意”。多数人会意，就罢手了。当然，某些场合是不许照相的，例如军事禁区附近、执勤中的士兵、某些特殊的文物。只要事先打招呼，客人们也会尊重你的意见。

某次，接待一批加拿大客人，我们从机场直接进入上海市区。隆冬季节，大轿车内没有空调，哈出的气在车窗玻璃上凝成一层薄雾。客人们用手一擦，才看得见车外的景象。

车走在南京路上，只见路人如潮。我发现许多客人不知怎么了，交头接耳，面带惧色。我赶紧问出了什么事。

客人先是吞吞吐吐，后来一个大胆的先生贴着我的耳朵问道："上海发生瘟疫了吗？"

我大惊失色，问他为何有此印象。他说，不然的话，路人何必都戴口罩？

于是，我放大了嗓门解释道："中国人冬天有个习惯，出门戴个口罩，一是保暖，二是防御感冒。"

客人们这才松了口气，气氛重新活跃起来。

原来，来前曾有专家提醒：中国境内疫情多多，去了小心点。后来，一位妇女抱歉地向我解释，在他们国内，只有医务人员工作时才戴口罩，误会了。

中国真的已经"共产主义"了吗？

海外来客们最想了解的问题之一，是中国人是否拥有私人财产。

实行"人民公社"后，国外盛传大陆取消了一切私人财物。看见满街的自行车，他们不约而同地问："这些自行车是他们自己的吗？"

有时，我只好现身说法，用我自己的例子向他们说明真相。但对于陪同人员的解释，客人们仍是将信将疑。

他们最感兴趣的莫过于"家访"——亲自到百姓家中进行实地考察。我陪客人们做过多次家访。每回他们都兴致勃勃，不厌其烦地提问。

只有当他们确知接待主人同子女或父母生活在一起，如果分居也经常交往，他们才相信中国的家庭制度没有像西方宣传的那样，在共产主义制度下崩溃了。只有当他们亲眼看到各家各户摆着使用中的自行车、缝纫机、收音机，才相信中国人可以拥有私人财物，甚至房产。

工农业"成果"让外国游客印象深刻

许多人来华前都看过介绍中国的书籍，对于中国的古老文明，他们都佩服得五体投地；对大陆上的山川景色、名胜古迹，他们也叹为观止。然而对中国现实生活的了解，他们却恍若隔着几个世纪。

为了帮助他们认识中国，接待方往往组织他们参观工厂、农村、学校，当然是当时"文化大革命"时期的中国。

不知是为了凑热闹，还是为了认同中国的现实，许多远方来客抵华后都买了绿军装，胸前别了像章，甚至手里拿着"小红书"。他们每到一地，接待单位都安排"革委会"领导先做一番政治说教。凡是好事都是"革命路线的胜利"。不管外国人听进去多少，这个程序概不能免。

参观的项目也都是事先经过挑选，具有宣传价值的。以工厂而论，当时参观的是运转中的纺织厂和车床厂。车间里，到处贴满标语和口号，也有一些评选和考勤活动在进行。车间外，则是五花八门、残缺不全的大字报。对这些，客人们比较知趣，一般只看不问，甚至表现冷漠。

工业成就上，当时宣传最多的，除了南京长江大桥和解放牌汽车外，就是"万吨水压机"和"万吨巨轮"了。我们有幸参观了尚在船台上的"巨轮"之一。

上海江南造船厂里熙熙攘攘，一片繁忙景象。船体还未合龙，站在近处，仰首观看，两半船壳就犹如两座钢铁大楼。工人们正忙碌于巨大的工作台上，耳边不断传来钢铁的碰撞声，焊接枪的弧光耀眼欲眩。但外行只是看热闹，究竟万吨轮的质量如何，我们不得而知。

我们还参观了大寨。深山大沟里，客人们见到满山遍野、错落有致、松软的"海绵"梯田都惊讶不已。成排的窑洞式民房也蔚为壮观，但我们未能入内参观。从门洞朝里看，室内漆黑一片。

居民区里，唯一见到的活动是：坐在门外的几名老妇，正忙着编织草绳，干

瘪、布满皱纹、毫无表情的脸上，带着倦意。

大寨以“自力更生、艰苦朴素”著称，但全国支援者投入了多少无偿劳动却鲜为人知，外国人当然只能得到“正面”介绍。

客人们对中国的农村医疗（赤脚医生）、妇女解放、水利工程都有较深印象，但参观中也不时出现掺假。我们在西安访问了一个人民公社。

进村的路旁，树荫下立了一块黑板，上面用粉笔写了“好好学习，天天向上”八个大字。黑板前有几排小凳，坐着身穿短衣短裤或粉红裙子的男女孩童，他们每人脸蛋上都涂了浓浓的胭脂，看去好像是泥人娃。特别是女孩，每人头上两个大红蝴蝶结遮去了半边头发。他们的穿着和打扮，实在同幼儿园外光背赤脚、满街乱跑的村童相差太远了。

客人们走近时，一名女老师便教起“识字”来，一遍一遍地重复“好好学习，天天向上”，孩子们东张西望地看着外国人，嘴里像唱山歌似的跟着念。奇怪的是，一个多小时后参观完毕，客人们离去再路过时，孩子们还在那里念“好好学习，天天向上”。

这种安排只能一时糊弄走马看花、不甚了了的外国人。即使以组织得较为严密的城市“家访”来说，细心人也会发现，所去之处都是支部或革委会干部的家，出来接待的家属也都训练有素，对答如流。

我深深地叹了口气：什么时候我们才能少点弄虚作假！

有关人员弄虚作假可能是出于好意，想给外国人一个好印象，说到底是为了掩盖瑕疵。但如果过了头，结果往往适得其反。

中国式“围观”

经过多年的隔绝之后，中国的广大群众对于突然出现的“洋鬼子”也有个适应过程。“围观”是最常见的现象。

外国游客走在街上，总是被路过的行人团团围住，而且随游客的进退而移动。

有时在公安人员劝导下，人群散去。过不了多久，又被新的人群包围。有的路人虽不围观，也排列成行，驻足观看。群众只是默默地看，悄悄地议，从不同外国人搭讪，形成一种奇特而尴尬的局面。

许多客人感到很不自在，反映说:“我们成了动物园里的动物了。”

城市尚且如此，农村群众的好奇心和“敬而远之”的心理就更为突出。

有一次，我们前去长沙郊外的一个村子参观。走近村子时，远远就望见街上的孩童四处奔跑，贴近时只见沿街农户纷纷伸出半个身子，朝我们的方向窥视。我因我们一行竟能引起这么多村民的兴趣而感到高兴。

谁知走进村子，一路只听得此起彼落、沉重而急促的关门声。再细看，家家门户紧闭，街上杳无一人。我突然想起抗日电影里“鬼子进村”的镜头，如果这些客人是“鬼子”的话，我可不就是“汉奸翻译官”了!

那个年代，不论男女老少，中国人穿的大都是四个口袋的干部服，只是颜色有黑、蓝、灰、绿之分而已。群众围观的原因，除洋人的肤色、头发、长相与中国人不同外，他们的衣服式样、花色、面料也是诱人之处。至于他们中间个别人穿的奇装异服更是“引人入胜”了。

美国团里，一名青年男子身着一条牛仔裤，裤脚是毛边的，没有缝制，这就够新鲜的。尤有甚者，双腿膝盖上还留了两个大窟窿。这位青年人恰好坐在一个塌下的沙发上，窟窿被膝盖顶着，露出了白嫩的肌肤，愈为招眼。

在座的中国人莫不把视线投向青年人的膝盖。许多人在想：人说美国人有钱，这个美国人不远万里来到中国，花了多少路费，还买不起一条像样的裤子?

对这位先生的“新潮”服装，我心里有数，但不便为他当场解说。

先生见他的“破裤”为众目所视，也不好意思起来，几次把腿缩回，但他的坐姿仍无法掩盖裤上的大洞。最后无计可施，只好用两手把膝盖捂起来。

第二天起，我就见不到那条牛仔裤了。

我给外国游客开“记者招待会”

绝大多数客人都较友好，渴望了解中国，我总是尽量满足他们的要求。我们全程陪同人员，每次接待，从南到北，朝夕相处十天半个月，也是同他们相互熟悉和建立友谊的过程。

记得有一次，我从上海陪一个英国的医生团去西安。漫长的火车旅程中正是聊天的好机会，六七个团员挤在一节卧铺车厢里，七嘴八舌向我提出各种怪问题，好像中国是个人迹罕至的世界。火车道旁的水车、窝棚、砖窑、碉堡等都是他们从未见过的景物，从地里种的陌生庄稼——小米、高粱、水稻可以谈到中国的饮食习惯，从路边的驴车、手压泵、锅驼机（蒸汽动力机）可以扯到中国的工农业发展。

我转了几个车厢，但许多团员仍未能参加谈话，有的人也话犹未尽。

到了西安，住进旅馆，离晚饭还有一个多小时，我干脆就借了个大会客室，开起“记者招待会”来。会上，我请他们放开来问，不论政治、经济、社会、文化，只要我能回答的，概不回避。此举效果奇佳。

过后，团长（一名伦敦的外科医生）半开玩笑地对我说：“你可以去英国当大使。”

我感谢他的好意，但只暗自苦笑。我早已离开外交第一线。那时，我是从外交学院被国家旅游局借调出来帮忙工作的，用的是我的英语。

到了桂林，在漓江的游船上，医生团长先把我逗笑了，然后为我拍了一张彩照，返英后他冲洗放大，通过国家旅游局转寄给我。照片附言：“我以最好的愿望，感谢你的帮助，它使我们的中国之行成了如此有意义的假日。这张照片送给你夫人，以表明工作根本并不艰苦！（在他看来，旅游带队，既游山玩水，又结交朋友，是轻松愉快的美差。看，照片上的杨先生不是在开怀大笑吗？）

我不便告诉这位英国医生我的住址，十分抱歉也没有回信。那个年代，在涉外个人关系上，多一事不如少一事。

通过旅游参观，在一定程度上，外国游客消除了来华之前对中国的误解。在他们的印象中，中国百姓对外国人比较冷漠，但不排外；市面上供应不充裕，但社会治安良好；国家科技不发达，但人民勤劳智慧。离去前，他们表示：此行过得很愉快，受到很好的接待，很有收获。事实上也是，我接待过的团队从未发生意外或与中方发生过别扭。

如今，每年来华旅游的外国客人达一亿多人次，凭一纸旅游签证（对有的国家免签）就可以游遍全国。而在国门初启年代，对外疑虑较大，一般要求组团来华，以便管理，所去之处也就是几个大城市和开放的景点。

今非昔比，改革开放以来，中国变化很大——经济繁荣了，城市美观了，管理规范了；人民生活改善了，文化素质提高了，对外再展现中国时，就没有必要像 40 多年前那样遮遮掩掩了！

（作者为外交部离休干部）

蔡德道　我为霍英东投资的白天鹅宾馆做设计

坐落在广州城内的五星级酒店白天鹅宾馆、中国大酒店和花园酒店统称广州的三大宾馆，也是广州的标志性建筑。改革开放之初，三大宾馆落户广州。1985年7月1日，白天鹅宾馆成为全国第一家被吸收进“世界一流酒店组织”的成员。2007年，花园酒店成为我国首批白金五星酒店。这三座豪华的宾馆的确为羊城广州增添了风采，也使广州的旅游服务业的接待能力与水平从此与国际接轨，实现了跨越式发展。目前，三家酒店已先后收归国有，这是中国改革开放的伟大成就，更是广州改革开放的重大成果。

廖公出面谈引进　英东带头建宾馆

1978年，随着“文化大革命”的结束，中国社会恢复正常秩序，国门也悄然打开了，海外游子、港澳同胞纷纷返回家乡，探望自己久别的亲人，尽点孝心，也聊补思乡之苦。与日俱增的游客人数，使国务院领导人意识到我国当时宾馆数量、服务质量与管理水平均与形势不相适应。因此，务必要加快旅游宾馆的建设，做好服务接待工作。限于国家资金投入有限及知识与经验不足，决定引资建设并容许外国人经营管理，于是成立了利用外资建设旅游饭店领导小组，由廖承志领导，计划在各大城市建 8 座五星级宾馆，广州占 3 座。

是年 7 月，时任国家旅游局局长卢绪章在广东各地考察。廖承志邀请香港工商界与此事相关人士李嘉诚、利铭泽、霍英东、彭国珍等赴京商谈，并受到邓小平接见。廖承志还与霍英东亲切会面，推心置腹交谈，使霍英东坚定了投资建设宾馆的决心，两天后就毅然敲定。而这类投资，在国外通常要花半年时间才能谈妥。

9 月，卢绪章在北京家中与霍英东、彭国珍继续商谈，达成在广州建宾馆（即白天鹅宾馆）的意向。11 月 2 日"广东省旅游旅馆工程领导小组"成立，林西着手选定建馆土地。

当时全国其他五座城市已基本落实，但作为改革开放前沿的广州却显得滞后，原因是外省已动工者都是由外国人设计、实施及直接经营。资金由投资者向外国银行贷款（当时伦敦金融市场贷款利率是 0.5%—1%），设计费是 4%—6%，采购材料设备的中介或回扣是 3%—5%；有人反映：工程未动，投资者已回收 10%。为此国务院分管建设的领导曾表示：以设计及主办权换取投资并不可取。

在广州，当时中方并无投资，只提供土地使用权，但选地仍有困难：霍英东与彭国珍选定沙面西段，却无一寸土地，只有在堤岸以外与航道之间的水面填江筑地；利铭泽等选定环市东路菜地（即花园酒店），却已拨给某省级机关建宿舍，后又收回给广东省旅游局，已开始设计旅馆（现南湖宾馆前身）；李嘉诚拟建旅馆取名中国大酒店，其本意是建在首都，但因故未成，拟改建于另一大城市，亦未成功，后来在广州选定的是大北路与流花路交界处，背面是某省级机关已在动工兴建干部宿舍的象岗山，公安、交通部门规定沿路不能开大门，并应退缩。国务院有关部门获悉问题后，电告广东省委领导：望广州切实解决，否则巨额投资将流走。

林西赴港作考察　葡京酒店签协议

省委第一书记习仲勋要求林西在 1979 年元旦假期后即赴港谈判。但当时香港还在英国管制下，赴港公干，需经政审合格后由外交部发给护照，送英国驻华大使馆签证（规定需 18 个工作日，即 3 周以上）。这时，林西刚从美国回来，因此只能按特殊合法途径前往，于 1 月 10 日动身，按期在 1 月 25 日签订协议后回来。

其间，白天鹅宾馆的建设曾生波折：由于港英当局及美国政府对霍英东无理攻击，以致国内有人担心合作“有失国体”，工作为此受阻。幸得叶剑英元帅关心，向廖承志、王匡（时任新华社香港分社社长）及柯正平（澳门爱国人士）等了解，一致认为霍英东是好人，叶帅即告诉广东省委领导，好好与霍英东合作。

霍英东经商有创举，他爱国，相信内地领导与技术人员的能力，不盲目迷信外国人，有“三自”（设计、施工及经营）的设想。霍英东在香港与林西等接触，达成共识，终于在林西一行回广州前夕，于澳门葡京酒店形成文字。

林西于 1979 年 1 月 23 日给市委转报省委的报告中称：“关于设计问题……将由双方，共同研究，制定方案，务求以最少投资获得最好的效果，并由国家组成专门组织审查……只要引进必要的先进技术和材料设备……我们均可设计与施工。”

紧锣密鼓搞设计　广州方案脱颖而出

1979 年 1 月底，春节假期后上班第一天，林兆璋与我被领导通知到广州市设计院见市建委主任赖竹岩。见面后被告知，要我俩立即开始参与宾馆设计。交代的内容很简单：要达到国际水平，要通过与海外建筑师竞争，取胜后才能获设计权。不久，参与设计的人员陆续调来。设计组由佘畯南、莫伯治领导。我是以口头招来的"临时工"身份重返离开十年的广州市设计院。

要搞设计，我们却连起码的地形图也没有，只好找来沙面西南角的地形图，以及航道局的航线图。至于国际标准宾馆为何物，只有佘、莫二老见过，后经努力从各处找来资料，也没有系统介绍，又都是外文，法、德、日文无人懂，绝大多数同事中学、大学时都是学俄语，便只好通过查字典与"看图识字"而略知一二。

对时间的安排，赖竹岩说得很清楚：全国同类宾馆共 8 座，广州占 3 座。外地的 5 座是由外国人设计、实施及管理，都已落实。广州必须在当年 10 月前动工，按此倒计时，8 月前应完成施工基本图，5 月前应定方案。为此，全组人员必须全力以赴。由于是涉外项目，不得与无关人员谈及，不得接受媒体采访。

我除了夜以继日做方案以外，每天晚上还要用两小时"恶补"英语（自学）。

当时广州的建筑设计水平在国内是位居前列的（在中国建筑学会 20 世纪 70 年代优秀建筑创作奖 9 项中广州占 4 项）。在不戴"有色眼镜"的公正海外同行眼中，是"大手笔"，只是资金、物质与技术条件及信息不足而已。

在第一轮方案评比中，我们的方案与外国的水平不相上下，但未显示有压倒优势。为争取胜出，我们对方案作了调整：

一、缩短主楼长度，减少对沙面的"屏障感"，定为 80 米，外墙周边全为客房，交通及辅助设备全在内核心，以增加稳定性。二、国际标准宾馆的公共活动部分面积超过一半，以安排更充实的内容，但底座增大，解决通风采光不良成为突出问题。美国建筑师约翰・波特曼的中庭理念，在旧金山取得成功，香港帝苑酒店亦用此法，林西赴港考察时见过，认为可取。于是明亮、开敞的底座就成为方案中的特点。三、因沙面不容许宾馆车辆经过，故从沿江西路起，沿沙面堤岸在水面建高架桥，作车辆进出专用，与宾馆设在二层的大堂相接，避免对沙面交通的影响。

根据协议，设计方案由国家组织评议，择优选用。经过多次会议，并征求港方意见，认为我们所作方案可取，经杨尚昆与霍英东见面达成共识，立即报告习

仲勋并再次约见霍英东父子，最终确定。

然而当时只是确定平面形状、尺度及与基础相关的墙柱位置，详细内容尚待主要设计人员赴港考察及选定设备体系，才能深化设计。我们立即准备组团赴港，但限于当时种种规定，经长达四个月的努力才办妥各项必备手续。

赴港的人数限制极严。只能由莫伯治组长一人参加（佘畯南是后来随国家建设部设计局组团前往）、建筑专业去五人，都是各部位的主笔者（我是负责主楼设计），每设备专业各去一人，但政审结果有三人“不合格”，不能去，经林西亲自向主持政审部门了解，才知所谓的“不合格”是因为三人的母亲都在香港，可见当年“左”的影响是多么大。至年底，我获通知参加出国外事纪律学习班时，始知是林西亲自请负责组织工作的省委书记帮助解决的，足见其难度之大。

到香港后，我们住在招商局海员招待所，是大房间，睡帆布床。在参观高级酒店时一般不能拍摄，不能用尺量度，不宜做记录，只是眼看心记，回招待所当即整理记录。

我分工做客房设计，但从未住过，只在离开香港、途经澳门回广州前，在葡京酒店住过一晚。晚上应酬后，即回房间锁上门，外面挂上“请勿打扰”牌，然后逐一量度、察看，做出详细记录，整夜未眠，天亮后即准备回广州。我住的是标准客房，套间是由佘畯南在香港新世界酒店内林西所住套间测绘，再整理出完整资料。

经过考察，开始认识香港酒店，发现我们的设计方案应修改。在九龙尖沙咀香格里拉酒店（当时属全港最新、最高级的酒店），客房单元面积 40 平方米，层高 2.6 米，净高 2.4 米。相比之下，我们的方案面积少 20%，高了 0.7 米，这种客房外人难以接受。我曾陪彭国珍的代表黄奇松参观广州最高标准的客房，层高是 5 米，他客气地说“可以打羽毛球”。

层高与造价及能耗相关，但不是简单改数字，要用厚 0.2 米的无梁楼盖，用垂直柱式风机盘管系统（国内无生产，要进口或付专利费仿制）。经过努力，才将层高降至 2.8 米（比白云宾馆降低 0.5 米）。

1980年夏，我们再次赴港。这时政策已较宽松，可住酒店，有借用的办公室，我们的任务是落实装修、家具与陈设。经过了解，知道全球宾馆多属于知名跨国宾馆集团连锁管理，如希尔顿、喜来登、香格里拉、假日等，各集团对建筑、室内设计、服务项目、水平、质量效率均有详细规定，经检查合格后才能纳入。且集团事先发给《设计指南》作为依据，我们经港方友好人士协助得到一本英文本，厚达600页，是逐项逐条的规定。另外，各国另有旅馆评定星级标准，也是同样严格，香港酒店业人士称之为两本"天书"。我以两年时间才粗读一遍，以应工作之需。

回来后，我们采用了先进技术设计宾馆，以提高服务水平。例如旅客入住后，绝大部分消费不必付现款，只需在退房离去时统一结账。这就一改以往每处消费均要付现款的做法，方便了客人，提高了档次。为此，每间客房及各消费点必须预埋与总服务台电脑结算中心连接的线路。电梯用机群程序控制。又例如屋顶不设高位水池蓄水，供电采用恒压变流系统。此外，部分装置还涉及城市公用事业，包括国内外直拨长途电话及自动计费，为稳定供电而配备的自动启动的应急发电机等等。还有，因为广州当时非常缺电，工厂开三停四，民用电常被拉闸，这些问题，都要与有关部门协商，经过多方努力才得到解决。

总而言之，经过全体设计人员的共同努力，我们战胜了实力强劲的外方对手，方案脱颖而出。

国内首家"三自"宾馆开业

三大宾馆在引进过程中，非常幸运地得到省、市领导一如既往的坚定支持，许多难题也在他们手中得到破解。最早主持广东省委及广州市委工作的习仲勋、杨尚昆都是坚定地支持改革开放的，他们于1980年11月奉调回北京。继任的省、市委领导任仲夷、梁灵光、许士杰也非常重视三大宾馆的建设。

经过几年辛劳，总算获得了好结果。白天鹅宾馆于1979年7月19日动工

（比廖承志要求动工时间早 70 天），1983 年 2 月 6 日开业。它是国内第一座由中国人自行设计、自行施工与自行管理的五星级宾馆，国家授予包括工程组织建设、建筑设计、施工三项金质奖章。广州人的才能开始为海外赏识。后来中国大酒店就是由港方与广州市设计院共同做方案，由广州市设计院完成施工图的。

随后中国大酒店（由梁尚立副市长主持）及花园酒店进度亦加快。1984 年 6 月 10 日中国大酒店全面开业。由广州羊城服务发展公司与香港新会成有限公司合作经营，香港新世界酒店集团管理。花园酒店由中方组建岭南置业公司参与（林西兼任首届董事长）。4 月 20 日与香港花园酒店有限公司签署合作协议，杨尚昆亲自为奠基石题字。1983 年，廖承志视察白天鹅宾馆。1992 年白天鹅宾馆开业 10 周年大庆，杨尚昆（时任国家主席）亲笔题词致贺。

三座宾馆在 1987 年均列入全球 69 座五星级酒店之中。至 2007 年，白天鹅宾馆已增加客房逾 3000 间，多年平均开房率逾 70%，接待人次近 2400 万，就餐座位增加 7000 个，公寓及写字楼约 14 万平方米，供国外领事馆、跨国公司等租用。当年仅是开拓，之后仍需不断努力。

回首往事，我虽参与其事，但只是埋首于设计并促其实现，对政策、方针与理念知道很少，但工作过程中确实是感到有先知先觉的高层领导在支持、指导，若非他们有坚定信念，勇挑重担，我们做具体工作的，将是寸步难行，甚至一事无成。

（作者时任广州市设计院副总工程师、高级工程师　杨苗丽／整理）

陈哲良　用“蚂蟥精神”啃下硬骨头

墙内开花墙外香

1966 年，我从浙江大学光学仪器系毕业，分配到宁波光学仪器厂工作，整整待了 16 个年头。当时，宁波的工业基础比较差，生产也不景气。

1983 年，时任省委常委、宣传部长的王家扬来宁波调研。恰好那时，我们光学仪器厂有个显微镜出口到了欧美，带来了很大震动。王家扬特意前来了解情况，问我：“产品出口到欧美，是怎么一回事？”

我解释说，由于处在从计划经济到市场经济的转型期，厂里的业务都得自己去找，我们这么做是为了打开市场做生意。

那时候，显微镜还是有一定技术含量的，又出口欧美赚了外汇，是件相当了不起的事，令王家扬印象深刻。

事后才得知，王家扬此行是为浙江省对外改革开放探路的。没过多久，浙江人民广播电台就播放了一则 5 分钟左右的相关消息。

墙内开花墙外香，宁波市听到了这则消息，立马派了宁波报社副总编辑沈长根同志来厂里调查座谈，并先后三次在《宁波日报》头版头条刊登了文章，报道

光学仪器厂怎么出口显微镜。

这下子，我成了先进人物，还入了党，从原先的技术骨干成为厂长、市劳动模范。

那时，恰逢三中全会以后，党和国家也起了要动用知识分子管理国家的念头。借着这个东风，1983 年，我从一个普通的知识分子一跃成为宁波市副市长。

宁波港和宁波帮

当时的对外开放工作主要分为三块：利用外资、进出口贸易和开发区。宁波对外开放主要有两个优势：宁波港和宁波帮。

说起宁波帮，记得有一次，我去香港出差，参加美国商会的一个活动时，有人向我提问："宁波现在搞对外开放，还能不能出像包玉刚这样的人才呢？"

我头一回被人问这个问题，灵机一动，这么答道："第一，宁波的地貌，是七山两水一分田。过去发展主要靠农业种田，宁波地少，很穷。吃饭的时候，只用筷子尖儿蘸一点儿蟹酱，还要再甩一下，才下饭吃。俗话说，穷则思变。第二，宁波人杰地灵，不少人年轻时在新加坡、日本等地闯荡过，对外面的情况比较了解，年纪大了回到宁波养老。他们见识广，能够对年轻人进行指点，有助于年轻人开阔视野。第三，宁波交通便利，尤其是水运，去上海等大地方特别方便。所以宁波人出去的多，再加上脑子灵活，生意就慢慢做起来了。"

后来，宁波对外开放搞得这么红火，与一大批宁波帮的支持、宁波人自身灵光的生意头脑，以及便利的水运优势，不无密切联系。

此外，我认为，宁波对外开放发展这么快，主要得益于计划单列。这其中，包玉刚先生功不可没。

那时，为了让宁波能够成为大连、青岛那样的计划单列市，耿典华市长和我跑了很多地方。

有一年夏天，我们到国家计委去找管计划单列的处室，可那处长一听我们的来意，就头一抬冷冰冰地说：“你们宁波要搞计划单列，门儿都没有！你们怎么能跟大连、青岛比？”

虽然宁波当时和青岛、大连比，差距的确很大。但大夏天的，本来天就热，我们又走得大汗淋漓，不招呼我们坐下来擦一擦汗，话还这么难听，我火气一下就上来了。倒是耿市长比较冷静，用手碰了我一下：“哲良，我们不好得罪他的。”我只能咽下这一口气。

临走的时候，那个处长甩出一句话：“宁波想计划单列，要靠包玉刚！”无意间的一句话，却提醒了我们。

包玉刚先生是国务院宁波协调小组的顾问。每年春节前后，协调小组都要开会，包玉刚先生总会过来，被国家领导人直接接见。何不请包玉刚先生带信呢？

一连三年，每年我们都请包先生向中央提宁波希望计划单列的事，最终，通过各方努力，批复终于下来了。

宁波成为计划单列市后，不仅享有省一级的财政经济大权，还拥有了进出口权，相继成立了纺织、粮油、土畜产等十来个进出口公司。由于当时只有外贸公司才有进出口权，为了解决货源问题，纷纷办起了厂，从而延伸了产业链，促进了工业，也带动了宁波的整体发展。

史无前例头一遭

应中央要求，14 个沿海开放城市都要辟一块地方作为开发区。对于开发区的选址，谷牧同志有个指示：为了防止走私，开发区要用铁丝网拦起来，使走私贩背了两台电视机都翻不过去。

我们选了很久，最后选中了镇海旁边的小港，一期开发面积为 1.3 平方公里，南边和西边都是海，东边是山，赶紧向中央报告。

国务委员谷牧同志和特区办主任何椿霖同志亲自从温州赶来宁波，验收开发区的选址工作，途中得经过宁海。

当时农村极其落后，连一个干净、像样点儿的厕所都没有。我前去雁荡山迎接他们时，先去了宁海，像对待一个工程一样，特意找来人打扫干净。

到了小港，谷牧觉得不错，就定了下来。

按照国家1平方公里1个亿的标准，1.3平方公里能借到1.4亿元的专项开发资金。

为了能尽快借到钱，早点儿建设开发区，当外经贸部和人民银行的领导前来视察时，我虽然发烧烧到了38.8摄氏度，还一个劲儿跟他们介绍宁波对外开放的优势，并大叹宁波资金短缺的苦水，汗水顺着脸颊直往下流。

在何椿霖主任和省人民银行行长陈国强同志等人的帮助下，宁波很快借到了1.4亿元。

可是，那么大一块地方，1.4亿元哪够呢？没多久，钱就用完了。

我不愿意继续向国家伸手要钱，开始思索通过外引内联来引进外资。通过进出口贸易和劳务输出，我逐渐与五矿公司熟稔起来，当时他们的进出口贸易已经做得很大了。

一天，碰到五矿老总王念，我就问他："你们要投资项目，我这边开发区有项目，有没有兴趣一起合作？"

他一听，来了兴趣，问我什么条件。

我说："开发区的财政是独立的，现在我已经投了1.4亿元，你们也来投1.4亿元，彼此股份各占50%。"

王念一思索，觉得不错，但1.4亿元毕竟不是个小数目，又拉来机械公司入股。

最终决定五矿公司投36%的股份，机械公司投14%的股份，但是有个前提，要和宁波市政府签协议。

我表示没问题，马上向葛书记请示。葛书记同意了。

要知道，以前只有经济合作中有股份制，还没听说过和政府合作也可以采用股份制方式的，这在14个开放城市中，也是史无前例头一遭。而且那时，宁波对外开放才三年工夫，能够引进几万美金就很不错了，何况是1.4亿元。

葛洪升书记升任省长后，在一次全省工作会议上点名说："哲良，你这1.4亿元，是浙江省外引内联最大的突破！"

自此，这1.4亿元，也成为了宁波对外开放工作中的一个亮点。

1.4亿元的外资引进来后，不仅搞好了基础设施，也引进了项目，极大地带动了小港开发区的发展。

1992年我离开时，小港一年的税收收入就有4亿元，其中很大一部分还支援了北仑开发区的建设，五矿公司和机械公司也赚得盆满钵满。

可以说，这次合作达到了双赢。

引进项目促发展

1987年，我第一届副市长任期结束时，宁波的对外开放工作还很艰难。工业基础差，土地卖不出去，又处于交通末端，外商对宁波的了解还处于一个认识过程，亟须引进项目带动发展。

大项目引不进来，小项目也吸引不了人，怎么办呢？

正当我一筹莫展时，一个大胆的想法蹦到了我的脑海中：以香港宁兴公司的名义，通过合资合作、固定分利的形式，向香港中国银行借1500万美元，以此引进外汇，来宁波投资，专门借给乡镇企业搞对外合作。

当然，这钱只能算是借贷，到期后是要还的。但我们对拿到钱的企业实行"两免三减半"政策，即前两年免税收、后三年税收减半，后面再一个五年，我们依旧采用这种政策。

我记得借钱金额比较多的是北仑海天集团和慈溪的一家轴承厂，分别借了50万美元和30万美元，它们利用这笔资金，迅速发展起来，现在发展成为国际性大公司。而其他企业一般借了10万元或15万元。

通过这种方式，我们扶植起了一批乡镇企业。随着企业飞速发展，项目也多

了起来，形成一种良性循环。

累并快乐着

现在回想起来，当时分管宁波对外开放工作，虽然责任大、担子重，但是兴趣浓、劲头足，弄得有声有色，一片风风火火的景象，真的是很开心。

当然，对外开放的途中，并非一帆风顺、一马平川，也会有观念和体制上的种种阻挠，也需要冲破层层藩篱。

记得有一次，纪委和财税局要调查一个铜阀门厂的厂长，我一了解事情的原委，竟然是因为他进口了一批铜，看着当时铜的行情好，就把原材料铜给卖掉了，没有按计划做成铜阀门。现在看来，做生意只要是合法，自然是图利润高的，本无可厚非。可那时很多人还没从计划经济的思路中走出来，认为这样不对。

“第一，原材料铜能卖得好价钱，为什么一定要制成铜阀门才能出售？难道钱赚得多，不是好事情吗？第二，钱还没有入账，怎么能按逃税算呢？第三，我做过厂长，知道好的厂长要对员工负责，这位厂长趁着利润好的时候，多赚点儿钱，以丰补歉，让员工多拿点儿工资，何罪之有？”在我的据理力争下，这场纠纷才消解下去。

对外开放中，这样的事情还有很多。正如沈祖伦省长曾在全省的会议上表扬我说：“宁波市副市长陈哲良有蚂蟥精神！”

当下，我还听不太懂，后来才领悟到所谓的“蚂蟥精神”是指叮牢不放。也许，正因为这种蚂蟥精神，才让我们啃下了一块块开放途中的硬骨头。

（作者时任宁波市副市长　胡佳艳/整理）

张其德　**招商成功的“秘诀”**

我是1984年11月来天津经济技术开发区的。1957年，我从上海华东化工学院毕业。1957年至1963年，在北京中科院力学研究所，在钱学森的领导下从事空气动力学研究。来开发区之前在天津冶金系统工作，是天津有色金属工业公司的总工程师、副总经理。

开发区建区初期主要有两大任务，一是建设，二是招商。这两大任务我先后都参与了。

建区初期，条件十分艰苦，一片盐碱地，寸草不生，现在的人们很难想象。如果看了当年的照片、纪录片，就知道当时是怎样的情况，那真是头顶蓝天，脚踩荒原！

招商谈判，一种多学科的艺术

在多年的招商谈判生涯中，我感觉到谈判不单是一种语言交流的过程，还需要各种学科知识，是一种多学科的艺术。幸好，我在以前的工作中打下了这方面的基础。外语、管理、工程和工科知识正好是我的强项。

在招商引资初期，不像现在，有很多工作都是各个部门共同做的。那个时候招商，什么工作都得参与进去，比如说，建区的第一个项目就是嘉泰陶瓷工业有限公司。当时这个项目的谈判、可行性研究报告、准备合同及打印、油印工作，全部由自己完成。

由于初期建设我们是求人家，所以只要有一个线索、一种可能，我们就闻风而动。比如，听说北京有一外商想对某项目投资，我们就马上电话联系，立刻坐火车到北京找人家。

顾虑重重的客户

那时候，外商对中国的开放政策还有很多疑虑，做工作确实有很多困难，颇费口舌。比如摩托罗拉，为什么能够选择天津开发区？我们的能源供应、通信保障是很关键的问题，必须要给人家说清楚。要了解它投资规模有多大，准备安装什么样的设备，这些设备总的功率有多少。只有了解这些，我们才能知道它需要多少供电量，需要配置多大的变压器。在这个基础上，我们才知道以什么样的电压等级去配置，怎样保证供电的可靠、稳定。

再比如，与摩托罗拉的土地合同谈判，这是我们第一次遇到这样大的土地合同谈判，而且摩托罗拉请了美国最有名的柏克·麦肯锡律师事务所来跟我们谈土地合同。这个合同的谈判非常艰苦。要让这个合同既符合我国的政策规定，又让美国人能接受，也就是说要和美国的一些法律、概念，和他们的习惯相融合。我们和美国律师事务所交锋非常频繁，而且一谈就谈到晚上十一二点，甚至更晚。

最初，摩托罗拉对开发区的环境有所顾虑，一是开发区原来是一片盐碱地，他们担心空气里氯离子太高，会影响生产；二是地基较软，能不能建厂房，他们有所顾虑。

本着对外商负责的态度，我当即决定，请当时的环保局长刘慧芳邀请天津地质勘探所，对开发区的地质进行勘探，并做了一份详细的勘察报告，用事实说服外商，让外商消除顾虑。因此，我们必须对项目的专业知识有详尽的了解，才能使谈判顺利进行。

谈判，不仅仅是语言的交锋

记得有一次，其他同事和日资企业华德温谈判，他们始终对能源方面的问题不满意，非要找我谈，我就跟他们见了面。

我对他说："你能讲英语吗？"

他说："能。"

我说："好，那我们不用翻译，直接用英语谈。"

他就把供热方面的一些问题、要求、意见提出来，我说："行，你所担心的我们都可以解决。"

我们谈了半个小时，全部问题就都解决了。

我感觉到，这实际上就是一个语言交流的问题。一是语言，二是翻译水平。有的翻译不太懂专业知识，造成了交流的困难。

比如，美国通用半导体公司这个项目，当时的副市长叶笛生是半导体方面的专家，对这个项目非常感兴趣，非常重视，并亲自会见该公司的总裁。为了把这个问题谈好，他请了一位天津外语学院教研室的副主任担任翻译。

谈话时，关于税收优惠和进口设备退税的问题，由于翻译不太清楚业务，不敢翻译有关退税的内容，把这部分谈话内容省去了。我觉得这是个大问题，因为半导体工厂设备价值是非常昂贵的，这个设备如果把税收加进来外商投资成本就会增加很高。

我对叶市长说，刚才好像有一个问题没有说清楚，就是税收问题，请市长对外商再讲细一些。

这时，翻译人员说："我对这个不明白，没法说。"

叶市长说："其德，你就直接跟他们讲吧。"

于是，我把有关税制的规定跟他们总裁作了一番解释，他们很感兴趣。以后，

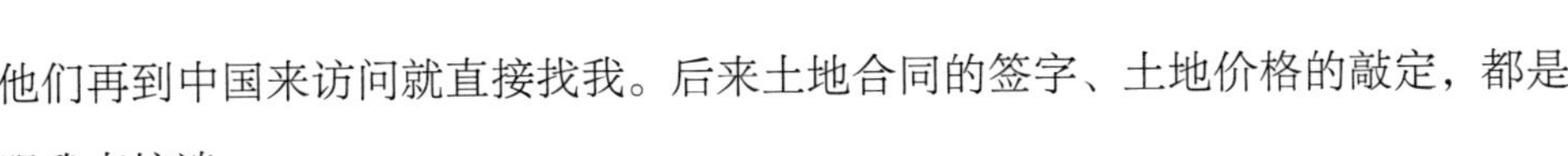

他们再到中国来访问就直接找我。后来土地合同的签字、土地价格的敲定，都是跟我直接谈。

通过这个问题我觉得，语言的交流对招商引资非常重要。

令对方惊讶的高效

招商的谈判是双方语言、利益、理念的交锋，但更是一种服务，以我们的服务、真诚和高效留住企业。这一点在诺和诺德项目的谈判中，我体会特别深。

诺和诺德生物工程技术公司投资 2.6 亿美元，是区内第二大投资企业，仅次于摩托罗拉。当时，我们非常重视，集中了开发区的精兵强将，组成一个谈判小组，海关、税务、外贸、能源供应、土地开发等主管部门都组织进来了。

管委会要求各个部门明确谁参加，并对参加的人员提出了三条要求：政策通、外语好、有一定的专业知识。谈判由我负责。初期阎征同志也参加了，后来因事基本上退出了。参加谈判的还有区内外语水平最高的张富生同志以及相关部门的负责人。

谈判时，我们一开始就把有关政策跟他们交代清楚，能做的我们就做，做不到的就如实说明，实事求是。他们提供了一套几十页的英文立项材料，包括公司背景、主要技术、产品及生产计划。拿到文件后，我们首先要把他们的技术内容弄明白；其次要把它全部翻译成中文，有些地方不符合我国要求，还要做必要的修改；修改后，我们再把中文翻成英文，并全部打印出来。

我们整个晚上没睡，凌晨一两点，我和小组的人员还在讨论、修改。张富生因我明天早晨还要与对方谈判，就劝我先休息，第二天上班前再让我看文件。

第二天早上，我仔细看了看已经修改好的文件，然后我们把修改翻译好的文件摆在谈判桌上。对方说，今天我们就其他问题谈一谈。我说，先不要谈其他问题，先谈我们已经修改好的这个立项报告。他们非常吃惊：在中国还没见到这样高的效率。

谈判期间，我们天天如此，每天谈完以后都很晚了，双方都已筋疲力尽。当对方进入梦乡时，我们继续加班加点，对当天的谈判内容进行整理，并翻译成英文，再分别打印出来，第二天早晨，摆放在双方的谈判桌上。

这件事进一步坚定了他们在开发区投资的信心。后来，谈判进展速度非常快。

不回避问题的真诚

坦诚、务实、高效、服务，是我们招商成功的秘诀。这一点通过这个项目我体会太深了。

我们双方第一次正式谈判时，诺和诺德的人把他们的想法都摆了出来，同时也提出一些问题，比如外汇平衡问题。他们的产品在中国生产以前，就要进口、销售，外汇能不能由他们自收自支？像这样的问题怎么办？

他们的产品酶制剂涉及轻工业、胰岛素涉及药品行业，要想在中国销售，必须经过轻工部门、卫生部门和医药部门审查批准。我们开诚布公、坦率地向对方作了介绍，哪些可行，哪些不可行，不可行是因为政策不允许。但是，我们说不行并不是消极推脱，而是和他们一起想一些变通的办法去解决问题。我们没有胡乱许愿，把一切说得天花乱坠。

这样一来，诺和诺德的人感到我们的态度是真诚的、认真的，对我们更加信任了。

关于企业能源供应的谈判，我与诺和诺德总经理拉森一条一条地谈。我们谈判小组供水、供热、供电的负责人都在。

拉森说:“在别的开发区，都是下面做具体工作的人与我们谈，而且还需要通过翻译，最后问领导行不行，有时候谈得差不多了，却被领导一句话否决了，对方说是翻译把意思表达错了，弄得很尴尬。你们不一样，我与你直接面对面谈，定下来后，你再告诉下面的人怎么去做。这不但是效率问题，而且可以促进相互的信任。”

从这一点看，我体会到具备语言交流能力对招商引资有非常重要的作用。诺和诺德和摩托罗拉一样，谈判也是请美国的柏克·麦肯锡律师事务所。我们的真诚、高效与服务感动了诺和诺德的人。谈判后期，他们对我们已经十分信任，反而认为事务所太啰唆、麻烦，干脆让我们直接与事务所谈，把谈的结果告诉他们就行。

帮客户跑项目审批

谈判结束后，项目报批涉及国家计委、外经贸委、卫生部、国家医药管理局、轻工总会。这么多部门，如果让企业自己去跑，人生地不熟，那就麻烦了。我们应该发挥自己的优势，帮助企业解决这个难题。

首先，这个项目得到了市委、市政府的支持；同时，在一接手这个项目时，我们就向北京办事处布置了任务，要求他们随时关注项目在国家各部门的进展情况，那真叫动态控制。从报上去到国务院正式批准，前后不到一个月，连诺和诺德的人都说简直就不敢相信。

公司在建厂时，忽略了消防设施的建设，因此没有通过有关消防部门的验收。我找到天津开发区消防部门："你们坚持原则是对的，不过不但要管，而且还要帮。公司没有消防体系，是由于不了解中国的法规，招聘来的年轻人也没有这方面的经验，你们要去帮他们，告诉他们需要做什么，应该怎么做。"

消防部门认为有道理，就派人去公司，指导他们制定消防预案，进行平面布置。我和大家一起操作，很快就把这项工作补上了。公司按计划照常开工，没有影响生产。

"泰达的领导人对我们的帮助很大"

在双方协作共事中，丹麦人见识了我们的效率、诚信和服务，拉森和我也建立了良好的个人友谊。

前几年，诺和诺德的第一任总经理拉森重新来到开发区，他邀请我一起吃饭，还开玩笑地说:“我们两个相互打架打出了一个企业，这个项目落户泰达就因为你这个谈判对手。”

诺和诺德在中国的第一任总裁安森洲，在回忆录中写道:“泰达的领导人对我们的帮助很大，他们在职业上表现出很敬业的态度。我们还询问了其他投资商对泰达领导的印象，当时最大的投资者摩托罗拉表示对泰达相当满意，我们选择泰达，事实证明是正确的。”

我感觉，诺和诺德之所以选择泰达，最大的原因是有这么一群让他们值得信任的人、一个值得信任的政府在为他们服务。

我去诺和诺德天津公司当顾问了

按说，我应该在 1996 年 7 月退休。拉森得知此情，专门找到当时的管委会领导，急切地说:“按照中国的制度，张总要退休，我们也不好说什么。但我们对张总很信任，希望今后继续跟张总打交道，希望不要换人！”

管委会领导告诉拉森，没有问题。但我认为应该起用更年轻的干部，不应该阻碍年轻人的发展，于是就主动要求退休。

这时新任管委会主任李勇对我说:“你不任现职了，就在总公司当顾问吧，至少再干两年！”

拉森闻讯也来找我，恳切地说:“你干脆到我们公司当顾问吧！有你在身边，我的心里就有底。”

我心感其诚，接受了邀请。在总公司当了一年的顾问后，我就去诺和诺德天津公司当顾问了。这个公司从进入到建厂，我给予了很多关注，投入了不少精力，当然希望它顺利地发展起来。

一个外资公司对我这么信任，从一个侧面表明，在谈判过程中，我们付出的

努力，感动了外商。就像拉森所说："我们在中国已经发现了可敬的同僚。这是一片永远值得怀念的盐碱地。"

我在企业当顾问期间，第一任总经理拉森走了，我也想走，但拉森不让我走，并对第二任总经理克劳斯说："我给你留下的最好的礼物就是这位张顾问。"因此，我没走成。

后来克劳斯也走了，我便谢绝了他们的挽留，没等第三任总经理到任，我便辞去了顾问这个职务。

没想到，第三任总经理来了之后对我说："你可以不用来公司上班，我们把电脑、打印机搬到你家去，有事我们网上联系，必要时，再请你来公司。"

直到我的孙子上学，需要我的照顾，我怕影响工作，便正式辞去了顾问一职。我认为一个人做任何事，要么做好，要么就别做。

（作者时任天津经济技术开发区总公司副总经理）

谢宝怀　**招商引资，那时的新鲜事**

我从部队转业后直奔开发区，先在工业发展总公司新技术开发部工作，1986年初调到新组建的管委会企业管理室，从事招商引资工作。1985—1999年，我一直没有离开这个阵地。

初坐摩托

一次接待一位绕道香港到大陆投资办厂的台湾商人赖先生，他准备在广州或福州选址投资兴办一家电子厂，意向投资500万美元，当时在开发区500万美元就是重点项目。他先到开发区考察，我接待他吃完午饭后，赖先生就叫了出租车直奔机场，准备乘机到福州继续考察。

刚到机场，赖先生打来电话，说身份证件遗忘在东园宾馆，没有证件办不了手续，如果返回取证件就会误了班机，所以想请我帮忙找人把证件送到机场。

那时候为迎接“六运会”，开发区到市区正在修路，到处坑坑洼洼不好走，为尽快赶到白云机场，我只好叫人开摩托车送我过去。路上车来车往，摩托车在高大的集装箱、货柜车车流中蛇行游走。我戴着头盔坐在后面，一路上提心吊胆。这是我第一次，也是唯一的一次坐摩托车的经历。

当我把台胞证送到赖先生手上的时候，赖先生很感动，拿了美元往我手里塞。我笑了笑，把钱推回去了。后来这个项目落在了开发区，名字叫大辉电子。

连夜写章程

1989 年，台湾新樱公司的董事长林老先生，拄着拐杖来到开发区投资办企业。按规定，办企业要有公司章程办理工商登记，当时的台资企业投资要绕道香港，这老先生跑来跑去也很辛苦，章程也没写好。

黄瑞源副主任说：“谢宝怀，这个章程让你写了，明天交稿。”

随后，我们一班人加班忙了一晚上，天亮前完成了任务。之后，公司就拿着这份章程顺利办理了工商登记。

这家企业办得很成功。初期是生产闹钟销往日本等地，后来发展到替广本、丰田生产汽车刹车油管等配套产品。

一次，我遇到林老先生，开玩笑地说他违反了中国的计划生育法，到大陆生了三个“儿子”，一个厂变三个厂。我到黄埔工作之后，林老先生说一定支持我们发展经济，又在黄埔投资兴办了一家工厂。

董事会在哪里开

我们在与多乐士（ICI）涂料项目谈判章程时，当时经贸部有规定，合同的条款里要有一条，企业董事会原则上要在企业所在地召开。但 ICI 不同意，要删掉此条款。

我们则坚持要写上这一条。当时企业有中方股份，上级认为这个规定有利于我们节省开支。但外方认为，企业董事会在哪里开，政府不应该管。经过谈判，外方也奈何不得。

现在看来这类条款多此一举，但当时就没有这个认识。

两个接待室

因为招商接待工作的需要，开发区装修了两个接待室，一个是欧式风格，一个是日式风格。装修时由于没有考虑到南方天气潮湿和炎热的特点，日式接待室不那么通风，脱袜子进去，脚臭烘烘的。我方人员有的袜子还破了洞，很不雅观。

我在接待日本客户时，人家婉转地说有些地方与日本风格不相似。

还有一次，我用欧式的接待室接待印尼的科技部部长。他进了接待室后不坐，而是把接待室墙上的油画看了一遍。

我对油画没有什么研究，充其量只知道凡高是个抽象派画家。幸好部长没有考我油画的知识，只是问我为什么接待室是欧洲格调。我便临时抱佛脚，说来开发区访问的欧洲客户比较多，为了让客人有宾至如归的感觉，便按欧式格调布置。

现在回过头看，我们对国外的一些东西不能生搬硬套，外国人到中国来，更喜欢中国传统的、具有民族特色的东西。

销售过百亿的工厂

代表安利来洽谈投资设厂的是香港地区的郑李锦芬，现在已经是安利的亚太区总裁。安利公司报的经营范围中产品有几十种。当时的法规是，企业只能销售本企业生产的产品，而不能做贸易。因此，我们对安利公司的生产能力是打了问号的。陈开枝副市长带队在美国开招商会时，我们决定去安利的工厂看一看。

我们坐上安利公司董事长的波音737专机到了密执安州，参观了公司总部，对安利有了一个较清楚的了解，看到了企业生产系列产品的能力，也增强了对安利发展的信心。

他们的创业精神也很感人，在创业初期，用塑料桶和搅拌机生产洗涤液，然后逐家逐户去推销，就是在这样的艰难困苦中逐步发展起来的。现在安利的销售

额约 200 亿元，生产的保健品很畅销。

想不到的发展规模和速度

美国“箭牌”香口胶在开发区生产了。当时由我们负责企业进口设备的审批，吴晓玲代表企业送来一份报告，说公司要进口 100 台小货车，主要用来向士多店送货。

当时的法律规定，这种小货车如果内部没有装椅子，那就可以视为生产工具免税进口；如果车内有椅子则按交通工具计税进口。当时我们的想法比较保守，生怕多进口了这种没有座位的小货车会浪费国家资金。因此我们就先批了 50 台。

没想到进了 50 台没多久，海关调整了政策，小货车进口不论装不装椅子，一律计税进口。为此，吴晓玲还把我们说了一顿，说我们思想不够解放。

现在回想起来，当时确实对中国市场发展的规模和速度想不到。

为我们排队买票

开发区味可美公司是专门生产麦当劳配套食品的厂家，生产的番茄酱和辅助配料行销各地。

有一年我们到美国华盛顿考察，味可美的老总武罗索非常好客，很热情地接待了我们。当他听说我们想去参观白宫时，武罗索一口答应由他负责搞票，并约定第二天早上在白宫外碰头。

当时白宫每天限额向游客开放，为了保证我们每个人都能进去，武先生一大早去白宫外排队。事后我们才知道此事，都非常感动。

礼轻情意重

松下是开发区的日资企业，生产压缩机。这家工厂派人来开发区考察时，我和经济发展局的人陪着他们的工程技术人员在东江边选址。之前，外方提出厂址的填土要达到他们指定的标高。

为了体现诚意，开发区赶忙派了泥头车去填土。企业的两个考察人员到了现场之后，看得非常认真，其中一个工程技术人员还走到填土区的中央去，实地检查填的土是否硬实。

新填的土很泥泞，没想到这个工程技术人员一脚踩下去，力气用得大了些，脚就陷了下去，往上一拔，脚是出来了，但鞋没了。

我赶紧叫同行的同志到开发区中利鞋厂拿了一双新鞋，买双袜子过来。因为鞋厂就在旁边，鞋子很快拿过来了。这位技术人员既高兴又感动。

我对他说，一双鞋子不值钱，但体现了我们的诚意。

后来，这家企业落户在开发区，现在发展得很好，成为一个骨干企业。

（作者时任广州经济技术开发区管委会副主任）

冼伟雄　“快递巨人”落户广州

快递巨人抛出橄榄枝

大家都知道，美国联邦快递公司是当今全球最具规模的快递运输公司，29万名员工和承包商遍布全球，为全世界超过220个国家及地区提供快递服务，日处理邮货达800多万件。

在我上任广州市交委主任大概半年后，2003年6月25日，联邦快递亚太副总裁陈嘉良、国际事务副总裁田长桉在广州拜会林元和常务副市长，我也参加了拜会活动。会上，联邦快递公司的代表表达了该公司设在菲律宾苏比克湾的亚太转运中心合同即将到期，届满后有迁往广州的打算。

引进工作拉开帷幕

对于快递巨人伸出的橄榄枝，我们向广州市委、市政府汇报了相关情况。市委书记林树森、市长张广宁高度重视，并作出指示：这个项目，广州志在必得，要以最大的诚意、最优的政策、最实的举措、最佳的环境、最好的氛围，争取联邦快递公司的落户。

2003年7月28日,成立了以广州市常务副市长林元和为组长的“联邦快递落户广州工作小组”,并确定工作小组办公室设在市交通委员会,我任办公室主任,负责联邦快递落户广州每一个环节的具体协调工作。

引进联邦快递落户广州工作就此拉开帷幕。

国内机场对联邦快递项目的争抢大战

引进联邦快递落户广州,面临的不只是与联邦快递公司的合作条件谈判、项目建设困难,还要与有关发达城市群雄逐鹿。作为一家超大型富有商业运作经验的跨国公司,他们在与广州洽谈的同时,也与香港、上海、深圳、珠海等城市接触,洽谈新转运中心的合作事宜。借助各城市的竞争来迫使广州开出更加优惠的合作条件。后来,据我们了解,菲律宾为了保住联邦快递在苏比克湾的转运中心,总统阿罗约甚至亲自找美国布什总统说情。

香港国际机场是世界知名的航空枢纽机场,高效率、“自由港”的定位和成熟的运营系统,对于建立快递枢纽具有不可抗拒的吸引力。

上海国际机场有长江三角洲发达的经济作支撑,国际航线数量明显多于广州。2008年二期工程完成后,上海国际机场年货邮吞吐能力将达到420万吨。

深圳国际机场作为后起之秀,是中国境内第一个实现海、陆、空联运和第一个采用过境运输方式的国际机场。南航的货运基地建在此地,近年来货运增速较快。

珠海国际机场尽管在规模和实力上略逊一筹,但是极有可能得到有关政府部门的强力支持。如果联邦快递落户珠海,无异于为资源大量闲置的珠海机场注入了一剂强心针。

广州申请得到国家支持

我把当时城市纷争的信息向市委、市政府做了汇报。2003 年 8 月 20 日、9 月 24 日，张广宁市长两度急飞北京，分别向曾培炎副总理、国家发展和改革委员会、民航总局汇报我市引进联邦快递的工作情况和设想，提请国家予以支持。

2003 年 12 月 16 日，根据曾培炎副总理的指示，国家发改委运输司召集民航总局、广州市政府、广东省发改委、南航股份有限公司、白云机场有限公司，在北京召开联邦快递落户广州研讨会，听取各单位情况汇报和意见。

会议明确：一是联邦快递在广州设立转运中心对广州市、广东省乃至全国社会经济发展有巨大的促进作用，各方要以国家利益和大局为重，尽快争取项目成功；二是由广州市政府牵头，一致对外，争取中方最大利益。

从此，结束了国内机场对联邦快递项目的争抢大战。

合作意向初步达成

2003 年 9 月 2 日，白云机场集团公司与美国联邦快递公司在广州签署了《合作设立亚太快件转运中心意向书》，项目合作意向初步达成。

意向书签订后，为了促成合作协议的达成，广州市政府决定增强互动，组成代表团飞赴联邦快递总部，表达欢迎联邦快递落户广州的诚意。

2003 年 10 月 22 日，林元和常务副市长率领代表团访问美国联邦快递公司总部，拜会了联邦快递公司的高层官员，我和省机场管理集团林运贤副总裁、花都区委书记陈国等人陪同出访。

2003 年 12 月 31 日，广州白云国际机场有限公司和美国联邦快递公司，在广州签订《合作设立亚太快件转运中心框架协议书》，双方就合作方式、期限、双方的责任和义务、租金、费用等达成框架性协议。

艰难的合作谈判

框架协议签订后，广州市政府和白云机场紧锣密鼓地推进项目立项报批工作。同时，组织开展白云机场和联邦快递双方的合作谈判。

从 2004 年 12 月 18 日至 2005 年 4 月 22 日，在经过了艰难的 19 轮谈判之后，双方的对话因为各自权利和义务特别是核心的收费问题上的分歧而受阻。联邦快递要求白云机场对联邦快递给予大幅度的收费减免和优惠。白云机场则表示，联邦快递提出的优惠财务套包中包含了政府税费以及航空燃油费等项目，这些是非机场可控的收费，涉及面广，因而不同意收费套包方案。

2005 年 4 月，根据省委组织部的安排，我兼任广东省机场管理集团公司党委书记、白云国际机场股份有限公司董事长，对引进联邦快递工作，从政府协调走向了谈判组织的最前沿。经过省机场管理集团班子研究，由我牵头，林运贤、陈晓宁副总裁配合，组织集团有关部门成立谈判工作小组，负责项目合作谈判工作。

在此期间，市委书记林树森、市长张广宁都分别交代我，要做好协调，克服困难，加快推进项目合作。2006 年 5 月 3 日，张广宁市长也做了一个重要指示："不论代表市政府或代表白云机场，都由冼伟雄同志负责并一个口对外。"

最后一轮谈判

2005 年 5 月 18 日至 6 月 24 日，我牵头组织与联邦快递进行了四轮谈判，最终把合作协议共 30 个主条款和 14 个附件，约 400 个条款全部敲定下来。

最后一轮谈判，我印象最深，当时是在广州长隆酒店进行。

6 月 23 日上午，我突然收到北江汛情告急的通知（当时南方普降大雨），马上赶回市区参加防汛救灾工作会议，因为我当时还兼任市交委主任，是"三防"指挥部成员。谈判工作由林运贤副总裁（负责基建、技术）、陈晓宁副总裁（负责

财务）与联邦快递代表继续进行。

到了下午，市交委参加谈判会的同志打我电话说，双方的谈判在最关键的财务折现率等方面陷入了僵局。联邦快递方首席代表罗安德先生（Andrew da Roza）表示“要么等冼回来，要么结束谈判”。

接到电话后，我立马赶回长隆酒店谈判现场。把谈判双方再次召回会场，从下午 6 点一直谈到第二天凌晨 1 点。7 个小时的双方智慧博弈，终使项目收费折扣率、折现率、利润率的最终取值达成共识，取值均在我方事先确定的底线以上。

为了预防美方反悔，我要求罗安德先生和我一起在协议的每一页初稿上进行草签。800 多页的协议排版、打印、签名直至凌晨 4 点才完成。

联邦快递正式与广州签约

就在正式签约的前一天，7 月 12 日，我接到联邦快递公司亚太区董事总经理、驻北京办事处首席代表田长桉先生的来电，称因国家发改委尚未正式批准转运中心项目立项，联邦快递拟推迟合作协议的签订。

突如其来的消息让我大吃一惊，我立刻致电北京了解情况，获悉项目已经国家发改委内部审核通过，立项尚未批准是因为马凯主任陪同国家领导人出访，未能及时召开办公会审定所致。我立刻向田长桉先生进行解释，但是口头的承诺无法说服对制度和程序的要求一板一眼的联邦快递高层，他们需要实实在在落实到文字上、书面上的保证。

当时，签字仪式的场地安排，国家部委、省、市领导的邀请和安排均已落实，为了确保签字仪式如期举行，我决定以广州市交通委员会的名义致函联邦快递公司，阐明该项目已经国家发改委批准，正式批件正在按程序办理中，最终取得了联邦快递的认同。

2005 年 7 月 13 日，省机场管理集团公司和联邦快递公司在广州花园酒店举行了项目合作协议书签字仪式。历经 25 个月 23 轮艰难的谈判之后，联邦快递亚太转运中心终于落户广州白云机场。

每一个问题的协调难度都超乎想象

在引进联邦快递落户广州的过程中，除了机场的合作协议谈判确定外，航空燃油费、航路费、起降费“三费”问题，海关监管创新问题，项目征地拆迁和建设问题等，每一个问题的协调难度都超乎想象。

2006 年 3 月，我陪林树森书记到北京，与民航总局杨元元局长就转运中心飞机航路费、起降费减免问题进行沟通。将转运中心机群比喻“批发”相对于其他外航个别线路飞机的“零售”，并且夜间作业提高我国资源利用率，说服了杨局长支持收费减免工作。2006 年 6 月，民航总局以《关于联邦快递亚太转运中心空管收费有关问题的答复》(民航规函〔2006〕85 号)同意给予项目空管收费优惠。

2005 年 6 月 8 日，2006 年 10 月 26 日、11 月 3 日、11 月 15 日，我四次组织华南蓝天油料公司和联邦快递开展航油供应谈判，促使双方达成共识，于 2006 年 12 月 7 日下午在广州签订航油供应合作合同。

2007 年 6 月 21 日，时任省委常委、市委书记朱小丹做出了令交委备受鼓舞的批示:“联邦快递转运中心项目关系重大，市交委协调工作抓得紧、抓得实、效果好。要继续跟进，争取早日上马。”

多个难题迎刃而解

联邦快递转运中心快件业务运作需要简便的通关环境，同时，基于国际民航约定，航空公司不能以独立法人而只能以代表处的身份在他国运营，这与我国现行海关法规有所冲突，必须协调海关部门创新监管模式来支持项目的运作。

从 2006 年 1 月 6 日起，我组织广州海关和联邦快递先后进行了 40 多次的座谈研究，前往海关总署、上海海关、深圳海关等多关区进行沟通协调。

2007 年 6 月 26 日，在拜会海关总署龚正副署长的会上，我提出了“明确一个主体、落实两个责任”解决方案（以白云机场作为监管法律主体，落实转运中心和联邦快递广州代表处的法律责任），得到了龚副署长的支持，解决了海关监管法人资格问题。并将《转运中心监管办法》补充列入 2006 年海关立法计划。

在海关总署的大力支持下，广州海关根据项目业务运作特点，制定了《广州海关对联邦快递亚太转运中心转运货物监管操作规程》，经海关总署审定后于 2008 年 2 月 13 日在海关网站上进行公布，解决了项目海关监管问题。

2008 年 6 月 25 日，经过我先后六次组织广州出入境检验检疫局与联邦快递公司洽谈，双方就检验检疫查验工作事项也达成了共识，并签订了项目合作备忘录。

在解决香港过来通过转运中心中转的货物便利通关问题，我找了省口岸办邬公权主任和海关广东分署刘广平副主任出面一起到深圳协调。

2008 年 5 月 21 日，深圳各口岸单位同意延长皇岗口岸通关时间，满足联邦快递项目夜间作业需求。海关部门同意联邦快递香港至广州转运中心转运货物，简化数据申报并使用跨境快速通关系统，并于 2008 年 9 月 5 日起进行测试操作，12 月 16 日起试运行。

项目建设按时完工

在省机场管理集团与联邦快递的合作协议中，对项目建设工期规定明确，处罚严格：项目主体工程须在 2008 年 5 月建成交付联邦快递安装设备，每延迟一日交付，就向联邦快递公司支付赔偿金 22000 美元。从 2005 年 7 月项目签约到 2008 年 5 月建成，在短短不到三年的时间里，不仅要完成项目征地拆迁工作，还要完成所有工程建设，压力超常之大。

为了给工期争取更多的建设时间，项目从协议签署之日就抓紧征地拆迁工作。征地是一个复杂的问题，涉及多方利益。

为了加快推进征地工作，我充分发挥作为联邦快递工作小组办公室主任的统筹协调职能，在各政府管理部门和花都、白云区政府之间有效协调；在白云机场内部，我以省机场管理集团党委书记身份开展说服、解释工作，促成各方快速达成征拆协议，高效开展征拆工作。

联邦快递转运中心项目共征用土地 3050 亩，从 2005 年 11 月开始，仅用了 10 个月时间，就圆满地完成了征地拆迁工作。

征地完成后，有着丰富施工组织经验的白云机场扩建指挥部，展开了与时间的赛跑、与困难的交锋。项目部的工作人员称“因为施工紧张，几乎没有任何休假日，只有在下雨天气，才会有短暂休息”。最后项目如期完工并交付联邦快递开展设备安装。

2008 年 7 月 31 日，国家民航局组织有关单位对项目飞行区进行了验收，经现场勘察和验收，项目工程质量优良。

越临近投产，困难越多

按照计划，联邦快递亚太转运中心将在 2008 年 11 月举行试运营，12 月底正式启用。

越临近投产，困难越多，来自合作伙伴联邦快递的要求也越来越多，他们频频使出“推迟项目启用”“退出合作”的撒手锏，对中方施加压力。

2008 年 9 月 19 日上午 11 时，联邦快递北京办事处首席代表田长桉先生给我打来电话，他简要通报了联邦快递公司刚刚开完的电视电话会议精神，很快进入核心问题：“会议决定，如果在 9 月 30 日前项目华东转运货物转关流程、尾项工程整改、结算和验收手续完善等相关问题未能得到解决，我们将推迟今年投产计划。”

转运中心已经建成，推迟一天启用，就意味着设施的空置和浪费。中方必须倾尽全力克服各种阻力，保证项目的尽快启用。我立即组织广州海关陈小颖副关

长、省机场管理集团副总裁林运贤开会，并前往市国土房管局与谢晓丹局长面商，经过研究，当天拿出了联邦快递所提的七个问题的解决方案，并得到联邦快递方的认同。

2008 年 10 月 23 日下午，田长桉先生又给我发来函件表示，如果在 10 月 27 日前未能取得项目规划、竣工等工程验收批准文件，以及解决香港转运货物的免安检审批等相关问题，将视为项目不具备投产条件，推迟项目 2008 年底投产计划。

因为联邦快递所提问题，时间紧、涉及面广、解决难度大，我立即向张广宁市长报告。

经过积极协调，市规划局、建设工程质量监督站于 10 月 26 日分别出具联邦快递转运中心项目规划验收和质量验收意见。市府办公厅于 11 月 7 日印发《关于白云国际机场联邦快递亚太转运中心项目验收投产问题的通知》，并由我转交联邦快递公司。经再三向联邦快递公司解释，工程验收问题才得到该公司认可。

同时，省机场管理集团也积极向国家民航总局申报，解释项目香港中转货物已在香港机场安检，为提高效率，建议免予再拆箱安检，也得到民航总局的批准。

在即将投产的节骨眼上节外生枝

2009 年 2 月 1 日，海关总署监管司认为联邦快递公司没有上海或北京到广州的载运权，对简化华东华北进出口转运货物的转关流程有不同意见。我立即与民航局运输司王荣华司长联系，请运输司出具解释函。

经过积极协调，2 月 5 日 7 时，也就是正式投产的前一天，民航总局运输司发出《关于美国联邦快递公司进出口货物运输有关问题的复函》，明确联邦快递转运国际货物可在海关监管下进行分拣并重新装机。

我立即将这份沉甸甸的复函传真联邦快递公司，当天晚上联邦快递公司随即召开紧急会议研究，并于 20 时明确答复：公司将按既定计划实施转运中心项目在2月6日正式投产。

正式投产

2009年2月6日，一架MD-11型货机从美国印第安纳州的印第安纳波利斯国际机场起飞，途经法国戴高乐国际机场后，于晚上11时7分徐徐降落在广州转运中心。

该航班的顺利降落，标志着联邦快递公司正式将其亚太区转运中心的业务操作从菲律宾的苏比克湾转移至广州白云国际机场的全新亚太区转运中心。

2月6日，市委书记朱小丹同志作出批示："联邦快递亚太转运中心如期正式投产运营，离不开市交委所做的艰苦细致的工作，市委对此给予充分肯定。"

2月9日，常务副市长邬毅敏同志做出批示："这几年，市交委历经艰辛，做了大量工作，终于推动联邦快递亚太转运中心正式投产运营，为我市建立现代产业体系，大力发展空港物流等现代服务业，并带动高新技术产业及相关产业发展创造了有利条件。在此，我向市交委，特别是伟雄同志表示衷心的祝贺，并望再接再厉，进一步做好推动联邦快递亚太转运中心不断发展各项工作。"

据国务院发展研究中心产业经济研究部2004年完成的联邦快递亚太转运中心由菲律宾苏比克湾机场转移到中国广州的研究报告显示，到2010年和2020年，将直接给中国经济带来110亿美元和628亿美元的产值、14亿美元和82亿美元的工资收入、6.03万个和34.3万个工作机会，总体上给中国经济带来172亿美元和982亿美元的产值、29亿美元和166亿美元的工资收入、14.6万个和80.7万个就业岗位。

（作者时任广州市交通委主任）

王延辉　**我与英特尔项目的日日夜夜**

秋高气爽的9月，我又到英特尔大连公司与柯必杰总经理商谈有关事宜。看着耸立在三号路边我国改革开放的产物——国家特殊监管区——出口加工区B区雄伟的大门，看着英特尔壮观别致的综合办公楼和芯片生产厂房，那些与英特尔公司打了五年交道的日日月月又浮现在脑海里，许多感人的故事跃然纸上。

“大连是英特尔去的地方吗？”

2007年3月26日，在北京人民大会堂，首期投资25亿美元的英特尔芯片项目正式宣布落户大连开发区！这个消息在国内外引起强烈反响。顷刻间，国内外访问团纷至沓来，不少人想了解大连开发区是怎么把英特尔项目“弄到手”的。

我印象最深的是一个台湾代表团，他们说，自从英特尔项目落户大连的消息公布后，台湾媒体上近三天不谈别的，谈的都是与芯片相关的问题。

一位刚刚从美国回来的开发区企业老总激动地给我打电话，说他在美国入关的时候，海关人员问他：“你来自大连，大连在哪？是英特尔去的那个地方吗？”当得到确认后，海关人员二话没说，高兴地在他的护照上盖上了通关印章。这位老总说，当时他感觉“老自豪了”！

还有一位同事在电梯里问我："这么大的项目怎么一下子就冒出来了？怎么没听你说过？"

的确，这么大的一个项目哪里是一时半会儿做出来的？其实它已经花费了我们两年多的时间。而为了兑现我们和英特尔签订的保密协议，在项目没有公开宣布之前，消息是不能透露的，尤其是不能出自与项目直接相关的人员口中。

当时，英特尔公司在全球 20 个城市进行选址，光中国就有 5 个备选城市，大连是其中之一。每个城市还要推荐几个备选地，大连推荐了高新园区的两个选址地和开发区的两个选址地。

变数是多方面的，尤其是还有美国政府能否批准高科技出口问题。作为开发区当时负责欧美招商工作尤其是负责英特尔项目的我，更是小心谨慎，内外有别，除了在工作团队内部研究部署工作时说说相关的事情外，多一句话似乎都没有必要。而两年多的苦辣酸甜，只有我们的团队能够体会得更深刻。

"开发区的胜出就是大连市的胜出"

2005 年 1 月 17 日是一个令人难忘的日子。这一天，我和招商局美大部的平原、王冰首次接待来自英特尔的三位考察人员。

当时，市信息产业局通知我们英特尔要来开发区考察，由于保密的原因，尚不能透露谈什么项目，要求我们接待人员尽量少，并且只介绍开发区的情况，不能向对方提问。

我们深知来者不善、善者不来，仅凭"英特尔"三个字就足够引起重视。事先我们进行了充分的准备。

当我看到来的都是美籍华人，就结合 PPT 文件用中文做了介绍。听完后，他们向我索要电子版资料，并问有没有英文的。

我故意问："你们都是中国人，为什么还要英文的？"其中的一位说："还有我们美国的同事要看呢！"

我知道他们是来探路打前站的，当即把事先准备好的全面介绍开发区投资环境的 PPT 和书面中英文资料提供给了考察组。从他们满意的笑容里我看到了希望。

2 月 21 日，英特尔的第一批问卷发过来了。时任开发区管委会主任的张杰威把整个项目的协调和组织工作交给我，授权“管项目的管委会领导有权调动各个部门”。

在管委会 209 号会议室，我们的工作团队开过多次会议，大家形成了共识：“开发区的胜出就是大连市的胜出。英特尔如果落户其他城市，我市就会丧失机遇。开发区志在必得这个项目！”

同志们夜以继日地翻译材料、回答问题，每次都在规定的时间内不差一分钟地准确反馈各种刁钻难解问题的答案，受到美方好评。

“给英特尔一点颜色看看”

3 月 7 日，英特尔公司美国总部派出了近 20 人的考察团到大连访问。上午市政府在香格里拉饭店介绍全市情况，下午代表团先后到高新园区在旅顺龙头和双 D 港的选址地以及开发区的选址地进行实地考察。

为了应对这次考察，我们着实下了一番功夫。根据事先得到的问卷材料，我专家帮助我们判断对方想干什么项目，并根据这种项目对投资环境和基础设施的要求，站在投资者的角度，连夜赶制出印刷精美、图文并茂的开发区投资优势和选址地情况介绍中英文材料；并制作出 18 张 0 号图版，分别描述开发区在大连的位置、交通、基础设施条件、生产、生活、医疗、教育、娱乐等规划布局，部分摆放在童牛岭，全部摆放在选址地。按照时间表，代表团在童牛岭仅有 10 分钟的时间听取介绍。我和招商局、规划局的同志在童牛岭上等待。

那天我穿了一件在英国工作和学习时穿过的红色西服上衣——也是我来开发区工作后第一次穿这件衣服。有的同志开玩笑说：王主任要给英特尔一点

“colour see see”(中文直译“颜色看看”)。其实,我穿这件红上衣的主要原因是,这件衣服曾经给我带来过好运,它使得更多的英国朋友认识了我,认识了大连。

在代表团从旅顺龙头抵达童牛岭后,我征得陪同考察的戴玉林副市长同意后,直接用英文介绍了开发区,随后我上了外商坐的中巴车沿途进一步作介绍。

在代表团顺路先看了当时还归高新园区管辖的双D港选址地后,到达了我们推荐的第一个选址地——也就是现在英特尔落户的地方,18块图版醒目地摆放在路边,我和规划局总工程师张茂民同志作了介绍并回答了他们提出的各种问题。

随后,我们驱车来到黄海大道,对照图版,我遥指位于中部工业区东北角的当时还没有进行动迁和土地平整的第二个选址地。

由于代表团要赶飞机,不得不离开。临行前,他们向我索要我们提供的资料(包括18张图)的电子版。我答应在他们沿途到开发区银帆宾馆稍事休整的时候提供给他们。

当代表团坐上由警车开道的中巴车离开后,我打电话给规划局的同志,让他们把准备好的电子版资料送到银帆宾馆。十几分钟过后,当代表团抵达银帆宾馆的时候,电子版资料送到了。英特尔专家惊呼:开发区太神速了!

“同样的错误我也犯过”

2007年3月26日,在人民大会堂等待项目正式签约对外宣布的时候,我和招商局的丁宝昊与英特尔公司参加选址和谈判的几个朋友聊天。我说,和你们打交道两年真不容易啊!有一天晚上刷牙时我发现味道怎么和平时不一样啊,仔细一看才知道我把洗面奶当成牙膏挤在牙刷上了。

当时,英特尔方面一位负责法律工作也是谈判的主要成员笑着说:“王主任你犯的错误我也犯过,一模一样!”

负责选址的另一位美籍台湾朋友接过话题,他说:“你们俩犯的错误只伤害自

己，而我犯的错误不知会伤害到什么人呢！有一次，我坐到车上，手把着方向盘却‘不知道’往哪里开！”

大家都开怀大笑！笑后片刻的宁静使我们大家心里都明白了，为了这个项目的成功，双方都很投入、很专注。

上午的谈判一直谈到下午两点半

还是回到我们艰苦谈判的日子吧！

经过十个多月的考察比选，2005 年 11 月，英特尔公司在大连开发区和高新园区之间做出了决定——选择开发区。

2005 年 11 月 16 日到 18 日，美方派出了由两个副总裁带队的 28 人代表团到开发区进行考察，与大连市进行商务谈判。

16 日白天，由负责选址的史蒂夫副总裁带队的美方代表团全面考察开发区。午餐时，在金石滩国际会议中心，靠着通透的大落地窗，欣赏着窗外蓝天大海和绿地美景，我与坐在对面的英特尔公司一位高管攀谈起来。我问他都到过中国什么地方，对大连印象如何。他非常兴奋地告诉我：大连开发区是他看过的中国开发区最好的。他还主动和我交换了名片。

16 日晚上 9 点，夏德仁市长和戴玉林副市长召开会议听取项目汇报、研究谈判准备问题，张军主任和我参加了会议。会议一直开到半夜。

从白天陪同代表团的直观感觉和得到的信息，我认为英特尔公司对项目落户中国也是“志在必得”。市领导为我们制定了谈判策略和基调。

17 日，富丽华天波府，美方选址专家副总裁史蒂夫先生和商务谈判专家副总裁南希女士率 28 人代表团与大连市戴玉林副市长带领的 33 人代表团摆开了谈判阵势。当天谈到很晚。

18 日，本来安排一上午的谈判一直谈到下午两点半。

经过与外方坦诚艰苦的谈判，有争论，有误会，有消除误解的快乐，也有第一轮重要谈判达成一致的欣慰。当下午 3 点才吃上午饭大家举杯同庆的时候，我的心中有说不出来的滋味。

"国际学校太好了！"

大连开发区这座新城区的人文环境，也令英特尔满意和给开发区加分。

英特尔公司十分重视众多外籍员工子女教育问题。2005 年 3 月访问大连的时候就询问有没有国际学校，我回答有，并带他们到枫叶国际学校进行了参观。但他们说，这还不是他们说的国际学校。我说还有一个美国国际学校，但还没有建。他们听了情况介绍认为这才是他们想要的。为此，我们更加重视加快美国国际学校的建设了。

这家美国国际学校的投资者是总部设在休斯敦的昂纳柔国际学校。本来，该校计划在 2007 年 9 月建成开学。为了吸引英特尔项目落户开发区，我们激励他们调整建校计划，提前一年开学。他们接受了我们的建议，马不停蹄地开始了项目的计划和建设准备。

2005 年 12 月 17 日，管委会规划局会议室里坐了满满一屋子人，我召集各相关部门负责人开会，集体研究对美国国际学校建设开设绿灯问题，决定第二天现场放线开工。

国际学校的建设者和管委会建设管理部门的同志们不辱使命，真的在 2006 年 9 月实现了提前一年开学的计划。

英特尔公司认真地考察了投资者在美国休斯敦的国际学校，建议他们在大连的学校委托世界国际学校连锁管理机构——ISS（国际学校管理）公司进行管理。大连美国国际学校接受了他们的建议，用的是美国的校长、美国的教材、美国的老师。

开学当时仅有 13 个学生，不到三年时间已经发展到将近 300 个学生了，英特尔员工的孩子占了一半以上。每一个其子女入住这所学校的外籍员工都对它赞不绝口：美国国际学校太好了！

后来曾有英特尔的高管告诉我们，美国国际学校给大连开发区增了不少分，

如果没有这所学校，真不敢想象会对英特尔项目落户大连产生什么影响。

还有开发区的大剧院，这是东北地区最高标准的大剧院。英特尔公司在谈判过程中曾经提出，如果在开发区建厂，美方将有 100 名以上的公司高管常驻开发区。在美国，欣赏音乐会、参加艺术展是这些人的主要业余生活方式之一，如果在大连的生活中缺少了这些内容，将会影响到英特尔工作人员来中国工作的热情和效率。考察人员在参观了开发区大剧院和文化广场之后，都露出了笑容。

一天当作三天用

项目落在出口加工区是英特尔要求的前提条件。为此，从 2006 年正月初六英特尔决定把大连作为首选城市之后，我们就开始了一波三折的出口加工区申报工作。

为了加快审批速度，我先后两次到省政府办理上报文件。省政府领导都在第一时间签发我们的文件。每一次我都在当天办完从办事员的文件起草到省长的签批及文件印刷工作。

最令我难忘的是出口加工区的建设和验收。

我们在 2007 年 1 月 8 日获得国家海关总署对出口加工区 B 区易址的批复后，曾经答应英特尔公司在 6 月底之前完成出口加工区的封关运作。然而，由于国家出口加工区建设标准的调整和我们与有关部门在设计方案上的分歧，导致施工期拖后。

为了弥补失去的时间，5 月 26 日（周六），我在 209 号会议室召开集体审图会，规划、水电气等各个部门的同志齐聚一堂，当场审查各种施工图纸，当场拍板。施工单位立即进入现场施工，工作进入倒计时状态。

尽管这样，在 5 月 31 日海关总署的一位处长到现场踏勘的时候，空荡荡的 60 万平方米土地上只有围网立在那里，海关大门只建了个框架，卡口设施、地磅、监管设施、海关办公楼、查验库房、熏蒸库房等都还没开建。

按照海关的规定，必须在 6 月 15 日由大连海关先进行预验收，合格后才能上报国家八部委联合正式验收。当天总署的那位处长说，看来你们赶不上 6 月 28 日与大连保税港区一起验收了。

我当时告诉他，开发区可以一天当作三天用，15 天不就等于 45 天了？我们一定能完成任务！

然而，6 月 7 日，我市去海关总署汇报工作的同志带回消息，说开发区出口加工区 B 区没有被列在 6 月 28 日验收之列。

我真是焦急万分，这不仅错过了国家八部委领导联合验收的大好时机，更主要的是兑现不了给英特尔的承诺！我立即将这个情况向领导作了汇报。

市长和海关把我们的预验收时间从 15 日推迟到 20 日，给我们让出了 5 天时间，我很高兴。一方面基建中心积极组织施工，另一方面我与海关总署的何力司长以及大连海关的荣晓帆副关长多次通电话，汇报工程进度和按时验收的意义。

“开发区与老天爷也有合约吗？”

功夫不负苦心人。6 月 20 日，我们顺利通过了预验收！ 6 月 28 日，又顺利通过了正式验收！

英特尔项目的总包单位、德国美施威尔公司的一位高管对我说：你们干得太漂亮了，如果在一个固定的位置架设一个固定的相机，每隔两小时按一下快门，连起来就是一部电视剧！

海关总署那位当初到现场看过的处长不放心，正式验收前一天再次来到现场，眼前的景象让他吃惊——海关卡口巍然耸立、各种设施调试完毕、巡逻路和漂亮的路灯整齐明亮、查验库房和熏蒸场地已经建成可以使用……他深有感触地说：“今天若不亲眼所见，我真不敢相信 B 区一期工程可以参加验收。开发区太棒了，真没想到你们干得这么快！”

正式验收的头一天晚上，下起了大雨；而在我们昼夜奋战抢工期的一个月里，竟然一滴雨都没下，为我们创造了大好的施工条件。当验收团到现场正式验收我们的工程时，没有下雨；而当验收团现场验收完毕，登上中巴车，缓缓驶离现场

的时候，憋了几小时的大雨就哗哗地落了下来。

大连海关的一位同志在车上调侃地说：难道开发区和老天爷还签订合约了吗？怎么早不下晚不下，你们的工程完了、验收结束了才下？是的，天道酬勤啊！也许是开发区的建设者感动了上苍，老天也为我们保驾护航呢！

站在十大经济人物的颁奖舞台上

2007 年 5 月 7 日，我们向英特尔公司正式交地，他们进场挖第一锹土，开始土建施工。那一天，正好是我从市外经贸局调到开发区工作三周年纪念日。从项目的考察、谈判到审批，经历了许多风风雨雨。大连市 06 项目组获得了 2007 年大连市十大经济人物表彰。

评委是这样点评我们的：“这是一支雷厉风行的招商团队，他们让一家跨国公司在大连找到了震撼的力量；这是一群睿智执着的谈判专家，三年时间，他们将几近苛刻的要求变成工作的动力；同时，他们在关键环节的坚守又为一座城市赢得了成长的空间。”

是啊，当我站在十大经济人物的颁奖舞台上，代表我们的团队领取奖项的时候，我为大连开发区这支特别能战斗的团队感到骄傲和自豪！

我深深地感谢那些为了项目的顺利实施，做艰苦细致的工作，成功完成动迁任务的街道领导和管理部门的同志；我深深地感谢那些呕心沥血为项目描绘蓝图实施“七通一平”的规划设计者；我深深地感谢那些为了土地、环保等审批事宜奔波于沈阳和北京的同志；我深深地感谢那些战斗在施工第一线能打硬仗的建设者；我深深地感谢海关、商检、财政、电力、教育、卫生、劳动、交通、旅游等部门研究政策、提供服务的同志们；我更要深深地感谢招商第一线的同志们做出的数不胜数的翻译、联络、谈判、接待等细致入微的工作。

当然，我还要强调的是管委会几任领导对项目的重视、班子成员的紧密配合、协调一致，是项目成功的基础；而市委、市政府的正确领导、国家省市相关部门的积极配合、省委、省政府的大力支持是项目成功的保证。

祝愿开发区的明天更加美好

在英特尔项目正式奠基两周年纪念日——9 月 8 日，我完成了此稿。这里讲述的基本上是奠基前的几个故事，而奠基后还有许多精彩的故事。

招商固然不容易，而安商、富商更不容易，尤其是英特尔这么大的项目更加不同寻常。建设期管委会与英特尔公司之间定期召开的周例会、月例会和双方紧密的无缝隙对接，使得开工后的英特尔项目一切进展顺利。金融危机没有影响到这个项目。

英特尔给当地带来的物质财富和精神财富已经显现出来。我祝愿英特尔项目取得最终成功，祝愿开发区的明天更加美好!

（作者时任大连经济技术开发区管委会副主任）

陈孝祥　与意大利品牌西装的“联姻”

2003年7月，夏梦服饰有限公司与意大利杰尼亚集团正式签约，成立中意合资夏梦·意杰服饰有限公司，两个背景完全不同的企业由此走到了一起，圆了我夏梦的中国梦。

在外人眼中，夏梦品牌的知名度、美誉度已经不错，为什么还要“引狼入室”，与意大利杰尼亚合资，觉得不可思议。其实，夏梦的创业历程，可以说是中国现代男装产业发展史的一个缩影：从无到有，从小到大，从仿制加工的原始积累到品牌设计的独立开发，逐步发展壮大，概览中国男装的发展路线。促成这段“跨国姻缘”，自然有我的道理。

17号台风把我打醒了

我从1992年创办“夏梦”伊始，就抱着“不求最大，但求最佳”的发展理念。当时灵昆“西装岛”已经出名，金发、伊丽莎分别排名第一、第二，夏梦则是个“无名小卒”，争第一，是我的梦想。

幸亏1994年17号台风把我打醒了。1997年夏梦走出“海岛”到大陆创业，首先买下温州扶贫经济开发区一座厂房，以后两年连续买下方舟精毛纺织厂和依露华工艺厂，逐步形成三个厂的规模，并引进德国、日本、意大利的西服生产流水线和意大利的优质面料，开始有意识地在技术上与国际接轨。

不久，排名第一的中外合资金发"宣布破产"，名列老二的伊丽莎也"已无踪影"，而夏梦开始走出海岛，走向全国，一步一个台阶，并连续三年在北京世博会上精彩亮相，独领风骚，被评为"中国十大著名男装品牌"，还与当今世界最大的服装集团——意大利的 GPT 公司签订了合作意向书。

1999 年，夏梦作为"中国男装优秀企业代表"参加"99 巴黎中国文化周、中华服饰文化展演"活动，使我大开眼界，方知天外有天，一种强烈的危机感涌上心头。从此，夏梦有了自己的中国梦。

夏梦的中国梦

"争创世界名牌，参与国际竞争"是我追求的梦想——中国梦。如何圆我的中国梦？办法只有一个：借助国际大企业来加快自身的发展，通过跨国合作，寻求突破。

于是我把心思放在"杰尼亚"身上。因为 1991 年就进入中国市场的"杰尼亚"，需要寻找合适的合作伙伴，而夏梦的发展历程和在业界的口碑也吸引着"杰尼亚"的眼球。

就这样你有心来我有意，开始了"谈恋爱"，但一切都在暗中进行。因为我心中明白：有近百年历史的"杰尼亚"是顶级品牌，文化底蕴深厚，而夏梦生产西服不到十年，又是温州本土品牌，"门不当，户不对"，能结成"连理"吗？

但是我坚信，条件可以创造，奇迹定会出现，关键是要有明确的战略目标，需要全身心地、锲而不舍地投入。

首先，我从"家庭改革"入手，将合伙制变为股份制，以明晰产权。然后，我首先"自我革命"，交权，组建董事会，彻底改变由我一人"遥控指挥"的企业管理框架。董事会由我们三兄弟和聘请的两位独立董事共五人组成，成为企业的决策层。其中一位外聘董事担任总经理，公司交给他来运作。摆脱了家族式企业发展过程中的困惑，为过渡到国际化做准备。

由于“家庭革命”取得成功，使“洋人亲家”刮目相看，产生好感，并送来一个个“赞许的信号”。

于是，我乘机造势，在打造夏梦品牌、塑造企业形象上下功夫，大投入，搞了几个大“动作”：

2000 年，世界著名男装品牌“阿曼尼”首席设计师 MRFRNCO 加盟夏梦公司；

2001 年，“夏梦”代表中国男装品牌参加德国科隆男装展；

同年，由“夏梦”独家赞助的世界男模大赛在北京、上海举行，全世界有 50 个国家派出了它们的国内冠军参加这次国际时尚界、模特界极为关注的盛会。我们把赞助世界男装大赛比作夏梦西服起步走向世界的一次演习。

2002 年 3 月 26 日，我们又聘请国际影坛巨星皮尔斯·布鲁斯南和巩俐为“夏梦”的品牌代言人。这是我们夏梦公司品牌国际化、战略全球化的一个重要步骤，也是“夏梦”品牌从文化上接轨国际的一次尝试。

“夏梦”牵手“杰尼亚”

正是我们这几次“抛头露面”“登台亮相”，才奠定了“夏梦”牵手“杰尼亚”的“姻缘”基础。

2001 年 5 月，杰尼亚集团董事长吉尔多·杰尼亚来温，开始与我公司进行合作意向交流。经过资产评估和多轮谈判，对方心悦诚服，宣布“恋爱”成功，进入“婚前”准备。

“合资股份”的比例成为双方“谈判条件”的“焦点”。最后我们商定双方各占 50% 的股份，组建夏梦·意杰服饰有限公司，总投资额为 2.483 亿元人民币，注册资金为 1 亿元人民币，双方各出资 5000 万元人民币。其中夏梦公司以建筑物折价、土地使用和生产、运输设备及其他资产出资；杰尼亚集团现金注资参股，合作生产"夏梦"品牌服装。

这是温州服装国际化的开始，也是中国服装业与国际同行携手的一次范例。

这让我认识到国际化并不是一个虚无缥缈的概念，也不是一个高不可攀的平台，需要我们用发展的眼光去审视、去面对、去争取。在中西方不同文化、管理理念的激烈碰撞中，将面临着如何去构筑双方达成的"诚信、协助、沟通"的游戏空间，去适应国际环境，变劣势为优势。

"三把火"烧得我心疼极了

当时，意方提出由我兼任合资公司总裁，我考虑再三还是让意方推荐总裁。

2003 年 3 月，新上任的 CEO 托斯克在公司里烧了"三把火"：全员上保险，提高加班费，财税透明化。

他的"三把火"烧得我心疼极了。我草草算了一笔账，营运一年成本就要增加 35%，相当于一年多开支 2000 多万元。

但是心疼归心疼，我对他这种"进入我家门，就是自家人"的企业理念、管理模式，还是认同的。

经过一年来的实践，更叫我心服口服。我们开始步入国际化战略，顺利地实施了三大调整：

一是市场结构调整。从国内市场向国际市场转移。合资前的夏梦，凭着过硬的产品质量和独特风格，聚焦国内市场，先后在全国开设 100 多家专卖店，销售不错，自我感觉良好。合资后，则走出国门开拓国际市场，想不到"外面的世界真精彩"，公司外贸出口任务占整个销售的 50% 左右，年加工出口创汇近千万美元。

二是产品结构调整。过去产品"单打一"，只生产夏梦西服。结果，年年五六月，店里门可罗雀，公司停工停产，资源浪费，员工流失。现在呢，产品多样化，正装精益求精，休闲装时尚俏丽，新的产品又开拓了新市场，"夏梦"服饰已进入意大利、美国、荷兰、西班牙、日本、俄罗斯等国际服装市场。现在一年 12 个

月，月月是忙月，不但“吃得饱”，而且还“吃不了”。

三是管理框架调整。从过去家族式管理过渡到“智能式”管理。家族成员退出高层管理“舞台”，回归原来“本色”。招聘门槛提高，英语水平要达到六级、八级，还要有跨国企业的工作经验，方能进入重要部门管理工作。这就是中西文化相通相融，也是夏梦在国际化经受的磨合阶段，虽然带来许多痛苦，但熬过去以后，就是一种新的跨越。

调整后，我们很快熟悉和掌握了国际市场的潮流和游戏规则，形成了“专业化、制度化、透明化”的以人为本的现代企业制度。

重返创意本源

我坚信并谨记西装设计的初衷至关重要——那就是为每一位个性不同的顾客制作舒适合穿的服饰，现在正是一个重返创意本源的契机。正因为如此，MTM（Made to Measure）量身定制服务诞生了。

2013 年初我们率先投资 1000 万元新建一条“高级量身定制线”——MTM 生产线，引进目前世界上最先进的量身定制工艺技术。

SHARMOON 量身定制服务给予顾客个性化的服务和指引，满足顾客多变的需求。除了有多种服装版型可供选择之外，顾客还可以从两个主要的服装系列中做出选择。

面料是重中之重，顾客既可以选择传统经典面料，也有已用于品牌现有系列成衣的季节性面料，还可以选用珍稀的驼马毛面料。

在细节方面，那些不起眼的内衬、针脚和扣眼，也得到了相当的重视。顾客可以尽享定制服装的所有益处——珍贵的合身体验以及独一无二的面料、内衬、纽扣和各种细节，还可以定制自己的名字。

这使得客户非常钟情于专门为其量身定制的服装产品。因此自 MTM 定制服务推出之日起，就受到了越来越多挑剔的顾客的肯定。

如今，随着改革开放的日渐深入，温州服装与国际业界的合作也日趋密切。

从国外考察、工艺引进、品牌合作、品牌代理等一系列的合作中，温州服装也在不断地成长。就像西服在中国，从崇尚到泛滥到理性回归，这让温州服装看到了未来。

今天，夏梦圆了中国梦。

（作者时任夏梦·意杰服饰有限公司董事长　史承超/整理）

蔡国雄　**摩托罗拉落户中国**

回顾过去30年，天津、滨海、开发区的发展，我认为可以分为三个时代：1984—1993年，从一块盐碱地打造成为开发区的“大开垦时代”；1994—2003年的一瓶酒（王朝）、一碗面（康师傅）、一部机（摩托罗拉）的“工业化时代”；2004—2013年滨海成为中国第三个经济圈的“大投资时代”。我有幸在这三个时代都有参与。

从一个寒冷的早上说起

这一切可以从1986年1月初一个寒冷的早上说起。

那时我正在芝加哥总部给老板汇报工作，突然有电话说董事长罗伯特·高尔文要找我。见面后，老高尔文当面问我：“为什么中国要改革开放？”

我坚定地回答：“中国必须要改革开放才能改善人民生活，生活改善了人民才会拥护共产党和中国政府。”

这一问一答后，我们谈了一些摩托罗拉的家常话。

我以为这次谈话后什么事情都没有了，想不到8月时接到一个指令，我被选为摩托罗拉高层于10月首次访问中国的成员之一。此行访问团只有五人：老高尔文、他的儿子克里斯托夫·高尔文、负责美国以外国际业务的行政副总裁、负责安排行程的中国联络处经理和我。

在访问途中我才知道，老高尔文让我随行前去中国，是因为我在1981年主办了香港城市桥牌大赛，促成两岸同胞首次在国际活动上正式接触，获得中国领导人的信任和接见，令公司相信我对中国有特别的认识；而1月时在芝加哥的对话，对老高尔文有启发性。

他的座右铭是"The greatest contribution we can make is to create wealth for mankind"（我们可做出最大的贡献是为人类创造财富），这跟中国共产党、中国政府改善人民生活是不谋而合的。

"大开垦时代"

随着董事长首次成功访华，次年，我和其他七位摩托罗拉公司高级总管组织队伍，来华进行投资的可行性分析，并负责向董事长提供具体的来华投资方案。

我们八个人都坚持摩托罗拉最初进入中国时一定要以独资企业的身份，因为：一是摩托罗拉在别的国家合资还没有经验，二是我们对中国状况不太了解。在中国做投资，是在对这两个因素都不明晰的状况下进行，所以我们必须选择独资。

此行，我们八个人花费了很多时间，做了大量市场调查，包括在中国投资后怎么办，哪一个产品可以进入中国，技术转让的水平是怎样的，如何对人才进行培训等很多问题。最终确定了方案。

投资大框架敲定后，选址成了关键。

我们认为中国将来应该形成地区性的经济带。例如，珠江三角洲经济带、长江三角洲经济带和京津冀经济带。

那时中国改革开放的城市也很有限，只有深圳、珠海、厦门、汕头、天津等地。上海还没有开放。当时在香港，摩托罗拉已经有了一个亚太区的半导体总部，而香港回归后也会纳入珠三角经济带。所以我们认为，投资不应该放在深圳、珠

海、汕头等南部城市。

那只有两个选择，一个是厦门，另一个是天津。我们八个人组成的投资调研队伍，赞同厦门的占大多数。当时厦门的经济和招商引资已经发展得很好了，而且我们打算将来用新加坡、马来西亚、中国台湾的工程师、经理到中国工作，这些即将被委派的人也大多是闽南人。

记得当时天津好像还没有很好地开发。有一次去开发区谈判到晚上，外面路也看不清，只能用手电筒照着回家。

但是天津这座城市给我们的印象非常好，而且和北京临近。摩托罗拉要建独资企业最重要的一条就是要有好的合作伙伴，即当地政府。

我们在天津谈判时起决定作用的关键人物是叶迪生。他当时是开发区管委会的主任，也是半导体方面的专家。我们投资的第一家工厂就是半导体方面的企业。当时天津市和开发区的领导都是非常优秀的人物，让我们感觉到天津市和它的开发区官员是实实在在最好的合作伙伴。

我们八个人投票的结果是 4 ∶ 4，最后我们需要个别面见老高尔文，详述个人投票的原因。

老高尔文最终拍板决定在天津投资。当时对我来说是很尴尬的事情，因我投的是天津票，而我的母亲和爱人却都是厦门人！

1989 年到 1991 年期间，美国政府曾禁止美资公司来华投资。

为了向中国政府表明摩托罗拉对中国投资的信心，我在天津成立摩托罗拉临时公司，购买土地，招聘员工。由于美国的禁制令，该公司不能从事生产，我们只能把员工送往摩托罗拉海外企业培训。

此举为天津、滨海、开发区打了一剂“强心针”，在这样困难环境下投资，也为摩托罗拉和中国政府建立了良好的关系。

1992 年 3 月，摩托罗拉（中国）电子有限公司在天津注册成立。合并了摩托罗拉临时公司，建工厂，把半导体和传呼机放到天津生产，这时候在 1989 年时聘用而在国外接受培训的员工马上回国上任。倘若没有这批人，我们将要被逼雇用海外雇员，成本自然会高许多。

“工业化时代”

一直到1994年，随着传呼机和移动电话的普及，摩托罗拉中国业务发展得非常成功。11月初，李岚清副总理到美国总部和吐克会面。吐克跟李岚清副总理汇报摩托罗拉将会在中国实施的四大战略，来保证它虽然是独资但一定对中国有重大贡献。

第一是管理本土化。那时候85%的经理级员工都是海外雇员，我们的目标是五年内把85%的经理级变成中国人。

第二是配套产品国产化。那时天津工厂进口的元器件比例也是85%，我们提出的目标是五年内实现65%的元配件国产化。为这两个目标，我们花了庞大的资源在中国、天津培训了一大批的人才，亦把国内供应商的品质、效率大幅度提高。这批人至今是中国电子、通信业的领军人物，而同时摩托罗拉也在中国、天津建立了电子、通信工业的产业连锁，为天津的工业化打下良好的基础。

第三是合资企业。我们于1995—2000年，在北京、杭州、上海、乐山、广州和天津等地成立了10家有规模的合资企业。

第四是投资与技术转移。其中，最重要的项目是在天津西青区投资23亿美元建立半导体前工序工厂，中国必须要用半导体科技推动科学化和现代化。

我们参考其他国家对鼓励半导体前工序投资的法规，提出各项财税优惠，结果我们的要求促成国务院〔2000〕18号文件，这对推动中国半导体工业发展起了重要的作用。

在五年内我们提出的四大战略目标都实现了，对中国天津和摩托罗拉都是双赢的。除了人才本土化和配套国产化外，用2000年作举例，那年天津的GDP大概是2000亿元，而摩托罗拉天津的营业额为430亿元（大部分出口），而它上缴的税费等约为天津税收的20%。

“大投资时代”

从摩托罗拉退休后，我曾任新加坡环球联盟的信托人和董事。该组织是李光耀资政于 2003 年倡议成立的国际经贸合作的平台，利用这个身份，我在 2003—2004 年多次率领新加坡龙头企业代表团到天津访问。

2005 年 1 月，我在新加坡报章上发表预告，说京、津、冀将会继 20 世纪 80 年代的珠三角和 90 年代的长三角成为中国下一个经济圈，而天津、滨海凭港口的地理环境会成为像珠三角的深圳和长三角的浦东相等地位。文章引起新加坡各界的高度重视。

5 月底，当戴相龙市长来新加坡时，破天荒地几乎新加坡所有龙头企业的一把手，都来参加新加坡环球联盟欢迎他的晚宴。随后，新加坡大集团如胜科、新展、凯发等都落户天津，投资涉及化工、环保、展览等各个行业。

对天津影响最大的是中新生态城。

随着戴市长的访问，由董事长带领的吉宝高级代表团在 6 月来天津考察，我作为吉宝顾问是该团向导。其间吉宝提出了多项投资计划，而最令人瞩目者为新加坡城镇计划，该计划的概念是将一片未开发之地打造成一座社会和谐、环境友好、资源节约、可复制、可推广的模范卫星城市，提供中国其他城市借鉴。

不久，这项计划上升到了两国政府合作层面，国内多个城市都表示希望承担该项目。

经过激烈竞争及多方面协调，在 2007 年 11 月，当温家宝总理访问新加坡时，两国总理正式对外宣布中新生态城落户天津。

生态城占地 31 平方公里，起步区现已进入完成阶段。

2013 年 12 月 27 日，当李克强总理来天津考察时提出给予天津、滨海投资和贸易便利化综合改革“创新区”。看来我们应该把天津下一个发展年代命名为“创新区时代”。

我希望天津、滨海能在“创新区时代”成为北方地区的排头兵、领军者和人类宜居的国际大都会和海港城市，我更希望我能一如既往地在“创新区时代”继续服务天津、滨海。

（作者时任摩托罗拉全球资深副总裁）

乔宗礼　韩国友人叫我“中国乔”

我是连云港市赣榆县（现赣榆区）墩尚镇人，因为贩卖、养殖泥鳅而发家致富。后来，我不仅把泥鳅卖到韩国，还引来客商投资兴建泥鳅养殖基地，因此当上了墩尚镇镇长助理。在我的带动下，现在赣榆区和周边的东海、临沭、日照等县的好多乡镇有近万人在搞泥鳅捕捞、贩运和养殖。现如今，韩国的朋友同我见面时都叫我“中国乔”，而苏北、鲁南地区的农民养殖户们一看到我，都喊我“泥鳅大王”。

从30年前说起

刚开放那年夏天，我中学毕业后在家没事干，就随父亲到安徽省合肥市走亲戚。回来时路过一个菜市场，我看到有人围在一起买泥鳅，就过去问卖鱼的多少钱一斤，他说一块钱一斤。我就问父亲我们那儿多少钱一斤，父亲笑着说这东西又小又滑，打起来费事，炒出来还有股子土腥味，在我们那儿根本没人要。

回来后，我想反正没事做，就到河里逮泥鳅，逮了有40多斤。我向父亲要了20块钱，带上两个咸鸭蛋和几张煎饼，用两个水桶挑着泥鳅，直奔海州火车站。在路上搭了个熟人的手扶拖拉机，很快就到了火车站。上了火车后跑了十几个小时，我在车上睡了一个晚上，第二天早上就到了合肥。出站后我打听到一个离火车站最近的菜市场，就挑着泥鳅到那儿摆了摊子，不到两个小时就把泥鳅卖完了。回到家，我掏出兜里的钱一数，好家伙，50 多块，刨去路费和饭钱，我净赚 30 多块钱。才一个来星期，逮两桶泥鳅，跑一趟合肥赚的钱，就赶上我表哥干代课老师一个月的工资。当我把 50 多块钱交给父亲时，他喜滋滋的。

后来我又跑了十几趟，觉得小打小敲、跑来跑去的有点不过瘾，就和家里人合计买了一辆机动三轮车，还鼓动左邻右舍逮泥鳅，由我家包收购。我说服表哥辞了代课老师跟我合伙做泥鳅生意，他专门跑火车站运货，我在合肥那个菜市场长住下来，专门卖泥鳅。

到 1986 年底，才一年多点时间，我就净赚了 1 万多块钱。

买卖做大了

1987 年 3 月，上海市外贸局有个人在合肥搞市场调研时，看到我的泥鳅量大质优，就跟我说，如果预付你 5000 块钱定金，让你每周为上海虹桥加工厂送两三吨泥鳅，你干不干？我立马就答应他并跟他签了约。

这下子买卖可做大了。我便回来筹资买了一辆汽车，并在家院外边建了一个 400 多平方米的养鱼池子，把收购来的泥鳅暂时先集中养起来。后来收的泥鳅太多了，养鱼池子放不下，我又在附近的河里弄了十几只网箱，把泥鳅暂时养起来。

1987 年 7 月份，我曾一下子在河里暂养了 70 多吨泥鳅，当时是 2000 块钱 1 吨收的，到了 9 月底，市场价就卖到了 9000 块钱 1 吨，利用差价，我一下子就净赚了近 30 万元。

到 1999 年时，我已拥有资产 120 多万元，常年雇用 30 多人，帮我收购、养殖泥鳅，他们的人均年收入也在上万块。

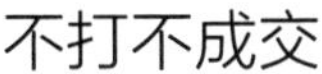

不打不成交

1987 年 3 月份，我到上海送泥鳅，认识了日本朋友佐藤伊夫，并与他建立了长期的贸易关系。

我结识佐藤伊夫，还有点小插曲。当时，我把泥鳅送到上海虹桥加工厂时，才知道这个厂子是一个日本人开的，我就想见识一下真老外。于是我把车子停在楼下，就走进办公楼，可大厅里的门岗不让我上楼，问我有没有预约，我说没有，他说那不能进了，就把我朝门外推。我是个犟脾气，不就是想见一下日本人吗，有多大事？看你能的。我就跟门岗顶起来了，我还大声喊了几句“哈喽”。可能是我的声音太大了，有个人就从楼上下来问什么事。门岗拽着我跟他说这人想见您。他听说我是来送泥鳅的，很高兴，就说“我叫佐藤伊夫，请多关照”。佐藤伊夫还到我的车上看了泥鳅，直夸我的泥鳅好。他还告诉我日本人喜欢吃青鳅，韩国人喜欢吃黄板鳅，建议我以后再送泥鳅时可以分开来装车，他给我高价钱。这可真是“不打不成交”啊！

同时为日韩客商供货

后来，佐藤伊夫又把我介绍给韩国最大的水产养殖公司——清水水产养殖公司老板曹炯武，让我同时为日韩两国客商供货，我又和曹炯武成了朋友。这样一来，我每年仅销售给韩国的黄板鳅就达 1700 多吨。

为了满足供货量，我把外地和日韩的先进捕捉工具买来，送给我的农民兄弟们使用，发动全村老少爷们逮泥鳅、养泥鳅，带出了一个闻名赣榆的逮泥鳅、养泥鳅专业村。我还在苏北及山东半岛设了 120 多个泥鳅收购点，每年的经销额达 2000 多万元。

韩国朋友曹炯武跟我讲过，泥鳅在韩国被称作“水中人参”。韩国人几乎每天都要吃一顿，市场上的年需求量达 4 万吨，每年需从中国进口 3 万多吨。我这里盛产泥鳅，何不将这一特种水产品做大再卖给韩国，让乡亲们多赚点"外汇"呢？于是，我多次邀请曹炯武到墩尚来实地考察。

2004 年初，由曹炯武投资 120 万美元兴建的连云港明均食品有限公司就开业了，在墩尚开发了养殖水面 3000 亩，并配套建成了饲料厂和冷藏厂，采用现代化的管理模式，实行育苗、养殖、加工、销售一条龙作业。生产的泥鳅全部销往韩国，年销量 1.2 万吨，占韩国年进口量的 40%，产值 3 亿元，成了江苏省最大的泥鳅养殖、加工、销售基地。

2004 年春天，我也投资 360 万元兴建了连云港迎春鳅业有限公司，养殖泥鳅水面 160 多亩，年产泥鳅 700 多吨，固定资产已超千万元。

在我的带动下，全镇很多农民纷纷搞起了泥鳅养殖，形成了徐庄、岳韩、牛河等七个泥鳅养殖专业村，总面积达 4000 多亩，总产量 1.7 万吨，从业人员有 6000 多人，一年多就实现销售收入 3 亿多元，人均纯收入超万元，建起了苏鲁边界地区最大的泥鳅养殖基地。

因为我带动农民增收有贡献，墩尚镇政府就把我破格提拔为镇长助理。年底我随团到韩国考察，了解到墩尚镇每年销售到韩国的泥鳅总量已突破 1 万吨，占到韩国市场总份额的 25%。于是，我决定在韩国首尔设立泥鳅销售处，通过直销可以为全镇养殖泥鳅的农民净增纯收入 30%。

通过在韩国设立泥鳅销售处，我把全镇的泥鳅直销到韩国，使他们的销售不再被动地受韩国市场的控制，泥鳅的价格一扬再扬。在国内，农民塘边的收购价就达到每吨 1.7 万元，农民平均一亩水面就能挣纯利 2 万多元。到 2005 年时，泥鳅的价格再度看好，达到每吨 2.3 万元，个头大一点的达到每吨 3 万元。

官司引来合作

面对日趋高涨的市场行情，我不是一拥而上地销售，而是有序地组织货源，分批投放到韩国市场。这一下让韩国商人又敬又怕，敬的是我养泥鳅的技术高，品质有保证；怕的是我对韩国市场行情了如指掌，在销售中掌握了主动权，所以多次迫使韩商接受了我的定价，由此也带来了一场国际官司。

那是 2005 年 5 月 30 日，我的三个集装箱约 30 吨泥鳅发到韩国后，韩国通过其检验检疫局通知我国驻韩大使馆说其中一箱含有孔雀石绿，并宣布从此不准我的泥鳅再销到韩国。我一看就知道这是韩国人在捣蛋使坏，要打压我，减少我的直销量。其实，我这批销到韩国的泥鳅总共是 21 个集装箱，经连云港商检局检验全部合格。因为我们都知道，被一些商贩用于水产品保鲜的“孔雀石绿”，在我国早已被列为禁药，商检部门是要严查的。

墩尚镇泥鳅养殖场是经过验收合格的无公害生产基地，并经过中韩两国商检部门对水质、用药、苗种等多方面的报检审查，根本不会使用这种禁药。于是我请连云港商检局通过国家商检局与韩国交涉，要求复检那一箱泥鳅，但当时已开箱放在市场上了，其中卖了一半，销毁一半。面对“死”无对证，我坚决要求韩方退货。无奈，驻我国的韩方商务参赞只得回国与韩商进行沟通协商。最后虽然是不了了之，但允许我的泥鳅可以直销韩国。

我的这场官司，引起了韩国客商曹在镐的关注，他在了解了事情真相后，就找到我要和我合作，我就邀请他来赣榆对我的泥鳅养殖场进行了现场考察。2006 年 7 月，曹在镐投资 300 万美元，在城头镇兴建了连云港荣进水产养殖有限公司，带动当地近百人就业，专门从事泥鳅养殖，产品全部销往韩国。

（作者时任连云港迎春鳅业有限公司董事长）

胡成中　一场国际诉讼引起的对手“联姻”

狼爱上羊

德力西集团与施耐德电气公司曾经是商战中的对手。2000 年，德力西在法国展销电器产品时，施耐德在专利方面针对德力西发起了一场法律诉讼，并通过法国的法院把德力西的产品样本封掉。

正所谓“不打不相识”，这场官司使德力西结识了世界上低压电器最强的企业施耐德。施耐德自 1836 年成立以来，一直是法国的工业先锋之一，在约 130 个国家拥有近 92000 名员工和大约 13000 个分销点。德力西一直在产品经营上精耕细作，在成为中国电气制造的龙头企业之后，又把建立跨国企业作为自己的战略目标。虽然我们连续九年出口额在全国同行中排名第一，但在国际市场上所占份额还是微乎其微。

有一句经典老话说：商场如战场。但我认为，对抗性地争抢一块蛋糕，是低层次的竞争。互相搏击的竞争对手，也可以切磋互助，合作共赢，一起做大一块蛋糕。于是，这场官司很快和解了。

2005 年 3 月开始，施耐德电气与德力西就合资合作事宜进行接洽。

为了让集团高层开阔眼界，增强对世界强企的感性认识，2005 年 4 月，我特意组织集团高层参观欧洲的电气企业。通过参观，我深深感到，中国民营企业要想超越经过百年历练的跨国巨头，真不是一件简单的事。按照我们自己的技术、人力和财力，就像我们步行、他们开车一样，越赶差距可能会越大。最好是采用合资合作、借梯登天的办法。

施耐德是低压电器全球最强的一个企业，德力西主要生产低压电器，德力西与施耐德合资合作，优势互补，必然带来双赢。德力西充分利用它们的全球网络和先进的管理经验、先进技术，可以提升品牌，加快国际化的步伐。当然，深入中国市场，是施耐德的战略发展目标。德力西是本土名牌，还是价廉物美的象征。正是清楚德力西的这些优势，施耐德抛出了橄榄枝。

中国有首歌叫《狼爱上羊》，它寓意深刻，颇具新意。我在德力西与施耐德合资成立德力西电气公司时，演唱了这首歌。后来，在中央电视台财经频道《对话》栏目接受访谈时，我又唱了这首歌。

有趣的是，当时，不少人担心我此举是“引狼入室”，会“羊入狼口”。在他们看来，施耐德是世界五百强，而德力西是中国五百强，二者相比，施耐德电气是头狼，德力西只是只羊。但施耐德电气集团亚太区原总裁施瑞修后来说，这个比喻应该反过来，我们才是羊，而德力西才是一只狼。因为跨国公司投资中国，他们觉得自己仿佛是进入狼群里的羊一样。就这样，双方怀着忐忑的心情，都在担心被对方吃掉的情况下开始了一轮又一轮的谈判。

艰难的“恋爱”

事后有人把这场合资比喻成谈恋爱，这个比喻形象地说明了当时的情形。施耐德和德力西的这场恋爱，并不顺利。

我自己与时任施耐德董事局主席的拉赫曼就洽谈过 20 次，与时任施耐德电气亚太区总裁的施瑞修先生谈了 110 多次；算时间有 1000 多个小时，经常谈到天亮。施瑞修感慨地说，那段时间跟老婆在一块的时间还少一点，跟胡成中谈判时间更多一点。双方还各有一个谈判组，商谈具体事务。

由于中西方商业文化的差异，谈判的交锋点很多。在中国人的商业文化里，两个要合作的人，总是要有一段“蜜月期”；但施耐德的想法却是，合同里一定要讲清楚最糟糕的情况。协议跨度30年，那么他就尽量把30年所有可能发生的事情都写上去了，其烦琐程度已经到了近乎折腾的状况，抠字眼抠到了登峰造极的地步。

谈判组一次讨论资产盘点时的一个审计条款，从晚上吃完饭就开始谈。因为涉及的资产太多，无论如何都谈不拢。好不容易谈完，大家发现天竟然亮了，一看表，已经是凌晨4点钟了。

一次涉及股权比例的谈判，谁都不肯让对方拿51%，不肯让对方控股，但两边各拿50%股份，万一出现僵局怎么办？谈来谈去，谁也不肯让步。那次，施瑞修生气了，站起来把椅子一推就走出去了。过后，他冷静下来，向德力西方道了歉。

谈判过程很长、很艰苦，第一次接触到签协议中间经历了20个月的时间，双方都付了几千万的律师费。

2007年11月，这场持续了两年的谈判最终尘埃落定。文本很多，一个框架协议，几十个附件，文本打印就打了两天，定稿六大本，叠起来比一个人还高。四个人盖章，盖了一整天。一辆依维柯面包车拉着整整一车的合同文件交由双方签字。

2006年12月16日，就是合资协议签订的前夜，在柳市举行签约仪式的消息已经公布，庆祝酒席的请柬已经发出去了，各路客人第二天也要到了。这时施耐德方居然说有一个合同条款还没有细谈，深夜12时多还有条款没定下来。谈判陷入僵局。我方谈判组的组长终于生气了，拿起一个杯子，向墙上砸了过去。

还好，施耐德方也能理解，经请示后修改了方案，在文字上作了调整，避免了最后翻车。凌晨5时20分，框架协议终于最后确定。

在漫长的谈判过程中，尽管也时有争执，我感觉到两国的文化中共同点还是比较多的。

2006 年 12 月 17 日，德力西集团与施耐德电气公司签署合资合作协议。

2007 年 11 月，经商务部批准，中法合资德力西电气有限公司正式挂牌，公司总投资额为 18 亿元人民币，注册资本为 6.2 亿元人民币，是浙江省当时最大的“民外合璧”项目。

德力西与施耐德的股权是 50% 对 50%，体现了公平的原则；董事长的职务由中方担任，而总裁却由施耐德委派，体现了扬长避短的原则；合资公司生产基地在温州，用德力西冠名，产品用 DELIXI 品牌，体现了保留民族品牌的原则。

新官上任“三把火”

中法合资德力西电气有限公司正式成立那天，我在致辞中，提出了“尊重、坦诚、创新、和谐”八字方针。董事会商讨决定重大战略性问题，而日常的经营事务则由施耐德委派的总裁负责。我作为董事长定下合作的基调，实行两权分离，将管理者与经营者分开。

公司的第一任总裁就是那个参与谈判的朱海。他一上任就“放了三把火”。

第一把火，内部人事的清理整顿。德力西发展壮大之后，当年一起打天下的亲戚朋友，有不少在企业还担任着重要部门的领导职务。公司发的第一号总裁令，让所有人大吃一惊。根据一号文件，第一波就要把 280 位中高层管理人员推出新企业。其中有不少股东的亲友，包括我的舅妈、舅舅。同时招进 100 多个大学生和数千名一线工人。通过机构改革，提高了管理水平，降低了管理成本。

第二把火，清理供应商。德力西集团每年的零部件采购金额达到数十亿元，占总制造成本的 70% 以上。这是电气产品质量的源头，也是以次充好等腐败现象的高发环节，因为很多供应商都是股东的亲友和熟人，多年来建立了非常密切的关系。合资公司推出绿色供应商管理审核标准，根据标准把 500 个供应商减掉了

200 多个，首批确定了 28 家为 A 级供应商，也被称为绿色供应商。供应商体系打好了产品质量的基石。这些供应商在为德力西提供产品的同时，也在为电气行业的其他企业供货，提升了温州电气零部件生产企业的整体水平。

第三把火，实行数字化管理，就是上 ERP 系统。一般上 ERP 系统至少要有一年的磨合期，合资公司决定只用 6 个月。当时一下子就上了营销、物流、生产、财务、采购五个模块。电气公司的团队夜以继日地工作，不断调整系统，还是出现了供不了货的尴尬局面。在上线的一个月里，所有的提货基本停止。分销商们骂声不断，有的干脆闯到总裁办公室，齐声质问为什么无法下单订货，还有不少人向我告状。那个月跑了四五千万的生意。幸好后来业务拥堵引起的混乱得到了很好的解决，没有引起更大的波澜。几个月之后，ERP 系统正常运用。德力西电气的销售、回款很快实现了规范。公司的财务状况很快维持在一个理想的状态，此后每年的现金流甚至可以实现直接分红。

此后全部管理活动跟流程用制度说话，创造了一个新的质量管理模式。每一天，来自系统的数字就像对人体做一次全面检查一样。哪里出问题，如何掌控，都一目了然。

一桩美满的姻缘

由施耐德为德力西电气带来的变化，体现在生产上。在施耐德中国的工厂里，生产是以工作小组的形式进行的。在一个 U 形的工作台里，七八个工人组成一个小组，共同完成一个产品的组装。有一个负责物料供应的工人开着电瓶车，按照生产计划把物料运载到每一个工作台的旁边，按种类放在规定的架子上，供生产者随时取用。实践证明，在推行了新的生产方式后，生产效率提高了很多。

在合资公司，员工的工资得到了普遍的提升。工资随个人工作量、劳动强度的不同而不同。一线员工的月工资普遍在 3000 元，高的甚至可以挣到 5000 多元。

在全球金融危机中，德力西电气逆势飞扬，相继建立德力西电气在温州工业园之外的第二个工业园——宁波工业园、第三个工业园——芜湖工业园。

2010 年 11 月建立浙江省首家电气研究院，积极研发新一代的智能电气产品，有效地实现传统电气产品的技术升级。

合资公司运行良好，产值、销售收入、利润等主要经济指标的快速增长，能实现百分之十几的利润率，这个数字是柳市普遍水平的一倍多，被业界称为“中国民营企业现代式升级的样本”。

让双方最欣慰的是，这么多文本签了之后，搁在那里，就再也没看过。这说明德力西与施耐德相处得很和谐，没有出现矛盾纠纷。“狼爱上羊”不是一场错误和悲剧，而是一桩美满的姻缘。

（作者时任德力西集团董事局主席兼 CEO　卢友中　陈首旦 / 整理）

苗丰仁　**亲历三起“停工事件”**

对于我来说，过去的30年是生命中最美好的时光，因为我把这30年献给了大连开发区改革和建设的宏伟事业，用奉献与努力浇灌这片神奇的土地，播种希望，收获梦想。

作为一名“老开发”，我曾担任过劳动人事局副局长、纪委副书记、监查审计局局长和总工会主席等职，其中有苦更有乐。“苦”不仅没有熄灭我的激情，反而激发出“苦”中的乐趣，尤为难忘的是在我担任总工会主席的15年里。

大连开发区是以非公有制经济为主体的经济区域，由劳动关系的复杂化所引发的劳资矛盾时有发生，发生在投资者和劳动者之间的涉及劳动就业、劳动用工、劳动报酬、劳动保护和劳动教育等方面的劳资矛盾尤为突出，甚至发生了三起群众性停工事件，其参与人数之多、持续时间之长、影响性之大，全国罕见。在此期间，开发区总工会做了大量深入细致的工作。其中有几件事，至今我仍记忆犹新，恍如就在昨天。

一记耳光和限期离境

2001年6月15日，一名在某日资企业的员工上班迟到了，他先来到在车间

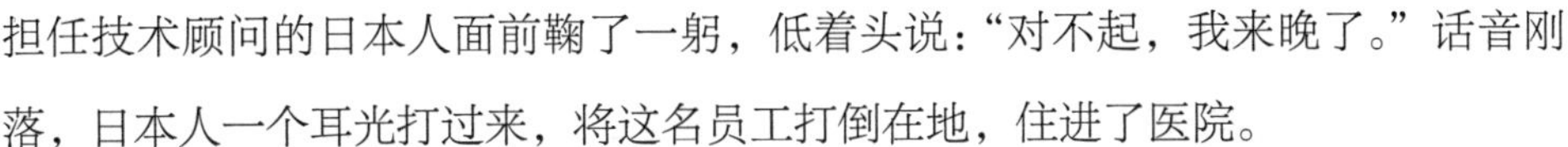

担任技术顾问的日本人面前鞠了一躬，低着头说："对不起，我来晚了。"话音刚落，日本人一个耳光打过来，将这名员工打倒在地，住进了医院。

这是我担任总工会主席后遇到的第一件中方员工被打事件。接到员工投诉，我派法律工作部部长孙秀芝前去调查。

当时，日方领导层对此事并不在意，告诉孙秀芝：这是公司内部的事，我们自己解决。孙秀芝提出赔礼道歉、赔偿精神损失等要求，日方人员置之不理。

听了孙部长的汇报，我拍案而起："外方在开发区投资办厂，我们欢迎，但必须遵守中国的法律！殴打、侮辱员工是违法行为，必须严肃处理。"

当时，大连开发区有企业 3000 多家，员工 20 余万名，95% 的企业是外资企业，95% 以上的员工在外企工作。我非常清楚，在这样的环境中维护职工的合法权益很难，搞不好，一顶"破坏投资环境"的帽子扣上，就很要命。

但是，总工会主席的职责告诉我：既然坐在这个位置上，就必须替职工说话办事，否则就不称职。在外资企业面前，必须有中国工会的尊严、中国人的尊严！

在向管委会汇报并取得管委会领导的支持后，我约那家企业的总经理到工会，告诉日方总经理：一、打人者必须向全体员工道歉；二、向被打者赔偿经济和精神损失；三、打人者必须离厂、离境。

日方总经理提出，愿意赔偿 10 万元，希望不要让打人的技术人员离厂。我不同意。

非常了解中国国情的日方总经理不再和我谈，转身来到管委会，向"一把手"说明情况。其间，有为日方说情的，还有人说，一个耳光就值 10 万元，太说得过去了。非让人走，是不是太不近人情了？但我不为所动。

我提出，在管委会领导在场的情况下，与日方总经理当面表明态度。误以为已得到管委会支持的日方总经理开始强硬起来，说："在日本企业，管理人员和员工是一家人。管理人员打员工，就像家长打孩子一样，是一家人的事。"

我当场反驳："一、日方管理人员与中国员工不是家长和孩子的关系，是劳动关系。二、打人违反了中国法律。过去，日本侵略中国，对中国造成了很大伤害，抹平这旧的伤痕需要两国人民的共同努力。如今，日方管理人员打中国员工，再次伤害了中国人的感情，增添了新的伤痕。这是一个很严肃、必须认真对待的问题。三、再多的钱也买不到中国人的人格、国格、工会的尊严。四、任何无视中国人的人格、国格、中国工会尊严的人，都是不受欢迎的人，都必须离开。"

听了我的陈述，管委会领导频频点头，日方总经理则慢慢低下了头。一个月后，那名打人者买了回日本的机票，悄悄地走了。

之后，凡是外籍管理人员打中国员工者，一律离厂、离境，成为惯例。

艰苦的"涨工资"谈判

2005 年 7 月 26 日下午，大连开发区一家日资企业"停工"，随后"停工"企业一个接一个，很快达到了 18 家，参加停工的员工总数达到了 2 万多人。这是大连开发区历史上前所未有的突发事件，引起了强烈的社会反响。

怎样处理好投资环境与职工利益的关系？我一时陷入两难。

我详细调查了事件原因，劳动强度大、收入低，是这些企业员工停工的主要理由。员工们提出的要求多达几百条，但核心问题是要求增加工资。

管委会领导责成我为处理该事件的第一总指挥。我首先召开了紧急工会干部大会，然后带领区工会 40 多名干部，一个企业一个企业地了解情况，与一个又一个外企老板进行艰苦的有理有据的工资协商谈判。

那两个多月时间，我始终坚持在停工现场，随时掌握第一手材料，及时与企业工会主席、员工沟通，与资方反复交流、艰苦谈判，经常一天同时奔波在多个现场。

在处理某日资企业停工事件过程中，我在高烧 39℃的情况下仍坚持工作，连续三天三夜都在连轴转地与职工交流，与外商谈判，嗓子哑得发不出声音，我就喝口水；困到极限眼睛睁不开，我就硬是用手指把眼皮撑开。后半夜，实在坚

持不住，我刚上车，就在车里睡着了，一氧化碳差点夺去我的生命。当我用力打开车门，挣扎着爬到雪地上时，满脸满身都是血。苏醒后，我马上赶赴停工现场……

当工会同志告诉员工：苗主席已经三天三夜没合眼，20 小时没吃饭时，在场的员工马上安静下来，一些人感动得流下了眼泪。一位在停工中一直态度强硬的小伙子禁不住泪流满面，哭着说："苗主席，您去睡一会儿吧。我们马上去商议，很快就复工。"

有一家有着 9000 多名员工的日资企业，员工全部离开了生产线。日方非常着急，一名高级管理人员专程从日本飞来开发区处理问题。

我与日方领导层谈判的关键问题是工资涨多少。员工提出每月涨 380 元，底线是 200 元，而日方只同意每人每月涨 30 元，相差甚远。这是一场比智慧、比政策水平、比耐力和毅力的艰难谈判。

日方不断精明地算着成本、利润账，叫苦叫穷，即便同意涨工资，也像挤牙膏似的，从 30 元一点一点涨到 60 元。我一步到位，提出 150 元。我用政策、用数据、用大量的第一手资料，与日方领导层进行了唇枪舌剑，据理力争。万般无奈之下，日方领导层拿出了"撒手锏"："我们可以到其他地方投资！"

这并没有吓倒我，我说："你们企业刚到开发区投资办厂时，只是一个仅有 100 多名员工的小企业，而现在员工 9000 多人，成了大连开发区职工人数最多的企业，而且企业不断增资。如此长足发展，这财富不是员工创造的吗？你们就不应该给员工一点回报吗？到其他地方，你们岂不是要从头开始？划算不划算，你们心里最清楚。"

我连续和日方领导层进行了四次谈判，日方终于同意了我提出的 150 元的工资要求，可他们又担心："我们答应了，你能让员工复工吗？"

面对着 9000 多名员工，我拿起话筒。我首先肯定了员工们对企业发展做出的贡献，同时指出企业在管理、员工工资、福利待遇等方面存在的不足，对员工的停工表示同情和理解，又讲了国家有关政策，向员工们通报了谈判结果，包括涨工资、改善食堂伙食、增加工间休息时间、增加夜班费等。

我动情地说："从今天起，我每天将以工会主席的身份到这里上班，在这里随时处理员工问题。对于大家没有提出来的或尚未发现的问题，只要我看到、听到，我也要争取尽快为大家解决。我请大家相信工会，相信我苗丰仁。我们是可以也一定能够代表你们大家利益的！"

掌声，雷鸣般的掌声，响彻在厂区广场、宿舍楼和车间，响彻员工们驻足聆听的每一个角落。那一刻，我的眼睛湿润了。工会维权的使命是"维护职工合法权益，共谋企业健康发展"。这二者我同时做到了。

谈判的过程是艰苦的，但是苦，有时也是一种珍贵的体验，一种昂贵的享受。

很快，一台机器启动了，又一台机器启动了，车间的机器又恢复了往日的轰鸣。正坐在办公室里的那位从日本飞来的高级"专务"，听到机器声，激动地跑出来，一直跑到我身边，边鞠躬边说："多谢多谢！"

在管委会的支持和各部门的配合下，最终 18 家企业通过谈判，职工的利益都得到解决，企业很快就全部复工。

这次停工事件，不仅让中国员工，更让外资企业看到了工会的作用和价值，赢得了员工和外资企业的敬重。

但是在我看来，这么大面积的停工事件，也是一个教训。

此后，一个个将问题解决在萌芽状态的措施接连出台：工会与政府各部门联手的社会化维权机制开始发挥作用；10 家具有"风向标"性质的企业挂上了"员工信箱"，使工会与管理层随时了解员工的意见、建议；"1+3"即工会、员工代表、企业管理层共同研究员工问题机制诞生；与日本商工俱乐部定期协商机制建立，如涨工资、劳动条件改善等，总工会与该俱乐部成员单位定期或不定期地就共同关心的敏感问题进行会谈。

平息企业破产风波

办企业是一种经济活动，有成功，也必然有失败。大连经济技术开发区尽管投资条件很优越，各项政策很优惠，但也有一些外资企业经营不良，陷入破产境地。

2000 年以后，万事通、旭染织、金仑毛纺、东福彩显等外资企业由于种种原因，无法经营，宣告破产。这对于年轻的开发区来说，是一个新的问题，尤其是破产企业的员工讨要工资，在当时造成了很大的风波。

2002 年 8 月，我掉进了解决万事通企业问题的旋涡。那段时间我没有一天安生的日子，经常半夜里接到上访电话，有时家里也挤满了人，车常被围堵。我向同样十分关心这件事的市政府和管委会领导汇报，提出以工会名义借款为破产企业员工开工资。

在管委会的大力支持下，工会借款 2200 万元，最终圆满妥善解决了所有问题。我永远忘不了工会垫资为破产企业职工开工资那天，拿到自己血汗钱的职工高喊：“工会万岁！”我的心里酸酸的，也流下了眼泪……获得员工的信任、认可和支持，是我献身工会 15 年的最大收获。

没有企业的发展，就没有职工的权益；反之，不维护职工的合法权益，企业也不可能健康发展，二者是相辅相成的关系。工会就是要做到在维护职工合法权益的基础上，推动企业发展；在推动企业发展中，维护职工的合法权益。这一点，外企和国企并无二致。

实践表明，在大连开发区的企业中，劳动关系理顺了，企业就呈现出稳步发展、健康发展的态势，否则就会出乱子。大连开发区之所以能不断地得到发展，就是基于劳动关系的相对稳定与和谐。

“创造和谐劳动关系，共建美好未来”的工会维权共同愿景，向人们展示了这样一个图景：在和谐的劳动关系保证下，企业不断得到发展，职工群众的收入水平和生活水平不断提高，大连开发区呈现出一派蒸蒸日上的景象。

30 年的追求与跨越，30 年的激情与绽放，30 年的梦想与收获，这是几代开发区人用热血和汗水谱写的令人振奋的壮丽篇章。当年的“老开发”们老了，而 30 岁的大连开发区正如和他同龄的年轻姑娘、小伙子一样，生机勃勃、花样年华，有着美好且不可限量的未来。

回首过去，如果让我重新选择，我依然会毫不犹豫地选择开发区。

（作者时任大连开发区党工委委员、总工会主席）

第二章

根之所系　情之所在

陈开枝　**走在改革开放前沿的霍英东**

我从 20 世纪 70 年代末就认识霍英东先生，及至相识、相交、相知，一直到他去世，将近 30 年。这整个过程，我认为他作为一位长者，作为一位领导人，对我有非常深刻的教育。

这 30 年来，或是在香港，或是在广州，或是在北京，我跟霍英东先生相聚的次数多得数不清。就是他担任全国政协副主席后，在全国政协会议上我也经常碰到他。每次和他交谈，他都离不开谈改革开放，谈国家的发展，谈怎么充分发挥香港的作用，谈怎样做才有利于香港回归等。他把国家的改革开放和发展放在心上。他提意见和建议非常实际，从不拐弯抹角。每当所提的意见和建议被接受的时候，他都像孩子一样格外高兴。

改革开放所取得的每一个成功，他都很高兴

记得 20 世纪末和 21 世纪初，霍英东先生在香港请我吃过三次饭，每次都谈到他对改革开放的一些意见、建议。改革开放所取得的每一个成功，他都很高兴。

令我印象最深刻的一次谈话是 2002 年 9 月。当时我出访欧洲回来，路经香港去拜见他，他请我共进午餐。这顿饭吃了三个小时，他很兴奋地谈了三个小时，

基本上没动过筷子。其实，我们共进午餐是在聆听他的教导，听他谈他的人生，谈他为国家改革开放所做的一些工作。

他说，他跟国内的联系交流始终是通过贸易。他认为，做贸易接触、认识的人比较多，通过商业来往，可更有效地推进两地的交流，要充分利用香港的独特地位，发挥其特有的作用。

他说到，在改革开放前，针对当时国内的情况，他想推动内地与香港的交往，就出了个打足球"省港杯"的主意。他亲自带香港足球队来广东比赛，又组织广东足球队到香港比赛，每年如此，你来我往。"省港杯"表面看起来是个体育赛事，实质上是个很重要的联系交流工作，它使两地的关系开始密切起来。

他所走的每一步都跟着国家改革开放的步伐

霍英东先生所走的每一步都跟着国家改革开放的步伐。

国家以经济建设为中心后，要办特区了，国家要打开国门了，可当年的广州连个像样的宾馆都没有，东方宾馆、白云宾馆、广州宾馆都还很落后。他感到国家开放以后，将会有很多外面的人进来，如果没有一个高档次的酒店是不行的，所以他首先在内地投资建设了广州白天鹅宾馆。

今天的白天鹅已经不仅是一个宾馆，更是一个响当当的民族品牌。当年国家旅游局邀请霍英东先生在全国任选一个城市建设一个现代化酒店，霍英东先生最后选中了广州。他确信中国人完全可以建一个有档次的宾馆。

在白天鹅宾馆建设的整个过程中，他像一个施工队队长一样，那么大的年纪，那么大的一个企业家，却事事亲力亲为。

白天鹅宾馆建成后，按照当时的条件，我们要管理好也很困难，广东方面想请外面的人来管理。但他说：一定要体现中国人是有能力管理的，一定要自己人来管理，我们的人可以去培训。

白天鹅宾馆开放了，很多人说"普通老百姓不能进"。他说，一定要让老百姓

进来，让他们感受现代化的气息。

有人说，什么人都随便进来，卫生纸都拿走了。他说：那就全都算在我的账上，我们还需要相信群众。

实践证明，霍英东先生非常有远见。

我记得 1984 年春节，邓小平同志来到广东，年三十晚的年夜饭是在“白天鹅”安排的，霍英东先生非常高兴。

目前，白天鹅宾馆在世界上的酒店中是有地位的，在中国的酒店中更有地位。白天鹅宾馆确实对改革发展做出了很大的贡献。

每走一步都要改变一些人的固有认识

此后，霍英东先生又兴建中山高尔夫球场。

当时很多人认为高尔夫球场是外国贵族的东西，是资产阶级的东西。但他不是这么看，他认为，提出反对的观点是因为观念还没有转过来。高尔夫球场的体育功能不说，它在国外是一种重要的社交场合，很多事情在桌面上谈不下来在高尔夫球场可以谈下来，打高尔夫球是一种交际的手段。

可以说，他每走一步都基于开拓、引进一种全新的观念，每走一步都要克服很多困难，每走一步都要改变一些人的固有认识。

很多关键时刻霍英东都起了带头作用

1984 年初春，邓小平、杨尚昆等入住中山温泉宾馆。霍英东先生非常高兴，并充满了希望。

那次邓小平的南方之行，了解到广东改革开放办特区取得了很大的成功。小平同志肯定了特区的经验、做法，并决定进一步开放沿海 14 个城市。

当时还有一个故事，小平同志去散步，到山上要往回走，小平同志语重心长地说："我不走回头路。"于是，"不走回头路"的故事很快就被传开了。

这个时候我见到霍英东先生，他就对我说改革开放又有希望了。可见他是一个很关心国家前途的人。

这次三个小时的谈话，他十分激动地谈到了"珠三角"的交通。他认为，开放城市基本的必要条件一定要交通通畅。珠江三角洲有那么多河道，交通很不方便，所以他要修洛溪大桥。

洛溪大桥很快修成了，而且创造了一个以路费养桥的好方法。大桥的开通，对推进整个地区经济的发展起了很大的作用。

所以说，在很多关键时刻霍英东先生都起了带头作用。

临终前还念念不忘南沙的建设

他还非常兴奋地谈到了南沙的建设。当年他听说国务院批准建立广州南沙开发区，高兴得睡不着觉，想着应当把有生之年全部精力奉献在南沙的事业上。

他是这样想的，也是这样做的。

早在南沙还是一片荒滩时，他就在南沙进行战略性投资，并四处"推销"他的宏伟构想——将面积为澳门三倍的南沙建成现代化海滨新城。

他对南沙开发非常积极，每个星期三一早就从香港过来，很晚才回去。所以说他是南沙真正的开发者。他想把南沙建成很有代表的开发区，把南沙建成未来的海滨城市。

霍英东先生开发南沙，首先是搞交通。修桥、筑路、建轮渡，包括洛溪大桥、沙湾大桥、港前大道、进港大道，都是他亲手策划捐资或与政府合资兴建的。接着是绿化、美化南沙的环境，他先后修建了蒲洲国际花园、天后宫、高尔夫球场、蒲洲海堤。再就是修建大量的开发建筑。

现在南沙发展已粗具规模，变成了像他说的一个漂亮的滨海城市，变成了一个高科技产业集中的地方。

为了促进南沙的发展，他又专门成立了一个南沙霍英东基金会，把他的资产拿出 40 亿元作为发展南沙的基金。直到临终前，他还念念不忘南沙的建设。

为香港回归呕心沥血

他又谈到香港回归。

为了使香港胜利回归，他确实想了很多，想怎么配合中央做工作，而且也做了很多没人知道的工作。回归之后，怎么促进香港的繁荣稳定，他也是呕心沥血。

他对政府的工作全力支持，非常认真地履行参政议政职责。我多年参加全国政协的会议，看到他都是认认真真的，一直到他病重了，有些活动还是坚持下来。

为我国摆脱“东亚病夫”而不懈努力

之后，他谈到一个很激动的问题，就是我们国家体育事业的发展问题。我们知道，霍英东对国家的体育事业做了很大贡献。

2004 年雅典奥运会后，获得金牌的中国体育健儿访港。霍英东给来访的金牌选手总计大约 2800 万港元的重奖。按照伦敦金价折换成现金，等于给每位金牌选手一枚一公斤重的纯金金牌。

从 1992 年的第 25 届奥运会之后，“霍英东体育基金”就开始拨款奖励在奥运会上夺得奖牌的内地奥运选手和中国香港选手。夺得金牌的选手获得一枚重一公斤的纯金金牌及 8 万美元奖金，亚军获得半公斤重的金牌和 4 万美元奖金，季军获得 0.25 公斤重的金牌和 2 万美元奖金。

他跟我说，“我拿那么多钱去奖励奥运金牌的得主，支持国家申办奥运，就是以前外国人说我们是‘东亚病夫’，那是西方资本主义国家对我们民族的一种歧视。另外也确实看到我们国家体育事业的落后，国民身体素质的低下”。

他认为，推进体育事业，提高人民的身体素质，提高我们国家在世界的威望和影响，体育的政治作用和外交作用是非常大的。

他在全国很多地方修建了英东体育馆。他不但自己做还拉着儿子做。北京申办奥运成功的时候，他的长子霍震霆给他打电话，他高兴得跳起来，像完成了人生梦想一样。

为推动国家经济的发展竭尽全力

他谈到要支持国家的发展，他说自己的汗水每次得到收获都会激情澎湃。我认为，一系列的投资对他来说经济利益是很次要的，都是为了国家。为了推动国家经济的发展，他真的是竭尽全力。

霍老经历了从平民到国家领导人的大跨越，又确实为国家做出了巨大的贡献，但他的品格与精神始终不变。

一是他的为人没有变。他与人相处从来没有摆架子，一直是把自己当作普通的一员。他不管是对高层还是对低层都是一样，对谁都是那么一个平和的态度。他这种品质确实令人钦佩。

二是他与我的相处没有变。我们相识的时候，他还是一个商人，以后他当了政协常委、全国政协副主席，但他始终把我作为一个老朋友，并没有随着政治地位的变化而有所变化，始终是那么亲切，与我那么亲热，无所不谈。他真是个对朋友很重感情的人。

三是他那种爱国爱乡的赤子之情没有变。他几十年如一日，并没有因为地位提高而改变，一直在大力支援国内的改革开放，支持国内的建设和家乡的建设。

四是他干事业的那种执着精神没有变。执着的精神让他把每一件事都做成功，像建设南沙，如果没有他的执着精神，绝对没有南沙今天的状况。他是用一切的行动来体现他人生的执着，去报效国家，报效家乡。

真诚的爱国情怀

我确实把他作为一位很好的兄长来尊重。他去世的时候，我十分难过。

尽管他已经离开我们一年了，但几十年的交往，他的音容、他的笑貌、他的思想、他的每一件很小的事情都令我难忘。他充满着智慧，充满着魄力，更充满一种非常特殊的人格，让人看不出他是个富翁，看不出他是个领导。他就是我们当中的很平凡的一员，在哪个场合看到他都没有一点架子，没有一点派头。

香港这一百几十年来有不少名人去世，但是没有一位像他去世这样能够引起香港那么大的反响，不管什么方面的人，对他都表现出由衷的敬意。他这种人格，他这种品德，他那种爱港爱国的情怀，是值得所有人尊重的。

我们怀念他，不只是讲他那些鲜为人知的故事或者一些生活方式，更值得说的是他那种真诚的爱国情怀，那种执着的干事精神，那种平民化的作风，那种能深深打动人心的人格魅力。

（作者为中国扶贫基金会副会长，曾任广州市政协主席）

胡应湘　我与广东改革开放的情缘

我与广东改革开放有着深厚的情缘。从1980年开始投资珠江三角洲的交通、能源、酒店等行业，以BOT方式建设大项目，包括广州中国大酒店、广深珠高速公路、沙角电厂、虎门大桥、罗湖皇岗口岸等，大部分现在已经交给国家，全部运作良好，处于盈利状况。这些项目的策划和建设，在很大程度上成为广东改革开放过程中交通能源服务业快速发展的一个缩影。合和公司因此也成为对中国内地投资最多的香港公司之一。因为改革开放，合和的事业也得到极大发展。

成功不是喊几个口号就可以

记得在1972年我曾经到过广州，参加广交会，后来去北京和大连等地考察，当时感觉中国的计划经济严重束缚了经济的发展，无法发挥人才的作用。

1978年9月，香港新华社邀请我和李嘉诚等一批人士到北京，参加国庆观礼，受到了邓小平等党和国家领导人的接见。北京观礼后，我们还坐飞机，坐船，坐火车，到西安、成都、重庆、武汉、广州等地，花了20多天参观。

这次北上，国家领导人的谈话透露出来的改革紧迫感，以及人民的精神面貌，跟以前相比，发生了很大的变化，有一种蓬勃向上的劲头。我们都受到了感染，

觉得中华民族的振兴有了希望。

回到香港后，我结合自己的观察，逐渐加深了对邓小平改革开放政策的理解，对中国而言这孕育着很大的希望，是一个很大的转变机会。我渐渐觉得，应该抓住机遇开始对内地的投资，促进中国的经济发展。

不久后我再次到广东，首先见的是广东省省委书记习仲勋，还见了时任广州市市长杨尚昆。

要成功不是喊几个口号就可以，如果要成功一定要有一定的硬件。当时最主要的硬件是什么呢？交通、通信、电力系统。一个国家没有这几个系统是很难发展起来的。

之后我也见了当时的副总理谷牧，对外开放是他负责的。

投资酒店，促服务业发展

我先是在广州投资了中国大酒店。

当时广州虽然已经有白天鹅宾馆，但随着港澳人士和外籍人士越来越多，接待能力很弱。为此我决定联合郑裕彤、李嘉诚、冯景禧、郭得胜和李兆基等人投资中国大酒店。

1980 年 4 月 10 日，我们合作组成新合成发展有限公司，与广州的羊城服务发展公司签署了合作经营合同，投资 1.25 亿美元，我亲任工程建筑和技术总管，开始兴建中国大酒店。按照投资比例，中国大酒店我的股份是 25%，郑、李（嘉诚）、郭、冯都是 18%，李兆基是 3%。

负责的广州市副市长林西跟我说，我们是计划经济的，规划在什么地方你就在什么地方建。我则坚持要自己选址，房地产最重要的是地理位置。为此争论了差不多一年时间。

后来广东有关领导说我们可以给你划一片地。这片地有个小的山，山下面是老百姓的房子。对此我说老百姓的安置没问题，我们盖新的房子给他，但是建新房子要好几个月的时间，而酒店建设已经拖了一年多了，要马上开工。但是广东方面说安置好老百姓了再动工。为此又谈了几个星期，却一点进展都没有。

后来我们表态尽快盖新房子，同时要老百姓尽快搬，新房子建好之前，拆迁的每个人每个月给50块钱的补贴，结果一个星期全部搬走了。

老百姓搬走以后新的矛盾又出来了。工地需要员工啊，但是当地的劳动局说不能公开招聘员工，必须由他们派遣。哪有这样的事呢？

刚好当时有天晚上要打女排决赛。在吃饭的时候我就说，中国的女排就快成世界冠军了，很了不起。劳动局的人说，是呀，所以我们回去要看比赛的。我说我想问一下，这个教练挑选队员的时候是教练挑还是劳动局派？他说当然是教练来选拔的。我说我们企业要员工为什么非要劳动局派？对方就说回去研究一下。结果劳动局不派，允许我们公开招聘。

我们非常重视中国大酒店的员工培训，完全按照海外的标准来统一要求，有一套完善的细则。此后许多酒店都学习这个标准，有些高档宾馆甚至到中国大酒店挖人才，直接把这些管理经验搬过去。

中国大酒店的发展，一定程度上促进了广州服务行业走在全国前列。

改变落后，交通先行

在建设中国大酒店的过程中，我对珠三角的交通落后局面感触很深。

那时候单程回一次香港，要六七个小时，来来回回路上非常辛苦。但深圳与广州直线距离却只有100多公里。世界上两个这么大的城市间的高速公路没有亏本的先例，所以我决定投资兴建广深高速公路。

其实，早从我在美国读书时，我就从美国高速公路的兴建看到了中国高速公路的发展趋势。高速公路最重要的是门口到门口的概念。铁路运输虽然节省，最大的困难是厂家要先通过公路运输到火车站，上了铁路后，又要通过公路再运输到目的地，运输的物资还要不断地装卸。而如果集装箱和铁路运输，从广东运到

香港就无法完成。

因此，有次我跟谷牧见面时就向他建言：有三条高速公路中国非修不可，一是北京至天津，二是沈阳到大连，三是广州—深圳—珠海。

那时候，国内连像样的一级公路都不多，建设高速公路的消息一传开，引起了极大关注，投资计划先后经过广州市和广东省的诸多部门负责人、前后两任市长和书记、副省长、省长、省委书记的审慎研究……最后送到了广东省委第一书记任仲夷面前。

他听完了汇报，对着设计图足足看了三分钟，最后说了一句话："我们应该高速度地建成这条高速公路！"后来，邓小平、谷牧等国家领导人也对此给予了直接关怀。

1984 年 8 月，投资达 15 亿美元的广、深、珠高速公路方案获广东省批准。但直到 1987 年 2 月，该项目才得到国务院的批准。同年 4 月，广、深、珠高速公路正式破土动工。

1994 年，广深段高速公路全线竣工。广珠段亦于 1996 年通车。

这条高速公路之所以经历这么长时间的建设时间，困难不在于资金、技术，也不在人力、物力，而是审批程序、观念落后以及沿途一个接一个的具体用地困难等问题。

为此，我先后组织国内相关部门的人员赴欧洲、美国、日本等地考察，参观了德国希特勒时代为快速运兵需要而建设的交通基础设施，参观了美国的棋盘高速公路网，参观了日本为节省土地修路而留下的不可弥补的缺陷……

东西方路网建设的经验和教训，给国内交通行业的管理人士留下深刻印象，观念上受到了很大冲击。后来在审批环节上就顺利一些。

解决深圳"用电荒"

在建设高速公路的同时，我还与深圳特区签订了开发福田新区的协议，后来又投资建设沙角电厂。

沙角电厂的建设速度也创造了一个世界纪录，原本预期33个月建成，外界都不相信，我只用了22个月就并网发电。

沙角电厂投产以后，深圳完全解决了"用电荒"的问题，发展瓶颈得到解除。

对这几个项目的高速建成使用，国内无论是中央领导还是广东省有关领导，还是广州、深圳、珠海的老百姓，都给予了高度评价。有些人跟我见面时还当面表示感谢。直到今天，这种评价和感谢还时有所闻。

在这些项目的建设过程中，我总是亲力亲为，无论从设计勘探还是建设施工，或者跑审批、运筹资金，我都带着团队一个地方一个地方、一个程序一个程序地走，完全做到心中有数。当时自己不是完全从赚钱不赚钱的角度考虑问题，只是希望项目尽快发挥作用，能够为国家建设服务。

1983年，我向中央提出建设港珠澳大桥的构想，希望通过这一项目，将港珠澳三地完全融为一体。如今，这一设想也正在逐渐变为现实。

回顾改革开放的过程，看着祖国的发展变化，我可以说，中国这艘巨轮经过30多年的蓄势起航，现在已经走上一条康庄大道。作为一个中国人，我为此感到骄傲，也为自己在改革开放的过程中能够发挥一点作用感到自豪。

（作者时任香港合和实业董事局主席　黄标梁/整理）

耿典华 “宁波大使”包玉刚

我丁 1983 年 5 月底由省委任命为宁波市市长，到 1991 年 6 月下旬调到省里任职，在宁波工作了整整八年。从接待包先生 1984 年 10 月底第一次回故乡，到 1991 年 9 月包先生去世，我专程去香港送别，在这期间，我与包先生有过多次直接接触，这位受人敬重的海外“宁波帮”的杰出代表，给我留下了极为深刻的印象。他的举手投足、音容笑貌，至今历历在目，他对祖国和家乡的赤子之心、拳拳之情，时常萦绕在脑海里。

给北京、上海各捐赠 1000 万美元

到 20 世纪 70 年代，包先生的船队拥有 2000 多万吨的运输能力，他已成为世界四大船王之一。粉碎“四人帮”以后，包先生在 1978 年、1981 年就已经到过北京、上海了。

包先生开始几次来是看国内的动态。他看到国内与以前不一样，开始搞经济和发展，就想到要利用自身航运的特长，考察在大陆每年造船的能力和质量，看看在中国有没有造船的可能。

20 世纪 80 年代，北京除了国营的北京饭店，就是建国饭店、长城饭店，外

商来京住房非常困难。包先生了解这个情况后，就主动提出来要送1000万美元，不讲条件，就是用这些钱造个涉外宾馆，实际上是支持国家的旅游事业。这个情况反映到邓小平那里，小平同志说别人不敢接我接，包先生要求把建成的饭店命名为“兆龙饭店”，也没有人敢表态，小平同志就答应了，后来又亲自题了饭店的名字，并亲自参加了落成典礼。

之后包先生又赠送1000万美元给上海交通大学建图书馆，命名为“包兆龙图书馆”，由叶剑英同志题词。1985年落成时，小平同志派王震副主席为代表到上海参加落成仪式。

在1981年，给北京、上海各捐赠1000万美元，是一件很了不起的大事。所以包先生对支持国内改革开放和建设是起了带头作用的，在香港爱国人士中他也是最早到大陆来的人士之一。

包先生为什么去别的地方就是不回家乡?

包先生几次到国内来，但就是没有到宁波来，市委、市政府很认真地讨论了这个问题。

包先生为什么去别的地方就是不回到家乡来?我们分析认为，主要是人家有意见，原因是政策不落实。据我们了解，包先生可能认为：一是祖坟被扒掉了，包先生的爷爷去世后原是埋在四明公墓的，后来这个公墓给扒掉了，他理解就是把他的祖坟也扒掉了；二是老家被抄了，房子分给其他人住，原来的东西也被分掉了；三是家族里的人也有受到牵连的。这一切都可能伤了他的感情。

对这些反映，我们马上认真地进行调查和核实，真实的情况是：他的祖坟并不是被扒掉的，而是在“大跃进”的时候，为了建钢铁厂把四明公墓整个迁移了，是被移到了别的地方，但是事后没有很好地跟人家讲；房子确实在解放初期被分配给其他人住了；家具一类的东西也是被分掉了。

针对这些情况，我们就动员原住户搬迁，又清理了周边的环境；同时想方设法把能找到的东西都找回来，他结婚时用的七弯凉床等都找回来了，并通过一定的途径向他作出解释。

就在这个时候，包先生派他的弟弟包玉星打前站回家来探亲。当时包玉星先生在浙江有一个信达投资公司，成立五周年搞一个纪念活动，他趁这个机会回来。

我亲自到杭州去，让包玉星先生到宁波来看看。他来了，当时是住在华侨饭店，看了之后对宁波各方面印象都很好，这已经到 1984 年的 7 月份了。

包玉星先生回去没有多久，包玉刚先生就向我们发出去香港访问的邀请。我们向省里作了汇报，省里很重视，组成了代表团。

9 月我们去了香港，包玉刚先生亲自热情接待，规格非常高，香港的《文汇报》等几个大报纸全版宣传宁波的改革开放。在香港我们向包先生重点介绍了宁波的经济和社会现状。

这次去香港后，就有了一个基础。我们 9 月份从香港回来，10 月份包先生就回家乡来了。

阔别 40 年重回故乡

包先生是 1984 年 10 月 28 日回到阔别 40 年的故乡宁波的。

为迎接包先生一行，我们的发动工作和接待工作是做得比较深入、比较认真的。在他回到老家之前，当地政府已把原住在他家老房子里的一些人家另外安排出去了，只留有一户。

包先生到老家的那一天，钟包村可谓盛况空前。包先生走进大门，先与留下的那户人家的主人聊了起来，因为他们都认识，是老朋友，就共同回忆起了旧情。包先生走到楼下的厨房里，看到了很多过去用过的东西，他向周围的人介绍起了这些东西的用途。在楼上看到了结婚时候的那张婚床，他就跟他太太在那个地方回忆起结婚时的情景。

看着故居里的一切，包先生确实动了真感情，看了以后不想走，站在那里非常留恋。包先生在外面几十年了，今天终于第一次回到了故乡，他对故乡的感情就表现出来了。

他事先了解了一些情况，知道我们花了很多精力去搞这些东西，所以他对我们非常感激。

看完故居后，包先生一行由他的外甥陪同去祭扫三个祖坟，据说他在那里很认真地祭拜。这增加了他对家乡的感情，后来他经常讲起这个事情。

接着包先生又去参观了天童、阿育王寺，寺院里的人把他当成了贵宾接待，那里的住持还给了他一幅很珍贵的画，他非常高兴。

后来我们又陪同包先生去看了港口。他对家乡有这么好的一个港口，真的是称赞不已。我们就详细地向他介绍港口的情况，因为他是搞航运的，他知道，这里可以停靠 20 万吨、30 万吨的大船。

在考察的过程中，他认为应该把港口利用起来，开发起来，他说这么好的港口不用，就像钱留着不会生息，如果你用好了，就能增加财富。

"开发宁波，振兴中华"

这次回来最后一个活动是到天一阁参观，这是事先安排好的，天一阁的工作人员做了一些准备工作。大家到天一阁后，工作人员将记载包先生是包拯第 29 世孙的家谱拿了出来，事先大家都不知道有这件事。

一看到这本家谱，包先生很惊喜，周围的人纷纷向他表示祝贺，他兴高采烈。家谱里面有很多东西是从来没有发现的，因为家族中他这一房兄弟很多，三个兄弟四个姐妹，他的一个叔叔家里没有子女，就把包先生过继给了这个叔叔，这在家谱里面都记载着。包先生结婚后，他太太的生日在家谱上也写着，一同来的兄弟姐妹们看了以后特别惊奇，因为他们以前对嫂子的生日不知道，平时都不讲，这下大家都开起了玩笑。

查到家谱后，当时包先生就急着找笔要抄下来，但因马上要赶飞机，时间很

紧，我就说以后复制一份再送给他。后来这套家谱我们是赶到上海复制来的，到12月我去北京与他签署会谈纪要时，将这套复制好的家谱带给他。包先生非常高兴，这对他来说，可以讲是无价之宝啊！

在回家访问的过程中，包先生在下榻的华侨饭店很认真地题写了“开发宁波，振兴中华”几个大字，表达了他对国家和家乡的心声。

包先生在宁波期间，我们之间比较充分地交换了意见，初步确定了几个意向，第一个是在宁波创办一所宁波大学；第二个是在开发区那里搞一栋综合楼；第三个就是合作开发港口。

有了意向后，我们的工作抓得很紧。根据交谈的意见，在他回杭州的路上我们就草拟纪要，因为时间紧，纪要是手写的，一边起草一边商量。

关于宁波大学的事，包先生改了两个地方，一个是我们写了人民币5000万元，他改成了2000万美元的外汇，还有一个是付款方式，他提出要按工程进度分期付款，其他的地方没有大改。

所以这第一次访问，应该说是比较圆满，也是很有成效的。

“这个汤团值1000万美金啊！”

1984年12月，包先生来北京参加中英双方关于香港问题的签约仪式。

12月29日早上，我与卢绪章同志陪包先生共进早餐，我向他们介绍我们在一个多月时间里完成的工作，他很认真地听。他说在这么短的时间里能做到这个程度很不容易，设计方面他觉得没有问题。

后来就谈到资金问题，可能从宁波回去以后他考虑到汇率等问题，他说：“我们这样吧，7000万元，你出一半我出一半。市长，一般来讲，对这个方面政府也要拿钱的。”原来商量的是5000万元，相当于2000万美元外汇，大家都已经默认了，我们按5000万元作了规划。我当时就与他婉转地商量这个事情，因为5000万元就是单纯的基建和设备，而征用1300亩土地的拆迁、补偿等都没有算进去，是由政府承担的。

这个时候卢老说话了："说好的，还是按原来的办吧。"卢老的话真可谓一字值千金，包先生一听马上就说："好、好。"

这个时候正好上菜了，服务员端上来一盘金黄的油炸圆子（油炸汤团），包先生就夹给我两个，说："市长哦，一个金汤团值1000万美金啊，这件事就这样说定了。"在座的人都笑了起来。

后来经过各方面的努力，宁波大学从奠基一年时间就建成了。所以包先生在开学典礼上称赞说："中国有个深圳速度，浙江有个宁波速度。"

宁波大学建成后，包先生还十分关心学校的教学和发展。为了加强大学生的体育活动，他又捐款专门建了一个体育中心，还在体育中心大门上题了八个字：持恒健身，勤俭建业。

那一年他回家来，刚好宁波大学开体育运动会，他亲自参加了运动会开幕式，观看了运动会，还给学生颁了奖。

"好，我参加，我跑腿"

1985年12月，国务院成立了宁波经济开发协调小组，包先生是作为顾问参加协调小组的。我们开了六次会议，他不是全部都参加，但很乐意参加这个小组，在国内外他也是很引以为傲的，经常说："好，我参加，我跑腿。"

在参加了几次会议和活动后，他对宁波发展的要求和现状都有了进一步的认识。

第一件事是宁波的机场问题。宁波开放初期，邓小平明确指示要把宁波庄桥机场拿出来，把军用机场当民用机场。从当时的实际情况来说，军用机场要拿出来是困难的。只好先实施军民两用，部队只拿出很小一部分作为民用，航线要控制，20多人的小飞机，只开两个航班，一个上海，一个杭州。后来根据这个情况，过了不到两年就下决心还是新造民用飞机场。

包玉刚先生对这个飞机场还是非常重视的，他说如果没有飞机他就不来了。但是又遇到资金问题。包先生知道这个情况以后，说我可以帮你想办法筹集资金，他准备发动旅港宁波人，成立一个为数 1 亿元的基金，不足的他补，供宁波方面使用。最后这条路没有走通。但是他对机场的建设提出了意见，一直支持、关心机场的建设。

包先生第二次来的时候是包机来的，带了一批香港的上层人士，从香港直接飞到宁波庄桥机场，这次直航对促进宁波机场的开放，起到了推动作用。

包先生生前最牵挂的另一件事是筹建宁波钢铁厂。宁波有这么一个好的港口，又有这么好的条件，当时我们就认为应该加快宁波钢铁厂的建设，但是找不到合适的人才。所以在包先生也有这个想法以后，我们就马上跟有关部门联系，在一个月不到的时间就在北京把宁波钢铁厂的设计方案交给他，他看了以后很感动。我们商议决定搞了一个 300 万吨的钢铁厂，投资大概要 40 亿美元。

1985 年初，包先生回去后，对这件事抓得非常紧，他马上联系了日本、英国、德国金融冶金方面的大企业，研究在宁波开发钢铁厂项目。他在国外联系上了英国大卫麦基公司。1985 年 2 月，叫我们到香港去，他看到方案后非常高兴，就安排把材料全部都传给大卫麦基公司。

1986 年下半年，英国女王伊丽莎白访问中国，搞贸易洽谈会，在这个洽谈会上，把宁波的钢铁厂作为一个重要项目进行谈判。最后宁波这个项目是作为谈判成功的一个项目，在洽谈会结束时宣布的。

后来主要是国内的发展思路调整了，实行宏观控制，当然还有一些具体的原因，这个项目几经周折最后没有成功。说实话，这个项目包先生是非常支持的，从整个过程来讲，他已经尽心尽力了。

“我是宁波的大使”

包先生在外经常自称是“宁波大使”。

有一年我率团到英国去访问，包先生知道后就联系当时的英国首相亲自接见，这在别的情况下是不可能的。当时撒切尔夫人非常热情，会见时我们主要是感谢她安排接见，再一个是讲访问的目的，怎么发展加强友好关系，更重要的是介绍宁波，怎么样加强宁波和英国各个方面的沟通联系，也想听听她的意见。

哪知道我没讲多少，撒切尔夫人就说宁波港口条件有多好多好，我们感到很惊讶，实际上是包先生每次去都跟她讲宁波的情况，连她都很了解了。

在英国访问期间，一个大公司的董事长会见我，他对我们说，在包玉刚的眼里，宁波就是中国的经济中心之一，他就说到这种程度。

英国人能对宁波这么了解，说明包先生在外面所做的工作之细之实，这是我们事先没有想到的。在宁波大学开学典礼时，包先生把英国的教育大臣请来参加，也充分地说明了这一点。有一次讲话时，包先生说，我办宁波大学，选择这个时机就是为了在中英关系中发挥作用。

在香港问题协商的前期，包先生建议成立一个中英教育基金，他跟邓小平讲过，跟撒切尔夫人也讲过，总共计划 5000 万英镑，开始时他提出自己出 1000 万英镑，国家出 2000 万英镑，英国出 2000 万英镑，后来他提出自己出 2000 万英镑。他就想促进中国和英国的关系，同时把宁波作为其中的一个重点。

在宁波大学的时候他也曾经提出来，让宁波大学和英国的两个大学挂钩，一个是牛津大学，一个是利兹大学，让它们成为兄弟大学。

还有一个计划也是没有实现的，他亲自跟我讲，他想拿钱，在中国宁波建一个撒切尔夫人图书馆，在英国利兹大学建一个邓小平图书馆，后来因为中英香港问题的反复，有关部门认为不合适。

1990 年，我去香港访问，包先生专门联系了美国总统老布什的弟弟、美中经济协会的主席在香港与我见面，在包先生的会客室里，我介绍宁波的具体情况，提出一些希望和要求，包先生在一旁亲自做翻译，还很认真、很起劲地介绍解释。所以他讲自己是在外面跑跑腿，实际上是在不断地帮助我们做联系、联络工作，起到了别人不能起到的特殊作用。

“我还想到宁波来看看”

自从 1984 年 10 月底第一次回故乡后，包先生几乎年年率家人回宁波访问，他牵挂着家乡的大事小事。

还是在包先生 1984 年第一次回家乡来的时候，他感觉什么都很好，唯一就是感到卫生条件不行，因为到了外面连大小便的地方都没有，到了农村里面不卫生的地方就更多。他当场说我给你们两辆垃圾清扫车。当时我们在这方面确实也没有投入很多的资金。

他办事情很认真，很果断，也很守信用，回去不久马上就通过外办弄来了两辆垃圾清扫车。刚拿来的时候市里有关部门反映说不太实用，因为宁波的马路高低不平又很小，要平整以后才能用。包先生关照说这个你们一定要用起来，后来逐渐地还是用起来了。

1989 年是包先生 70 岁寿庆，早在一年前，他就毅然决定把他四位爱女准备送给他的寿礼，转赠给家乡兴建了“包玉刚图书馆”。10 月该馆建成后，他又特地率领全家和至亲好友回宁波共度喜庆。

1990 年北京亚运会开幕后不久，我应包先生之邀去香港访问。虽然当时包先生已感到身体不适，但被亚运会取得的成功所鼓舞，在招待会上，包先生对参加宴会的旅港宁波同乡说：“这几年我们年年都回乡访问，看了各方面的发展变化，确实使人很高兴。但这次亚运会上没有阿拉宁波人得金牌，我们现在就要出力，为家乡培养人才，争取下次举办奥运会要有宁波人得金牌。”他的倡议得到在场所有人的热烈响应，并相互竞争为家乡发展体育事业捐赠资金。原由包先生打算捐建的游泳馆项目，经陈廷骅先生的要求，转让给了陈先生。

1991 年 4 月包先生又邀请我去香港，当时包先生已疾病缠身，但对家乡各项事业仍十分关心，在身体十分虚弱的情况下，仍坚持与我畅谈了一个上午。

他拉着我的手感慨地说：“去年未能回宁波感到非常遗憾，今年 10 月只要身体条件许可，我还想到宁波去看看。”并且又提出了要捐资建造宁波第一医院“刚华”住院楼等愿望。

在交谈中，包先生还记挂着宁波各项事业的发展，他对我说:“振兴宁波的担子很重，希望市长和宁波大众多多努力。”

没想到，这次见面竟成永诀!

包玉刚先生作为海外“宁波帮”的杰出代表，他对祖国和家乡的深厚感情和卓越贡献，将永远被世人所记取。他的崇高精神和风范，将长留人间!

（作者时任宁波市市长）

唐石毅　我是广州开发区最早的投资者

1941 年，我毕业于上海复旦大学财经系后，在上海金融界供职，后来转入商界，开办进出口公司，从上海来到香港。20 世纪 80 年代中期，我作为香港锦建有限公司董事长、香港南海洋行有限公司代表的身份来到广州，成为外商在广州开发区第一个投资者。

走了一圈还是广州好

1984 年，广州市委副书记朱森林率团到香港访问，开展了一系列公关活动，推介广州经济技术开发区的投资环境，鼓励香港人到广州投资设厂。朱森林坦诚相待和感人肺腑之言深深打动了我这个海外赤子之心。那时我已 68 岁。香港一批爱国人士早有回国投资之心。

为了解国内情况，香港公司组织了一个 20 多人的团队，到大连、上海、北京、青岛等地走了一圈，最后发现还是广东的地理环境和干部的工作态度最好。

当时，我们拜访上海一个高层领导，同他们谈起中外合作的问题，那个领导说："我们上海的税收占全国一半以上，上海不敢轻举妄动。"这句话就等于关门的意思。那时上海确实是没有什么合资企业。这样的态度怎么能搞改革开放？

这是我为什么来广州开发区的主要目的。这个思想我曾经在以后开发区的一个会议上表露过，我说："我是上海人，但没有动员过别人到上海，而是叫他们到广州开发区来。"

帮助开发区把能源搞起来

我们来到开发区，受到许多领导及工作人员接待，并陪同察看了开发区的环境。当时开发区遍地荒草，没有一栋房子，我说这个地方要开发，要水、要电，土地要平、道路要修、房子要盖等，这些要办的事首先要有柴油、汽油，能源比什么都重要。我得回去研究一下，怎么帮助开发区把能源搞起来。

不久，我就以南海洋行有限公司的名义与广州经济技术开发区合资兴办了云海石油公司。经上报外经贸委批准每年进口各种油品 10 万吨，成为开发区第一家引进的合资企业，也是开发区第一个开业的企业。开业时，市长朱森林参加了剪彩，美国领事也来了。公司的加油站建设为开发区企业、工厂、工地建设和发展提供了能源支持，带动了一批企业在附近开发。接着进来的美特容器厂就建在加油站的旁边。

继云海石油公司后，我继续与开发区合作，开办了洁海集装箱公司和美海纺织品公司。我还把业务扩展到广州市区、北京、上海、深圳等地。

我在广州市内办了东山宾馆、台和工贸企业公司、白云汽车出租公司、建海出租汽车公司、广州市出租汽车公司、建海装修工程公司。其中各汽车出租公司成立时，我作为港方代表任董事、副总经理，从香港引进了几百辆汽车，"扬手即停"就是在那个时候搞起来的。

1994 年，国家规定燃油业务包括进出口，统一由中石化、中石油经营。开发区工总的领导同我商谈出让云海石油公司的问题。当时很紧张，不知道我会提出什么要求来，问我需要多少钱，我笑着说"零"。他们好像没有听懂似的，再三问我要多少，我明白地表态不要，只要把我原来用过的汽车等东西还给我就行了。

“赶快派人到开发区找唐石毅”

1987 年冬天，离过年只有一个多月，广州市的柴油只有十多天的库存，如果再这样下去，公共汽车就要停了，更不用说的士了。市政府很紧张，召开会议研究，市领导有人想起我，说：“赶快派人到开发区找唐石毅，他应该有办法的。”

于是，公用事业局及各石油公司的领导都亲自来找到我，希望能在 10 天内给广州市找 1 万—2 万吨柴油。我马上打了几个电话，结果在五天内问题就解决了。

油是怎么来的呢？是新加坡及香港油商把原来准备给别人的油先给我了。当时，为了抓紧办好这件事，我亲自到码头，柴油已经运到，但前面有三条船在那里等着卸货，我们接驳的油船排在后面，至少要等七八天才轮到我们卸货。

见到这种情况，我心急如焚，赶紧找到港务局那位叫“乔老爷”的局长，我把名片递给他，什么客气话都不讲，说明来意，并说，我那条船排在第四，能不能把前面三条船调整一下。

“那怎么行！”他说。

“不行也得行！”我跟他对着干，并说：“广州市的公共汽车马上就不能开了，你打电话给市长，看要不要我们的船先卸货。”

“乔老爷”是一个很爽快的老军人，听我这样讲，终于明白了我的心情，下令给我开了绿灯。

一点儿捐赠，表达对开发区的一种情感

我在开发区，大家都很尊重我。我同缪恩禄、朱秉衡及工总负责人打交道比较多，还与其他部门往来不少，觉得他们非常诚恳、工作负责。我同大家相处得很融洽，总想为开发区办点事。

开发区教育局李振华任职时，我捐赠给开发区的教育基金没有停止过。每年

一次，让学校的老师出去旅游。光学校那个操场平整土地就花了几十万。连同捐助自然灾害、外商投资企业协会、医院等，也不记得有多少次了。

最后，合作期满，我年龄大退休。在开发区投资八个单位，最后总是无条件退出，所有土地、房屋、设备、器械等等，一律交给中方，加上多年来上缴的税费，我粗略估计，现值总额在人民币亿元以上了。

为人的信誉很重要

我的晚年是以广州为家的，我现在就住在东山宾馆一套几十平方米的房间里。

我与广州军区合作投资建设东山宾馆的时候，有人对我泼冷水说，军队怎么合作？"秀才遇到兵，有理讲不清"。我不相信他们这些话。我说，中国靠谁来保卫？当然是中国人民解放军，那我跟他们合作有什么问题？于是，我们公司就投资了 400 余万美元，与广州军区企业局合资经营东山宾馆。

开始时东山宾馆是为军队内部服务为主，门口有两个拿枪的卫兵，没有人敢进来，在我的建议下，军人脱下了军装，宾馆对外开放，军官来开会也不穿军装了。实践证明，军队是守纪律的、守信用的，东山宾馆每年有盈利，成为一家优秀的合资企业。

我认为为人的信誉很重要，我来不是单纯赚钱，赚了钱一定要捐献给国家和地方。我在东山宾馆如此，在开发区办的云海石油公司和其他公司也是这样履行诺言的。

最后，应该说：我对广州、对开发区是有深厚感情的。一切应该归功于中央制定的改革开放政策以及地方政府的正确领导和工作态度。

（作者时任香港锦建有限公司董事长）

叶晓霞、潘登 **"福清主义者"林文镜**

第一次见到"大哥"是在他的客厅里。站在我们面前的是一位精神矍铄、和蔼可亲的老人。作为孙女辈的我们，将一位让人敬重的80多岁老人称为"大哥"，无论如何也不敢开口。可是老人的豁达和敏锐一下子消除了我们的拘谨。访谈就在咖啡浓郁的馨香中进行，渐渐地我们对"大哥"有了更深刻的了解……

他曾一次次地放弃在长三角地区为他提供的巨大的发展机会，放弃了侨居国内阁部长的荣宠，以真诚的大爱和执着改变了家乡的面貌，因此被朱镕基同志称为"福清主义者"。

当地官员称他是家国孝子。福清乡亲说，没有他，就没有福清的今天。

一位资深的媒体记者说，他对福清发展的贡献，怎么评价都不为过。

他却深情地说：邓小平是我的恩人。没有中国改革开放，我这一辈子也没有机会回来报效祖国。我是邓小平理论的实践者。"我帮助家乡，只是想让乡亲过得更好；我帮助祖国，只是因为我想让祖国更富强。"

他就是回乡21年，被众人亲切地称为"大哥"的侨商巨子林文镜。

对乡亲们的资助整整持续了十年

1928 年，林文镜出生在福清溪头村。因为贫穷，林文镜的祖父、父亲先后下了南洋。7 岁那年，林文镜也跟随母亲下南洋投亲去了。

1953 年，25 岁的林文镜作为华侨体育代表团的一名运动员回国参加全国运动会，而后转道回到福清老家看望因年迈已回国定居多年的祖父、祖母。

多年以后，林文镜一直记得当时的情景：村里不通电，家家户户点的还是煤油灯，喝的是河里的脏水。一日三餐基本上都是地瓜，青菜表面见不到一点油星……

这次的家乡之行，让林文镜内心受到极大震撼。“将来自己有能力了，一定要让溪头乡亲过上好日子！”他在心里对自己说。

勤奋加上聪慧，他在南洋的事业取得了巨大成功。他没有忘记自己立下的誓言。“文革”前和“文革”中的那些年，他多次与老家的侨办和“革委会”联系，想为家乡捐赠点生产资料和资金，却被拒绝了。但是，他对祖国、对家乡、对乡亲的大爱之情却始终没有泯灭。

1977 年，祖国大陆“文革”结束的消息传到海外，让林文镜兴奋不已。获知消息的当天晚上，他列出了一串长达 10 多页纸的名单，那上面是 100 多位与自己沾亲带故的乡亲。他叫来秘书，让他照名单给国内的亲戚汇款，每个人或 300 元，或 500 元、1000 元不等。以后每年春节、中秋各寄一次。靠着这些钱，村里不少乡亲盖起了新房，娶上了媳妇，治好了多年未愈的痼疾……

其间，他又捐款捐物，为村里修建了电站，购买了抽水机、拖拉机、电动打谷机、化肥、电视机，帮助村里办起了米粉厂、制砖厂、运输队等等。这种资助整整持续了十年。

他决定送家乡一台“造血的机器”

1987 年 4 月 12 日，侨居海外，已成为当地及东南亚侨商巨子的林文镜率东南亚工商考察团回到故乡——福建省福清县。这一年，距他随母亲下南洋已经 52 年，而祖国的改革开放也进入了第八个年头，东南沿海春潮滚滚，经济正蓄势待发，而他的家乡却是山河依旧。

有记者问林文镜：“从 1977 年到 1987 年，你一共为家乡花了多少钱？”

林文镜说：“我真的没有去统计过，儿子孝顺给母亲的钱，难道还要一笔笔去算吗？”

但是感恩的乡亲们并没有忘记。溪头村人林和星说：“我和我父亲曾经粗粗算过，少说也有 1 亿多元人民币。”

但是这 1 亿多元并没有让溪头村的乡亲彻底摆脱贫困。在回乡的日子里，林文镜走东家，串西家，终于明白，乡亲们依然贫困的原因是因为他们没有更多赚钱的营生。因此给再多的钱，也只能让他们宽裕一时，却不能根除贫困。

“看来光给乡亲们输血没用，关键是要让他们能自身造血。”

在结束考察的前一天，林文镜在福清县党员干部大会上突然宣布：“输血救不了家乡，我要送家乡一台造血机器！”并承诺：“我要在福清办工业区，五年内福清的工业产值将达到 5 亿美元左右。”

这一表态让在场的县领导和党员干部大为震惊。因为当年福清全县工农业总产值仅 4.3 亿元人民币，县政府制定的跨世纪发展目标，不过是到 2000 年全县工农业总产值达到 12 亿元人民币，而林文镜要在五年内让福清的工业产值达到 5 亿美元，按当时的汇率相当于 50 亿元人民币，这能办得到吗？冷静下来的许多福清领导干部认为那不过是林文镜的一时冲动，是“天方夜谭”。

然而林文镜是认真的，只是他没有意识到，他的这番“豪言壮语”，在煽热了乡亲们的心的同时，也让他后半生的人生轨迹发生了重大改变。

吹响招商引资的集结号

结束考察后，林文镜又回到了侨居国。此次回来，他是决定将海外数十亿美元的产业托付给合伙人，而自己只身回国帮助家乡脱贫致富。他的决定得到了合伙人的理解与全力支持。

1987年春，在侨居国的家中，林文镜与当时的福清县委书记、县长签署了《帮助福清脱贫致富一年计划》，其中写道：从1988年至1992年，帮助家乡工业年产值提升至5亿美元。

这是中国华侨史上第一个以个人名义与政府签订帮助一个地方脱贫致富的责任书。林文镜把自己逼到了毫无退路的境地。他说：“没有退路，就只能勇往直前！”

59岁的林文镜开始了他人生中的第二次创业。不同的是，“第一次创业是为了摆脱家庭的困境，第二次创业是为了帮助家乡脱贫致富，改变福清县贫穷落后的面貌。”他说。

融侨经济技术开发区诞生

万事开头难，尤其是在福清这样的穷地方，要在短时间内让经济腾飞谈何容易！

经济要发展，就必须有工业。但当时福清的基础设施用一穷二白来形容毫不为过：缺水，尤其缺淡水，城关家庭用水都有困难；缺电，每到夏季用电高峰，居民要轮流停电；路难行，到省城福州只有一条坑坑洼洼的沙石路，到各乡镇还是细如盲肠的机耕路；通信落后，许多地方仍然用的是手摇式电话。

林文镜原先希望能组织东南亚的福清籍纺织商回乡投资，为此他跑遍了东南亚每一个有福清籍华侨开办的纺织厂的岛屿，拉下身架，恳请他们回故乡投资办厂。

然而大多数的海外乡亲了解了福清的现状后都觉得回乡投资的时机并未成熟，或者认为，福清只适合发展农业，发展工业根本就不可能。

一次次的碰壁并没有让林文镜沮丧，失去信心。他理解海外乡亲的担忧，毕竟投资经商并不是搞慈善事业。要吸引外商办厂，就必须创造基本的条件，比如路、水、电、通信等基础设施，比如吃、住、行等条件。

林文镜萌生了一个想法，能否与政府一起开办一个开发区，由华侨与政府联合出资做“三通一平”等基础性工作，“筑巢引凤”。为实现这一设想，他一次次地跑北京、跑省城，拳拳爱国之心感动了一位又一位公仆，他们答应在福清做个试验。

于是，在 1988 年秋，全国第一个华侨与政府合作创办的开发区——融侨经济技术开发区经福建省政府批准正式诞生了。

有了梧桐树，就要引金凤凰

有了梧桐树，就要引金凤凰。但是在一棵没有巢的树上凤凰是不会落脚的。

1988 年春，林文镜曾自费赴台湾招商，又自掏腰包组织第一个台商考察团到福清考察，但面对全县只有一个侨联招待所，每层只有一个卫生间，没法洗热水澡，没有单人间，过了开饭时间连汤都喝不上的招待所，台商住了一天就喊“怕怕”，自然一个也没有留住。

此后他又跑遍东南亚各国，拜访了 130 多位南洋侨商，但一听说福清的条件，便都婉言谢绝了。

怎么办？林文镜决定自己出钱建一座星级酒店——融侨大酒店，并将 10% 的股份无偿送给政府。此后这家酒店不仅住进了无数海内外客商，连一些国家领导人都曾下榻于此。

有人说他吃亏了，白送了政府 100 万美元。他说：“能早建起酒店，就能早去招商了，福清就能早些富裕起来，这是我梦寐以求的，怎么能说是吃亏呢？”

此后，为了改善福清的投资环境，林文镜又捐资修建了长达10公里的福清县进城大道，捐建了从福清县城到老家溪头村7.5公里的大道，两旁遍植绿树、鲜花，是当时福州地区最宽敞、建筑品质最好的省道和县道。

为改善福清的通信，他帮助建设了福清万门程控电话，使福清成为当时福州地区通信水平最高的地方；为了引闽江水进福清，他个人捐出1200万美元……

正当福清的基础设施日臻完善的时候，发生了1989年政治风波，一些地方的外商扔下投资一半的企业走了，原先准备投资的也开始犹豫不决。此时林文镜却率领一个东南亚工商考察团回到了故乡，因为他相信祖国改革开放的政策不会变。

患难之中见真情。从此，福清的乡亲们见到这位真诚的侨亲，情不自禁地尊称他为“大哥”。

一心一意为家乡谋发展

在长达三年的时间里，林文镜每月至少带领两个台商或外商考察团来福清考察，所有的费用全部由他个人负担。不懈努力让融侨经济技术开发区短时间内迅速聚集了数百家台资企业和其他外资企业。

“冠捷电子”是林文镜与一家台湾电子企业联合投资的。当初林文镜找到这位台湾老板的时候，出于对林文镜人品和能力的信任，他对林文镜说：“大哥，你不要多说了，我一定会去你的老家投资。但是我把原来准备在厦门办厂的钱用到别处去了，一时拿不出什么钱来。”

林文镜毫不犹豫地对他说：“你投一半，我投一半。你的厂房我出钱给你盖。”

有感于林文镜的真诚，这位台企老板说：“把你盖厂房的钱也算到股份里来吧！”

就这样，投资2000万美元的冠捷电子厂办起来了。而后，林文镜又以自己的财产作担保，为“冠捷”争取到了 4300 万元资金贷款。

如今“冠捷”不仅在福清茁壮成长，而且在北京、武汉还开设了分厂。“冠捷”已成为全球数一数二的显示器生产企业。2007 年，“冠捷”的营业额达到 84.77 亿美元。去年，“大哥”又动员“冠捷”在福清投资建设二期工程，投产后将增加产值 100 亿—200 亿元人民币。

1992 年，福清的工业产值超过了 5 亿美元，财政收入大幅提升，福清在全省县级排名从 1987 年的第 58 名上升到第二名，福清县也撤县建市。2007 年，福清的工业总产值已达到 790.5 亿元人民币。

从 1987 年工农业总产值仅 4.3 亿元人民币到 2007 年工业总产值达到近 800 亿元，20 年间近 200 倍的增长，得益于祖国改革开放的大政策，但其中也倾注了林文镜的无数心血。其间，他不但牺牲了海外数十亿美元的资产收益，放弃了时任上海市委领导提供的在长三角地区开发的机会，放弃了侨居国让他出任内阁部长的荣宠，而一心一意地为家乡的发展殚精竭虑。

对于自己的老家溪头村，“福清主义者”同样关爱有加。

1990 年 3 月，林文镜在这里办起了洪宽工业区，从台湾和东南亚其他地方引进 120 多家外资企业，其中台资企业 74 家。这些外资企业多数是他亲自请进来的。溪头村的青年人都进工厂当了工人，同时还有 4 万多外乡人在此务工。

2007 年，洪宽工业村规模以上工业总产值达 50.8 亿元，比上年增长 59%，其中亿元以上企业 16 家。

原来贫困落后的溪头村，如今成为一座花园式的村庄，村里拥有现代化的休闲度假中心，拥有福建省第一个乡村大公园，成为福建省村级工业产值第一村和中国第一个台湾农民创业园……

林文镜的目光越过了台湾海峡

在祖国改革开放政策带动下，林文镜实现了帮助家乡富裕的梦想。但是当融侨经济技术开发区和福州市的经济体量呈几何级数增长的时候，福清市原有的基础设施已无法承载它急剧膨胀的规模。

1992年，融侨经济技术开发区经国务院批准升格为国家级开发区，福清的经济正处在腾飞的前夕。有着几十年成功创业经验的林文镜深知，福清的进一步发展需要一个深水良港，而此前兴建的下垄码头和元洪码头已不能适应新的发展形势了。

1992年暮春的一天，林文镜来到时任福清市委书记练知轩的办公室，说：“练书记，我不相信有这么长海岸线的福清就再也找不到能建大码头的地方。不亲自走一趟我不死心。”

练知轩说:“大哥，我陪你去实地勘察。”

从那天开始，两个人踏遍了福清五百里海岸线，风里来，雨里去，皮肤晒黑了，皮晒脱了。

终于有一天，他们来到了福清最南部的江阴半岛。这里三面环海，航道宽、港湾大，终年不淤不冻，东北部有龙高半岛大陆架的掩护，港区避风条件极好，尤其是南部有一片数百平方公里的广阔腹地，是许多港口所没有的优越的自然条件。

直觉告诉他，这里将可能是得天独厚的深水良港的所在。想到这里，林文镜不禁仰天大笑:“天公啊！你真的很爱我、很爱我啊！”

于是，林文镜捐资，与福清市政府联合着手对江阴半岛进行全面、系统的可行性勘探和论证。

1995年底，科学勘探证实了林文镜的判断，这里具备建设深水良港的一切条件，可以建造30多个1万—30万吨级的大型深水泊位，可以满足20万吨级以上大型船舶随时靠泊和掉头需要。这里距福州85公里，距厦门约200公里，距长乐国际机场81.7公里；距台中市100海里，距基隆150余海里，距高雄市180海里；位于上海港、深圳盐田港、香港航运线中部，区位优势明显，是发展对台经贸、对接台湾产业梯度转移的最佳承载基地。

进一步的勘探结果让林文镜喜出望外：这里有世界罕有的港口资源，除了可建上百个深水泊位外，还有500平方公里的广阔腹地，而新加坡整个国家的面积才630平方公里啊！

因此这里不仅可以建成世界第一流的大港，还能建成世界第一流的物流中心，建成对港口依赖度极高的临港重工业。江阴半岛优越的港口资源取之不尽，有这样一个深水大港在福清，胜过拥有100个大庆油田！

基于这样的认识，林文镜向福清市、福州市和福建省领导建议，力主把江阴半岛和龙高半岛连片开发，建成福建省继厦门港外最大的深水集装箱干线港，建成国际性的物流中心和临海重工业基地，建成联结两岸同胞共同发展，推动海峡两岸“三通”和祖国统一的重要基地。

“没有林文镜，就没有江阴港”

由于对在哪里建港当时省、市各方面认识还不统一，江阴港的建设一波三折。经过反复比较论证，共识逐渐形成。

1999年下半年，福州港务局、福清市政府和林文镜拥有40%股权的林氏财团基本达成了三家以股份制形式共同开发江阴港的意向。其中林文镜与合伙人共同拥有的林氏财团占49%的股份。此后，由于合伙人的变卦，林文镜独自承担了江阴港合作外方49%股份的建设资金。

在林文镜的全力推动下，江阴港迅速起步。

2000年8月，福州江阴国际集装箱码头有限公司成立，林文镜出任副董事长。

两年后，江阴港出现在世界所有航运公司的航运地图上。

又过了两年，即2004年，江阴港进入全国十大集装箱港行列。

如今的江阴港集装箱年吞吐量已突破130万标箱，航线覆盖了北美、欧洲、西非及东南亚地区等10多条国际干线和数十条国际支线以及国内航线。

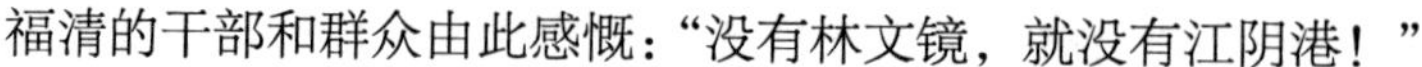
福清的干部和群众由此感慨:“没有林文镜，就没有江阴港!”

林文镜说:“16 年来，我为建成江阴港奔走呼号，再大的付出都觉得值得，再大的牺牲都觉得合算，只是因为我认准了它能为中华民族腾飞发挥重要力量。”

新侨余资，寄托“大哥”把根留住的新期待

所谓新侨，是指改革开放后走出国门的新华侨。新侨余资，指的是这些新侨将海外辛苦所得寄回家乡的资金。

在开发江阴港过程中，一些新侨找到了林文镜，将手中的余资交给林文镜，因为他们不知道该如何来使用这笔资金，希望林文镜能帮他们管理。

林文镜因此做过一个调查，全国有 1000 万新侨，其中福建有 300 万，福州有 100 万，福清有 30 多万，平均每位新侨积蓄有 10 万美元，而且每位新侨还以每年 1 万美元的速度增加着自己的余资。福州新侨每年至少寄回余资 100 亿美元，至少寄回福建 300 亿美元。这是一笔多么大的资金。

然而林文镜痛苦地发现，这笔财富由于没有有效地利用，正被严重地浪费在空空荡荡的新房上，浪费在无节制的甚至是不健康的消费上，或者静静地躺在家庭的保险箱里。如果能把这些余资集中起来，用于家乡大量的建设项目上，既能造福国家，又能使这些钱保值增值，岂不是两全其美?

除此之外，林文镜还有一层考虑，第一代的老华侨正在逐渐凋零，他们的后代由于没有生活在祖国，乡土观念相对淡薄。如果能够借由经济的纽带，让新侨与祖国同呼吸共命运，就不用担心他们变成“香蕉人”了(指黄皮白心)。

一开始，林文镜的想法并没有得到很多人的理解和回应。有人甚至认为林文镜是借此为自己的项目融资。

林文镜没有放弃，他认定这件事对国家、对家乡、对新侨个人都是有利的，人们迟早会理解。

当然，也有人跟他想到一块去了。

2005 年，在重庆市，重庆市委常委、常务副市长黄奇帆对他说："林先生，我知道，如今世界上空飘着 1 万亿美元的新侨余资，如果这一两年不抓住，它就飘走了。如果抓住了能为我们国家的经济发展做很多贡献。林先生，我相信你有这个能力，闯出一条集合游走的侨资造福祖国的新路。"

林文镜说："我着急，因为我觉得每个中国人都有责任让这笔用中华智慧和拼搏赚来的钱用到祖国来。"

于是，在每次侨商大会上或其他与政府官员见面的场合，他都要大声疾呼："我希望政府有关部门重视新侨余资的出路问题，通过给新侨的种种优惠，激励更多的新侨将余资投入祖国建设。"

为此林文镜又有了一个新的雅号："新侨力量主义者"。

那么，怎样才能为祖国建设留住、管好、用好这笔宝贵的资金呢？林文镜想到了创办"新侨银行"的创意。即通过创办新侨银行，每年源源不断地吸纳 1000 多亿美元的新侨余资用于祖国建设。

2006 年 8 月 21 日，林文镜应邀参加江苏省海外教育基金会成立大会时，在大会发言中首次公开了自己的思考。他还为此先后与多个银行的行长、高校金融系教授一起深入探讨，与福建省的全国人大代表一起做调研，探讨创办新侨银行的可行性。

在 2007 年的全国"两会"上，全国人大代表、福建省人大常委会副主任林强等代表向大会提出了《创办新侨银行　集合华侨力量》的提案，引起了有关部门的高度重视。

仰不愧于天，俯不怍于地

岁月不居，人生易老。转眼间，"大哥"回国创业已经有 21 个年头了。回顾往事，"大哥"有许多欣慰，也有遗憾。

在这 21 年里，他不仅帮助家乡摆脱了贫困，让乡亲过上了富裕的日子，而且使福清跻身福建县级经济实力第二位行列；他发现了江阴港这一全国罕有的深水良港并把它开发成功，厥功至伟；他发现并提出了"新侨"和"新侨余资"的概念，并引起了国家有关部门的重视。这些都必将对福清、福州、福建乃至全国的经济发展和促进祖国和平统一发挥重要作用。

同时更重要的，他以自己的行为，赢得了上至国家领导人、下至家乡普通百姓的由衷敬重，为自己在家乡、在历史上、在人心中矗立起一座丰碑。人生的成功莫过于此。

他也有遗憾，遗憾的是福清的发展没有完全按照他的设想发展得更快一些；遗憾的是错失与台塑王永庆携手合作的千古良机，遗憾的是他关于创办新侨银行、集合所有新侨力量振兴祖国的设想还没有完全实现……然而人生因为有遗憾才更丰富而真实，人生在世，仰不愧于天，俯不怍于地，"大哥"的大爱应该无憾。

天色渐晚，南北江滨华灯初上。在我们的访谈即将结束时，林文镜的助手告知"大哥"约谈的福清南美同乡会的客人已等候前厅，话题是侨界工作的新问题。望着"大哥"与我们话别的背影，我们仿佛见到永不疲倦的伏枥老骥又开始了他的新一个千里之行。

（叶晓霞，时任福州市政协文史学宣委副调研员；潘登，时任市政协委员服务中心副主任）

［泰］李绍华　**根在中国，源也在中国**

正大集团是一家以泰国为基地的多元化大型跨国集团，但要追根溯源，其根、其源都在中国。

正大创始人谢易初先生是广东澄海人，20 世纪 20 年代到泰国曼谷，以菜籽和化肥起家，至 60 年代末发展为跨国公司。我本人的根、源也在中国，祖籍广东汕头，从祖父开始侨居泰国，1959 年后，我又回到了祖国。1961 年我考入天津工业学院机械系，学习 5 年。1966 年，“文革”爆发，我不得不忍痛离开生活了 17 年之久的祖国，返回泰国。于 20 世纪 70 年代初加入泰国正大。

青岛市 001 号独资企业营业执照

我于 1980 年被派往刚刚改革开放的中国，先后在深圳、汕头、广州筹建企业。

1987 年秋，青岛市政府与正大联系，探讨正大在青投资事宜。

当时青岛已成为 15 个沿海开放城市之一，具备许多得天独厚的条件，有生产饲料所需的丰富原料，有较好的养殖基础，有对日、韩出口的良港。这些条件为青岛正大集饲料、养殖、屠宰加工一条龙连贯作业体系的设想提供了可能性。

因此，总部马上派胞弟李绍祝来青与当时的中共青岛市委书记刘鹏、市长郭松年商谈合资事宜。随后我来青主持其事。

我们集团在青岛的最初合作伙伴是山东省外贸局的一家公司，由于种种原因，进度缓慢。省、市主要领导希望我们集团能够建立一家独资企业，为青岛市乃至山东省的三资企业，特别是独资企业树立一个榜样。而集团内部正希望加快在华投资步伐，于是双方一拍即合。

青岛正大有限公司于1989年5月正式成立，成为集团在华首家独资企业，也是青岛市乃至山东省的第一家外商独资企业，领取了山东省青岛市第001号独资企业营业执照。

青岛正大在经济技术开发区注册，可当时那里的地理条件不理想，交通也不方便，不能适应饲料行业“大进大出”的特点。因此青岛市政府给予特别关照，同意我们公司在开发区注册，而厂址可选在开发区之外。

从一开始就坚持“三高”原则

我们集团的企业以饲料为主，而一条龙的规划也以饲料为龙头。为加快饲料厂建设，我和技术人员在青岛市委有关领导的陪同下，跑遍青岛各区县，最后选定崂山县后桃林村（现属城阳区）。工厂坐落在流亭立交桥北侧，交通方便，土地宽阔，是通往山东内地的要道。

向外商独资企业出让土地的手续，在当时，青岛市尚无明文规定。我只得同后桃林村委会签了一份土地租赁合同。后来我才知道这份合同无效，必须同政府土地管理部门签合同才有效。

最后在青岛市政府协调下，我和崂山土地局就土地出让合同进行了充分商讨，达成共识，签订了后桃林村104亩集体土地出让合同。这也是青岛市第一份向外商独资企业土地出让合同。

1991年8月18日，青岛正大饲料厂在城阳区后桃林村这块绿色的土地上竣

工了。试产一次性成功，顺利产出了第一袋全价饲料。

饲料厂采用的是美国豪浮公司生产的当今世界一流的饲料生产设备，集团技术服务专家组根据原料特点，合理配置了营养成分，研究出了适合鸡猪等禽畜生长的先进配方。从一开始，我们公司就坚持“三高”原则：高品质、高价值、高效率，并且要把好原料、配方、生产的每一道关。

让正大饲料得到养殖户的认同

高品质的饲料要得到养殖户的认同，需要一个艰难的过程。

当时山东农民基本上还采用传统的养殖方法，直接喂粮食和剩饭等。正大饲料比玉米价高一倍，农户接受不了，连一位老兽医也说：“乳猪吃 9 两正大饲料，能长出 1 斤肉？我干了 20 多年的兽医，还没听说过这么神奇的事。”

由于推销困难，有人分析了市场反馈回来的信息，感到正大饲料品质太高、价格太贵，建议改变一下配方，降低质量，同时降低成本，使农民能够接受便宜一点的料。我们没有接受这一建议，以我多年的经验，我意识到，降低品质，无疑是慢性自杀。我认为无论市场如何变化，正大饲料的品质要始终不变，才能成功。

农民不相信正大饲料有奇效，我们就一户一户送货上门，请大家试用。那段时间，我和工作人员一样，从未休息过，星期六、星期天都走乡串户，了解情况，征求意见，传授科学饲养知识。首先向农民推销观念，使他们知道，只有使用高价值、高品质的料，才能取得高效益。然后才是推销产品，就这样一步一步打开销路。

畜牧养殖的关键是好的种苗、好的饲料加科学的方法。

农户接受正大饲料之初，养殖过程中一出现问题，首先认为是料不可靠，后来经过比较、诊断，认识到正大饲料品质稳定，主要是自己饲养方法不当，又回过头来请正大帮助提高管理水平。

为此，公司专门聘请畜牧兽医专家，组建技术服务中心，为农户服务，定期到农村举办各种培训班，传授饲养管理知识，把售后服务工作做到鸡舍猪圈。农户饲养水平逐渐提高，效益连年上升，同时公司也赢得了市场，赢得了良好的信誉。

让农民赚钱，公司才能盈利

在青岛开展农牧事业以来，我切实感到，世界上农民是最苦的。基于这一认识，我明确提出，不能从农民口袋中拿钱。必须让农民掌握先进的科技，提高饲养水平，改善产品品质，让农民赚钱，公司才能盈利。我称这为“从空中赚钱”。

正大立志要通过为农民提供高品质的饲料、优良的鸡种、先进的饲养技术和优秀的售后服务，直到农民走上集约化经营道路，使农民养鸡收益不断增加，公司才能从这不断增加的部分中获取自己的利润。

正是坚持这种“后天下之利而利”的思想，青岛正大才能在强手如林的市场竞争中发展壮大。搞企业和做人一样，不仅要利己，还要利他，只利己不利他，不是被竞争者打败，就是被消费者抛弃。所以“顾客满意，利润合理”是有效经营的最高准则。

人才培养是企业成功的关键

事业的成功是众人努力的结果，近年来正大集团坚持“人才本地化”的策略，大胆聘用青岛当地技术和管理人才，成绩显著。

在人才培训方面，公司也舍得花本钱，早就制订了人才培训计划，每年请国内外专家来讲课，举办各种培训班，同时选送员工到北京农业大学干部培训学校和复旦大学正大管理发展中心接受培训，还定期派人员到国外学习考察。多年来，青岛正大不仅为自己培养了专门人才，也为社会输送出一批外向型管理人才。

泰籍员工在青期间，有三个小伙子和三位青岛姑娘在接触中建立了深厚的感情，确定了恋爱关系。公司分别为他们举行了隆重的婚礼，作为公司领导，不管多忙，我亲自前往，向新人致贺。

同行既是竞争对手又是朋友

古语说："同行是冤家。"但我认为，同行既是竞争对手又是朋友。

从饲料行业看，山东省的市场很大，广阔的市场需要大家共同开发，只有大家一齐把市场培养起来，才能增加销量，扩大生产，达到向规模要效益的目的。基于此，我抽时间主动拜访饲料业同行，热情接待来青岛正大参观学习的同行，交流经验，取长补短，共同推动青岛地区饲料业的发展。

青岛正大创建以来，先后荣获青岛市乃至全国多项企业荣誉称号，我本人也获得过中国外国专家局授予的国家"友谊奖"，受到李岚清副总理的接见，并参加国务院举办的国庆招待会。

根深才能叶茂，源远才能流长；正大的根在中国，源也在中国。

（作者为泰国华人，时任青岛正大公司总裁）

杨孙西　**作出投资北京的重大决策**

中国实行改革开放以后，香港与内地也经历了由陌生到相近再到互相了解与支持的过程。现在，香港所起的作用已经不仅是“窗口”和“桥梁”，而是与内地经济逐步融合，“唇齿相依、密不可分”。

我和我们集团亲历改革开放，最难忘的是作出了投资北京的重大决策，既参与了国家的建设，又依靠祖国内地，使本集团得到发展和壮大。回想当年，要作出这一决定，是需要勇气和一定的冒险精神的。这件大事令我和我们集团的全体同人难以忘怀。

香江集团处在十字路口

1969 年，我在香港创办了自己的公司——香港国际针织制衣厂（香江国际集团的前身），开始了经营企业的生涯。几十年来，我始终秉承互惠双赢、改革创新和稳健经营的企业理念，一步一个脚印地艰苦创业。

随着第一个企业创业的成功，我又接连办起第二家、第三家……以香港为基地，逐步发展成为拥有数十家成员公司的多元化跨国企业集团——香港香江国际集团。业务虽然仍主要布局于纺织制衣业，但在玩具、高科技、旅游和房地产等

四大行业亦有所运作。

目前，香江国际集团在世界各地拥有 2 万多名从业人员，业务遍布亚、欧、美和大洋洲。

毋庸讳言，纺织制衣作为本集团历史最悠久的业务，曾为香江国际集团的发展立下了汗马功劳。

但在进入 20 世纪 90 年代后，随着世界纺织业竞争格局的转变，东南亚诸国及中国内地大量纺织企业的兴起，使得世界纺织品市场的竞争呈现白热化的状况。另外，90 年代中期，欧美等国纺织品贸易配额的盛行，也使得世界市场对纺织品的需求量锐减。

香江集团的发展因此受到影响，集团的经营状况出现了困境，此时的香江集团正处在十字路口。

第一时间率先投资内地

1978 年，祖国大陆进入改革开放的新时代。那时，我常常思考：“我能做什么，我该做什么，我想做什么，我要做什么，我将走向哪里……”

为了扭转企业经营不利的局面，同时也是为了寻求新的投资机遇，本集团加入了与内地经济融合的行列，并开始涉足内地房地产业。

在向全国各地拓展时，我深深体会到中国内地市场是非常庞大的，而同根同种同习俗的祖国市场，对于国家、乡土观念极强的港人来说，无疑具有特别的吸引力。

至今，我们集团已经在广东、福建、上海、重庆、北京、江苏、浙江、山东和江西等省市建立了经营各种业务的公司，创造了数以万计的就业职位。

我的家乡福建泉州地区有句老话：“爱拼才会赢”，但这种“勇”从来都是智勇而不是盲勇；香港业界也流行“不熟不做”的行话。

因此，我们集团采用了不变的投资程序，即对每一个新行业均先作小规模的投资试验后，再大举发展。

首先在广州投资，与街道合作进行毛衣加工，又在家乡福建及广东投资建立了来料加工厂等。

1988年初，我与多位著名的旅港乡贤侨领合作成立了运通世纪集团有限公司，与泉州地区政府合作，投资420亩成片土地的开发，成功地建成了效益良好、占地8万平方米的多功能的泉秀花园，住宅社区亦接近完成；还开发建设占地20万平方米的成洲工业城、宝洲花园安居房小区。

随后，又与旅港乡亲合作，投资在福建石狮开发占地几千亩的“闽南黄金海岸旅游度假村”。

对投资北京充满信心

1995年初，我开始派员工到深圳、广州、上海、青岛、大连、北京等地进行房地产市场调研，搜集了大量的调研资料，最终决定投资北京。

我认为，一是深圳、广州、大连等沿海城市的房地产市场已有供过于求的现象；二是当时的北京市场由于管制相对较严，令许多投资者望而却步，而与此同时，旧的投资项目则随着时间的推移日趋退出市场。这意味着当时的北京房地产市场出现了一个断档期，正是投资入市的良机。

特别值得一提的是，北京市拥有良好的投资环境。各级政府官员的坦诚相待和积极支持，使我们对投资北京充满信心。我们集团投资北京十多年来，无论遇到什么困难，都能得到各级政府部门的有效帮助。

诚然，时机的掌握有时亦有运气的成分，我们集团正是抓住了时机，从1995年始的八九年时间内，在北京的房地产市场占据了一个有利的位置，给北京的消费者留下了良好的品牌印象。

自投资北京后，集团上下团结一致，按部就班、脚踏实地完成自己的既定目标。在最初建造北京国际友谊花园时，我就住在附近酒店，时刻跟进工程进度和

质量。此后，几乎每个月我都要飞到北京视察工程进展，加上参加全国政协大会和政协常委会，每年在天上飞的次数达数十次。

就这样，我们集团从建造“国际友谊花园”到“数码大厦”，再到“财富中心”，在北京不断地开创着新事业。

把首都北京建设得更壮观、更美丽

我们集团在北京投资的房地产项目有三大特点：一是项目定位高，多为高档外销公寓、写字楼或酒店；二是开发规模较大，相应的投资额也高，仅“财富中心”的投资额就达60亿元之巨；三是拿地位置佳，开发项目多处于北京市的东、北三环以内，且地段位置极佳，唯一靠近四环的“中国国际科技广场”，也处于被誉为“中国硅谷”中关村的热点位置。

其实，这是一个资源整合过程，开发商和政府也是互动的。政府需要通过城市的建设规划，树立城市的形象；开发商则可以凭借自己的实力来有所作为。

因此，我们提供的并不仅仅是商品。如：中关村的科技会展中心的建成，逐渐成为中关村地区的核心，产生聚集、辐射的效应，有利于中关村地区商圈的形成。

可以说，“把首都北京建设得更壮观、更美丽”，这一直是我们集团的愿景。

爱国情结源于解放军

有些人对我投巨资在北京发展不甚理解，因为我和太太都是福建人，整个家族的人也基本上都是在福建土生土长的，似乎与遥远的北方京城没有太多的联系。

事实上，作出投资北京的重大决策主要源于我从小的情结。

我的父亲早年旅居菲律宾，他不仅是位成功的商人，还是拥有政治抱负的爱国者，每当他回到家乡总是抱着整沓的报纸，认真地分析研究战争的态势，以及国家的前途和命运。我从父亲那里懂得，只有国家强大了，才会受到尊重，才能不受欺负；懂得了中国共产党领导的军队在抗日战争中英勇作战，挽救了国家。在我上小学四年级时，家乡迎来了中国人民解放军。因为我们这里的方言令外乡人很难听懂，而我会讲普通话，于是便成了解放军的小翻译。从村东走到村西，从白天忙到夜晚，帮助解放军与乡亲们沟通和开展工作。这使我亲身感受到，解放军是好样的。他们每进行一项工作都要做耐心的解释，而且做的都是对乡亲们有益的事。他们住在乡亲们的家中，有礼貌、守纪律，经常讲打日本鬼子的故事，蒸了馒头或包子还分发给乡亲，这与曾到过这里扰民殃民的国民党军队相比是真正的仁义之师。从那时起，我心中就对解放军充满了敬意。

在我 12 岁时，随家人从家乡福建石狮移居到香港。为了学好英文，我先去了教会学校。后来，因不适应这里的风气，很快转入香港著名的爱国学校——香岛中学。此时正是新中国成立之初，我从报章上了解到国家不断进步和发展，了解到抗美援朝的志愿军勇敢顽强，击落美军飞机、不断取得胜利的消息，这一切令我非常兴奋、无比骄傲。特别是祖国欣欣向荣、朝气蓬勃的景象，人民奋发图强、为国奉献的精神，使我受到很大鼓舞。我为祖国所取得的成就感到自豪，对新中国的领袖充满崇敬，也十分向往首都北京。

这些都培育了我的乡情和爱国情，也使我逐步确立起为国家做贡献的理想，从而能始终把自己的奋斗与祖国的事业联系在一起。

（作者时任香港香江国际集团董事长）

仇鸣德　南亚塑胶落户南通

南亚塑胶作为第一家进驻南通的台资企业，对于拉动南通经济发展起到了极大的推动作用。在招商引资过程中，南通市各级政府大力支持帮助，为企业提供优质服务，赢得了良好口碑，也为吸引更多的台企入驻并投资南通，起到了积极的引领作用。

县长给我挑水

在崇川开发区工作期间，我陆续听闻华丰塑胶（南通）经营不善，其董事长吴文贵先生（日籍台湾人）曾希望南亚企业董事长王永庆先生能出资帮其渡过难关，但因谈判不顺，没有成功。

1995 年，因商务活动在日访问期间，我们特意去拜访了吴文贵夫妇，希望他们能帮忙联系王永庆，以促成王先生在南通投资。吴先生夫妇把此事放在了心上，并将我们的想法告知王永庆先生。后来，王先生先后派出两支考察团来南通考察，都因“交通不便”“城市建设滞后”等原因，未同意在南通投资。

1995 年秋，吴文贵夫人来通考察，将考察情况反馈给了王永庆，并将他们在南通投资的亲身经历告知王先生。1986 年，时任南通市第二轻工业局局长陆永安介绍吴文贵先生到如东投资。当时，从南通到如东的公路还是坑坑洼洼的砂石路，他坐在颠簸的车子上，心里凉了半截。到了如东，虽然住在最好的县政府招待所，但条件对于日商来讲很糟糕。

当时，2月的天气依然寒冷，吴先生回忆说:“我走进没有空调的房间，似乎屋内比屋外还要冷，手摸一摸棉被，凉丝丝的。当时我唯一的愿望就是能泡个热水澡，但找到供水间打开龙头，竟是冷水。在我失望沮丧之际，只见一位年轻人挑了两桶热水给我送来，从一楼到三楼连送三趟。我过意不去，一边说谢谢，一边留意看了看这位年轻人:高挑的个儿，戴着眼镜，文质彬彬，不像招待所里的服务员。但是，他又是这样热心。我好奇地问他:‘你在这里工作吗？’他笑了笑说:‘我在县政府工作，我是如东县人民政府县长。’‘你就是县长徐守盛？县长给我挑水！’被刚才的‘条件’赶跑了的投资欲望，一下子又从我心底里迸发出来。”

1987年，吴文贵先生携带25万美元来到如东投石问路，兴办了如东首家中外合资企业“大东”，并放手将企业交给中方管理，竟然在全国同行业爆出投入产出率最高、投资回收期最短的冷门。

此后，他连续七次在“大东”追加投资，股份从起初的25%增至55%，注册资金比开办时增加了14倍。中日双方合资合智又合心，使“大东”在全国外商投资双优企业的宝座上一坐就是一年。

一锤定音

这个故事激起了王先生的极大兴趣。不久，王先生亲自来南通考察，南通市委、市政府和崇川区委、区政府高度重视王先生的考察活动，提供了多个地块供王先生选择。

考察团第一站来到了南通经济开发区裤子港地块，王先生询问了地块到码头的距离、码头水深等具体问题。当时，我就想提供南亚塑胶现在选址地块，但手

边没有现成的测绘图，我特地到测绘院调取了手绘图，打算在王先生考察崇川期间给他看。

王先生原本打算在南通投资热电厂，但因电厂规模较小，所以作罢。最终他同意了我们的想法，选址现有地块。

此后，吴文贵先生合并了华丰公司其他股东的股权，将华丰公司整体合并给南亚公司。

1996 年 3 月，我们与王永庆先生派出的以吴钦仁先生为主的代表团进入实质性谈判阶段。

刚开始颇为顺利，后因地价问题，陷入僵局，谈判进行了几天却始终未有进展。吴钦仁先生认为他们在其他地区投资，购买的都是熟地（已拆迁完），但南亚塑胶目前的选址上仍有几个村子的居民生活、耕种。拆迁需要花费大量的人力、物力、财力并且消耗时间，风险较大，因此在地价上始终不作让步。

后来南通市委、市政府及崇川区委、区政府做了大量工作，并承诺在项目建设过程中水、电、交通、用地手续办理、工商执照办理等方面提供优质服务，还提前办理了通常汽渡特别通行证。

这让吴钦仁先生非常感动，为表诚意，吴先生最后一锤定音，以 9 万元每亩成交。

1996 年秋，王永庆先生又亲自率队来通，市委书记、市长亲自接待。王先生对南通在整个谈判过程中给予的支持表示感谢，希望市政府能尽快安排拆迁，以便两个月后进入施工阶段。

拆迁涉及崇川区钟秀乡生建村、校北村和中心村三个村居，当时，整个拆迁政策补偿并不是太高，老百姓不太愿意配合。但为了能使南亚塑胶落户南通，带动南通整体经济发展，从上到下各级政府都极为重视，并召开了多次会议推进拆迁工作。

后来，许多村干部带头签约，并挨家挨户做群众思想工作。当时钟秀乡的党委书记郭张达亲自到拆迁户中开动员会、做宣传。

经过两个月的努力，老百姓们最终选择以大局为重，在自我利益方面做出牺牲，为南亚集团的顺利落户奠定了基础。

今天，当我再次找到郭张达，他深情地回忆："当时各级政府都做了大量工作，不得不感谢当时的村民，牺牲小我，为南通市发展做了大让步。没有他们的奉献，也没有当时南亚的落户！"

让合理化旗帜在员工心目中飘扬

南亚正式投产后，我曾无数次考察这个企业。听闻最多的，就是台湾管理人员谈论王永庆先生的传奇人生以及他的精神。

他们告诉我，王永庆先生最常说的一句话就是："经营管理要追根究底，要把单元成本分析到最后一点，我们台塑就是靠这一点吃饭的。"他一向要求他的管理层务必做到：忠于事，孝于亲，敏于行，行于范。

因此，南亚来到南通后，还是遵循了王永庆先生的管理理念，复制了王先生治理企业的一整套制度。这套制度的理念和精髓大多取自于优秀的民族文化，其中既有刚性的表单和条文，也有柔性的智慧和精神，像"勤劳朴实、止于至善、奉献社会、永续经营"等一些经营理念，在南通几乎也是妇孺皆知。

南亚集团特别注重成本分析，这是一个衡情论理的过程，根本无所谓西方式或东方式，只要你的制度合乎做人做事的基本道理，就一定适合管理自己的企业。

这些基本道理发展成为南亚最为可贵的管理经验，即"合理化管理"，而"让合理化旗帜在员工心目中飘扬"成了南亚塑胶一直追求的管理境界。

我把自己当作半个南通人

多次来过南通的南亚集团南亚塑胶工业有限公司协理林泰雄先生曾发自肺腑地说："南通市各级政府部门把南亚公司当自家人，我也把自己当作半个南

通人……”

说起南亚集团考虑塑胶胶膜公司投资地时，林协理说，当初广东和本省的有关市都是候选对象，但是，南通市各级政府大力配合协助，以最快的速度使项目通过审核，取得了批复。为此，南亚集团把信赖的目光投向这一片热土，最终决定在这里投资设厂。这表明了南亚集团对南通的信任。

林泰雄先生用“日新月异”来形容南通投资软环境的变化。自 1996 年南亚在南通开始投资起，林泰雄每隔数月就要来南通一次，而每一次他都会“惊讶于南通的变化”。

如今，无论是南通市还是崇川区的各个部门，给予南亚的关心都令他记忆犹新。“在这里工作的台湾员工春节回不了家，却能吃上政府招待的年夜饭。”在林泰雄的眼里，南亚与南通间的情谊浓得化不开。

“南通宝地”已成了林泰雄称呼南通时的习惯用语。林泰雄说，南通作为上海经济圈重要开放城市，蕴含着无限潜力和发展机遇。虽然对比周边城市，南通目前的发展并不是最快的，但随着苏通长大桥的落成，上海的辐射力会进一步向南通延伸，南通的区位优势将会进一步凸显。尽管当前内地招商引资方面竞争激烈，但随着南通软环境的进一步提升，南通的吸引力会日渐强盛。

（作者时任崇川区委常委、崇川开发区管委会主任）

胡玲玲　心怀深切桑梓情

我自幼生活在龙湾蒲州镇一个知书达礼的家庭里。16 岁那年，刚读高中的我接受了祖父祖母的安排，满怀对外面精彩世界的向往来到了香港，从而开始了我的多彩人生。

比翼齐飞搞创业

在香港初期，我在一家服装厂当工人，虽然月工资不到 1000 港币，但我已满怀欢喜。豆蔻年华，便尝到了自食其力的滋味，无论如何是幸运的。我常常是服装厂最早上班与最迟下班的人，却总是快活于自己内心里那种匆忙、充实的感觉。我相信自己年轻，需要生活的体验与积累，今后创业的机会有很多很多。

就这样，我在工厂一干就是几年。由于能够吃苦耐劳，我在工厂里脱颖而出，月工资可以拿到 5000 港币，成为厂里的“高薪”阶层。

1982 年，我 20 岁出头，经亲人介绍，认识了同是温州到香港当工人的翁银巧。我觉得翁银巧内心丰富、头脑灵活，是个很不错的小伙子，并且，自己在香港不管是生活，还是事业，都需要一个男人的支持。于是，我就同意了这门亲事。感情是浪漫的，也是实在的东西，我在不经意之间就依赖了它。

那年年底，我和翁银巧在香港结了婚，按照当地的风俗，举行了婚礼，组建了一个温馨的小家。从此，夫妻俩走上了同舟共济、比翼齐飞的创业之路。

由此我决心开创自己的事业，要做一做老板，就辞掉了服装厂的那份工作。

我捕捉到当时香港房地产生意红火的信息，在丈夫的全力帮助下，筹集到资金，租来店面，开办了一家房地产代理公司。凭借优质的服务，赢得了顾客的信任，业务异常顺手。

同时，我也非常关注香港的各种发展契机，并做了各项准备工作。我发现皮革、皮衣市场更加广阔，1984 年，我的第一家店铺“名嘉皮裘廊”顺利开张。在我的精心打理下，名嘉皮裘廊的经营状况良好，业绩不断攀升。

由于业务的不断发展壮大，后来相继成立了“名门皮革皮褛公司”和“富家皮革皮褛公司”，并担任董事长，同时还兼营房地产业务。

在香港的 10 年里，我可说是见识过众多的人间世相，把握了春花繁茂的岁月，多冒险、多尝试不同的事情，寻找最佳的方向，去认识世界，认识自己。我学习、打工、自己当老板，成功完成了三级跳。

我的躯体内流淌着的是温州人的血

事业有了，生活富裕了，一般人的目的似乎都达到了。然而，就在我的人生旅途节节高升的时候，我的思乡之情日重。我无时无刻不在挂念着我的故乡——温州！时刻牢记着在我的躯体内流淌着的是温州人的血！我想我的人生不会仅仅于此，还必须要有一种无上光荣的追求——那就是对家乡的责任感和使命感！

20 世纪 90 年代初，祖国大陆的改革开放政策吸引了不少香港商人前来投资，但他们的投资目标大都瞄准珠江三角洲。我的心立刻被拨动了。

我与丈夫怀着对家乡坚定的信心和深切的桑梓之情，前往温州考察。我们开始打算继续从事皮革事业，但在一次接洽生意中得知，印刷用 PS 版的产品科技含量高、市场销售相当看好。于是在 1993 年，斥巨资 210 万美元在温州扶贫开发区创办了香港独资企业——康尔达印刷器材有限公司，托人管理。

披荆斩棘渡难关

由于公司创建时，扶贫开发区成立不久，其基础设施可以说一片空白，连水电都不能正常供应，加上公司内部管理机制等各方面不健全，公司开始几年连年出现亏损。1996 年，公司陷入困境。

1997 年 7 月，正值香港回归之际，我和丈夫一起回到温州。而这时正值香港房产行业的高峰，我赶紧抓住时机，抛售了当时在香港的所有房产，避开了紧接而来的席卷东南亚的金融风暴。

我受命于危难之际，出任康尔达公司总经理。那段时间，我真真切切地感受到创业的艰辛、无援的孤独、失败的痛苦。有人甚至这样对我说：康尔达公司没救了，产品质量差，工人搞帮派，你在香港积累的资金也被榨干了。面对现实，我不得安宁，有时彻夜难眠，我曾经想到放弃，但我欲罢不能。

人，活在这世上，真是既有趣，又艰难。有趣的是对生活的追求和获得，艰难的是人的面前总会横置着一些需要去跨越的荆棘。我想，跨越是属于勇敢的人、执着的人，是一种征服，它能赋予自己的人生历程更多的意义。

我在没有多少人帮助的情况下，与丈夫一起披荆斩棘。我在公司里强化规范化管理，带领职工共渡难关，建立客户网络和组织货源，以产品质量上的精益求精创建康尔达名牌……这当然是艰难而漫长的过程，也许每跨进一步，都要在路途上留下泪和汗的印迹。

两年后，康尔达公司发生了翻天覆地的变化，经济效益走上了正常、快速发展的轨道，康尔达品牌成为国内名牌。

为适应市场需求，力求规模发展，2000 年，公司投入 400 万美元兴建了温州华尔达印刷器材有限公司（任董事长）。现公司总资产 2 亿元，拥有四条国内先进水平的 PS 版生产线，先进的管理体制和雄厚的技术力量及严格的售后服务体

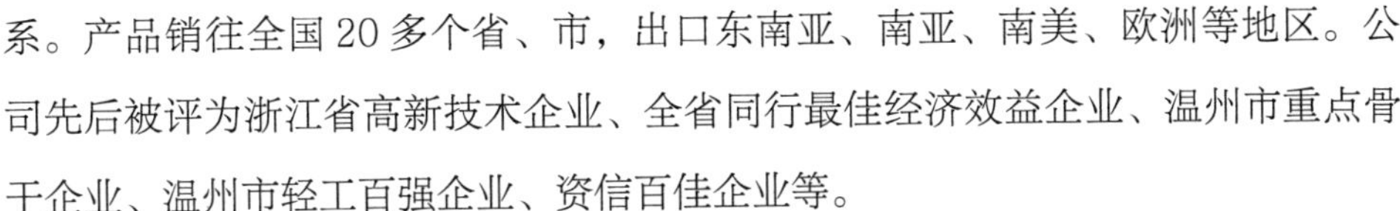
系。产品销往全国 20 多个省、市，出口东南亚、南亚、南美、欧洲等地区。公司先后被评为浙江省高新技术企业、全省同行最佳经济效益企业、温州市重点骨干企业、温州市轻工百强企业、资信百佳企业等。

慷慨解囊报社会

随着企业的不断发展，如何做强企业，创出名牌，服务于社会，成为我义不容辞的责任。而我的追求、我的使命感又时刻鞭策着我的行为。无论在工作还是生活中，我时刻不忘回报社会。我更不会辜负家乡的政府赋予我的许多荣誉——浙江省政协委员、世界温州人联谊总会副会长、龙湾区工商联会长。

我带头向温州市和龙湾区慈善总会筹备会捐赠创始基金 50 万元和 70 万元；发动市民和企业员工积极参与“慈善一日捐”活动。还多次为家乡的造桥修路事业、受灾受难群众捐资。

比如在 1994 年的 17 号台风中，狂风暴雨把刚安装好设备、尚处在调试阶段的车间全淹了，经济损失达 100 多万元，企业也受到了史无前例的打击，可当时我的脑海里只有使命感和责任感：家乡的同胞们正在与洪魔抗争，那里的人民更需要我的帮助！于是，我义无反顾地通知企业经理先给受灾的扶贫开发区捐钱，给家乡瓯北镇堤坝建设捐钱。

在这一系列行动当中，我的企业虽然遭受了一定的损失，但我的责任感和使命感获得了升华！为此，我也有了一种无比的满足感，十几年来，已累计为教育、慈善、扶贫、卫生事业捐赠达 800 多万元。

（作者时任温州康尔达印刷器材公司董事长）

第三章

迈出国门　走向世界

南存辉　让正泰屹立于世界电器之林

1984 年，温州作为首批沿海开放城市之一，站在了改革开放的战略前沿。那一年，我创办了正泰集团。物换星移，不知不觉间，即将步入第 30 个年头。

回想过去的时光，我和我的企业，伴随着温州对外开放步伐的不断加大，走过了一段不同寻常的“国际化”之路，留下了许多令人难忘的记忆。

穷孩子小作坊起家

1963 年，我出生在温州乐清县柳市镇一个清贫的农民家庭。改革开放前的温州，是贫穷和落后的代名词。和那个年代的大部分农村孩子一样，我的童年生活充满艰辛。从我记事起，我们家的房屋就是当地最差的，屋顶是用茅草盖成的，风一吹，常常是天上下大雨，屋里下小雨。吃饭，也往往是吃了上顿，还不知下顿的米在哪里。

13 岁那年的一个夏天，父亲不幸在劳动中受伤，造成右腿粉碎性骨折，卧床不起。身为长子，我不得不辍学回家，承担起养家糊口照顾弟妹的重担。修鞋是父亲的绝活，我子承父业，挑着鞋担在柳市大街小巷摆摊补鞋，以此来维持一家人的生计。

在信息相对闭塞的20世纪80年代，没有发达的通信设备，要想了解外面的世界就只有通过不断地与人沟通。

此后三年多的时间里，我常在修鞋时同客人聊天，获取信息，以便寻找更好的出路，也从顾客那里学到了不少关于如何赚钱的生意经。

客人中有很多是办电器厂的，也有的是专门搞推销的，从与他们的交谈中，我第一次听到“低压电器”这个词汇。从客人神采飞扬的炫耀中，我觉察到低压电器的市场前景广阔。不甘一辈子当鞋匠的我，不免也跃跃欲试，一股强烈的创业激情在心头涌动。

于是，不顾家人的阻拦，邀约了三位朋友，在柳市后街拼租了半个柜台，自产自销，一开始从低压电器里最简单的信号灯按钮开关做起。我们买了些简单的开关，用最土的办法将每个配件绘制在图纸上，借此了解开关是怎么工作的。四个人工作得很卖力，每天几乎都要忙到凌晨3点。

第一个月下来，四个人仅仅赚了35块钱。几位合伙的朋友很沮丧，我却暗自窃喜，收入虽不高，但没亏本，更重要的是看到了前景，看到了希望。

1984年7月，我把自家的房屋折价5万元作为投资，与人合伙创办了“乐清县求精开关厂”（正泰集团前身）。办厂之初，8个人在一间不到20平方米的小作坊里，日夜辛勤劳作。由于资金不足，无法加工产品零部件，我们赊来零件组装，卖出钱后再付款。一边跑购销接业务，一边做产品，小作坊工厂渐入正轨。

求精开关厂的成长环境相当恶劣。当时，低压电器还没有技术标准，没有专业工艺。少数经营者利欲熏心，以次充好、以假乱真。从柳市销售出去的电器产品发生了严重的质量问题，各地电力工程事故频发，在全国造成了极坏的影响。

我们下定决心要以提高产品质量为生存之道，但一没技术二没人才。我多次往返上海，用诚心打动了上海三位技术专家。在技术专家的指导下，求精开关厂严把质量关。

1986年底建起了全国第一个民营企业热继电器实验室，1988年首批领取了3张由国家机电部颁发的电器产业生产许可证。

1990 年，国家采取“打击、堵截、疏导、扶持”政策，对柳市低压电器进行清理整治。凭着过硬的产品质量和合法的经营手续，求精开关厂成为政府扶持的对象，迅速扩大了规模。

随后，求精开关厂一分为二，“正泰”由此诞生。

当时，温州作为首批 14 个沿海开放城市之一，国家在扩大地方权限和外商投资方面，给予了一系列的优惠政策和措施。

1986 年，国务院颁布《关于鼓励外商投资的规定》，以税收优惠政策，鼓励外企来华投资。当时国有企业普遍缴纳 33% 的所得税，而外商投资企业可以享受 10%—15% 的所得税。

为充分利用国家对合资企业的优惠政策，1991 年我们成立“中美合资温州正泰电器有限公司”。并以此为契机引进了国外先进技术和设备，发展壮大企业实力，确立了电器专业化发展方向。

在激烈竞争中站稳脚跟

20 世纪 90 年代初，跨国公司采取合资或独资的方式，纷纷来华办企业，生产销售具有全球品牌的产品。当时正泰品牌已经在国内市场上崭露头角，也引起了跨国公司的关注。

1992 年的秋天，全球最大的电力与控制企业之一的一家跨国公司向正泰抛来了橄榄枝。收到合作邀约的那天，我兴奋得一整夜都睡不着觉。

外方代表参观了正泰总部和公司生产线，提出以现金方式收购正泰 80% 的股权。成为对方的代工厂，意味着要放弃自己的名牌。从企业长远发展来看，将处处受制于人。因此，我们果断拒绝了并购。

伴随着经济全球化浪潮席卷而来，外资企业不断“入侵”国内市场。只有面向世界，勇创世界名牌，与国外强手竞争，才能不断发展壮大。

为此，正泰开始实行“以香港为窗口，以亚太市场为重点，发展西欧市场”

的营销策略，千方百计拓展海外市场，发展外向型经济。

1992 年，我们第一次参加广交会，获得首笔出口订单，就此揭开了正泰外贸出口历史上的第一页。

1993 年，公司投入巨资，率先建起浙江规模最大、设备最先进的电器产品检测试验站。

1994 年正泰在全国同行业中率先通过了 ISO9001 质量体系认证，成为全国低压电器行业及温州市首家获得该证书的企业。先后派出 1000 余人次到美国、德国、法国、瑞士等国家和地区考察学习。

随后，国际贸易不断扩大份额，产品在国际上的知名度和美誉度逐年提升。

1993 年，正泰产品已经远销东南亚、中东、西非、西欧等 10 多个国家与地区，实现出口创汇 1300 万元，居乐清市"三资"电器企业之首。

1994 年，正泰集团外贸出口额达 4000 万元，被列为全国外商投资企业外贸出口的"双优"单位。

1995 年，产品销售额扩大至 8.6 亿元，比上年增长 32%。

1997 年正泰获得进出口经营权。同年首次取得了海外市场的国际通行证。

1997 年前后，我国宏观政策环境日趋改善，但行业竞争明显加剧。我们意识到，国际化已经不是过去所理解的"将产品卖到国外去"那样简单，应该从技术、管理、人才、品牌等多方面，实行全方位的国际化。

而在正泰集团内部，随着经济高速发展，股份合作制已经不适应企业向高层次、国际化发展的需求。正泰对进入集团的几十家小公司进行重组，形成全资控股和部分控股、参股的多样性股权结构，初步走上了现代企业集团的轨道。

1999 年正泰在美国硅谷注册成立了科研信息机构，先后在欧洲、北美、南美、中东等地建立了办事机构和营销网点，为开拓国际市场、实现营销全球化战略奠定了初步基础。

在中国加入 WTO 之际，正泰提出了实施"国际化、科技化、产业化"的发展战略，于 2002 年取得了低压电器首张国家强制性认证（3C）证书，被称为中

国“入世第一证”。

2003 年正泰集团销售额首次突破百亿元大关，低压电器产销量连续多年位居国内行业首位。

此外，正泰充分利用上海科技、信息、人才和产业环境优势，在上海建立国家级的技术研发中心、物流中心和信息中心。同时，配套发展高压输变电产业，在上海建造中高压输配电产业基地。

由此，逐步形成温州为低压、仪表和建筑电器制造基地，上海为高压输配电设备制造、高端装备制造基地，杭州为工业自动化和光伏产业基地的“长三角布局”。

企业自主创新初见成效。高压成套设备被专家评定为国际领先水平，出口欧盟的燃气表在全国首家获得 EEC 国际权威认证，新一代自动化系统获国家科学技术进步二等奖等。

为摘取通向国际市场的“金钥匙”，正泰在多个国家通过了质量体系认证，并且申报了境外商标专利，在同行业中最早加入了总部设在瑞士的国际贸易信息网络，较早地加入了国际互联网，并注册顶级域名。

站到更高的国际平台上

跨入新世纪以来，凭借过硬的产品质量和良好的口碑，正泰品牌的低压电器、电能表、高中压变压器等产品，因质优价廉在新兴国家市场深受消费者喜爱。正泰国际化市场版图不断扩张，从亚非拉新兴市场，到逐步占领欧美高端市场。

2002 年 3 月，在意大利国家电力公司的年度招标大会上，来自欧盟 15 个国家和全球各地的近 30 家电气公司展开激烈竞争，五轮过后，正泰胜出，夺得 6000 万欧元的标的。公司先后在国外设立 8 个常驻机构。

为适应时代要求，正泰的国际化战略进入了整合全球资源、推动企业转型升级的新阶段。

通过引进高端技术，集成再创新，正泰打通了从太阳能电池高端制造装备、太阳能电池到光伏逆变器、开关柜等光伏并网设备制造的全产业链，成为全球第一家能够提供光伏上网全面解决方案的供应商。

近年来，正泰借鉴国际大公司的先进经营理念，构建全球运营管控体系。通过收购外国销售团队，聘请本土市场营销人才，成立海外销售子公司，构建多层次国际销售网络。

创新营销盈利模式，由过去单纯卖产品向工程总包、建电站、收电费等增值服务转型。先后在俄罗斯、巴基斯坦、刚果、柬埔寨等国完成多项“交钥匙”总包工程，提供电力供应全面解决方案。

在美国、欧盟和印度、泰国等亚非拉地区投资建设了数十个光伏电站，形成了以电站投资为龙头，带动组件、汇流箱、逆变器、配电电器、电线电缆销售等高低压成套产品出口，实现了产业优势互补。

正泰外贸出口逐年递增，产品销往全球90多个国家和地区。2008年集团国际业务额突破10亿元人民币。2012年，在全球经济持续低迷的情况下，海外销售同比增长32.11%。

对外开放，开启了正泰国际化的征途，也使我们在激烈的国际市场竞争中不断历练，发展壮大。

我在2002年CCTV年度经济人物颁奖大会上发表获奖感言时说：我憧憬，在不久的将来，在世界的电器之林有一个响亮的品牌来自中国，它的名字叫正泰。为了这个梦想，我矢志不渝！

（作者时任正泰集团股份有限公司董事长　肖秋梅/整理）

郑秀康　改变“中国制造”皮鞋的“丑小鸭”形象

品牌情结，由来已久

1980 年，我办了一家制鞋厂，办厂没有多久，我就有要给自己生产的皮鞋打上一个商标的想法。

1985 年，我办的工厂从个体户上升为合作工厂，当营业执照办下来后，我马上就到工商局办理了鸿盛商标的注册。

其实品牌情结，我很早以前就有。温州是个侨乡，与海外交往密切，很早就接触到一些欧洲的品牌；改革开放以前，轻工产品、日用品等东西，温州人都喜欢购买上海生产的，品牌很早就在我的脑海里留下很深的印象。

现在我公司的主打商标是“康奈”，这是在 1992 年注册的。因为 1987 年，杭州武林门发生“火烧温州鞋”事件后，全国拒卖温州鞋。我当时生产的鸿盛牌皮鞋质量虽然很好，用户很欢迎，但因为产地是温州而受到牵连。上海华联商厦的经理对我说：不是你的皮鞋质量不好，而是你的“出身”不好。因此，我放弃了鸿盛商标，重新注册了康奈商标，在注册康奈商标时，我特意选用了一个人头像，寓意要把头抬起来，要为温州的皮鞋争气。

20 世纪 90 年代，由于我公司生产的康奈皮鞋质量和档次领先，所以我们除了走批发路线外，还进入全国的各大百货商场，光北京市就进了 27 家大型商场。

但随着康奈品牌知名度的扩大，批发渠道已经不适合康奈了，于是我们在营销模式上做了调整。1996 年 5 月我们全面退出批发市场，开始搞起了连锁专卖。首先在温州市区开出了第一家康奈皮鞋专卖店，不久以后，在杭州、北京、上海、沈阳等一线城市和省会城市开出了皮鞋专卖店。

经过数年经营，一个覆盖全国的专卖体系形成了，康奈的品牌随着专卖体系的成熟，知名度也日益扩大，并相继获得了中国十大鞋业大王、中国真皮鞋王、中国驰名商标、中国名牌产品、中国出口名牌、中国十大真皮领先鞋王等 500 多项荣誉。

走出去，打响民族品牌

改革开放以后，我国鞋类产品的生产和出口依靠充足的劳动力，再加上中国人的智慧和勤奋等有利因素，用了仅仅 20 多年的时间，就逐渐成为全球鞋类生产和出口最大的国家。

但是大而不强，在快速发展过程中，很多问题也随之而来，如产品附加值低、缺乏自有品牌、产品在中高端市场上缺乏竞争力、贸易摩擦等问题开始显现。中国制鞋业如何由大变强的问题，摆在制鞋企业的面前。

2000 年，时任中国轻工业联合会会长陈士能在中国皮革协会理事会上，向全行业发出呼吁：要用 5 年左右的时间，在国际市场打响 3—5 个国际知名品牌。这个呼吁像一个进军号，为我们品牌“走出去”起到强有力的推动作用。

想把中国的鞋类品牌推向国际市场，说起来容易，具体怎么做，我开始研究起这个问题来。会后，我首先把这个会议的精神向公司高层进行传达，同时，我也马上采取行动，要求外贸部门采取措施，与外商订合同时，可以部分采用康奈商标，结果订了很少的订单，这个行动难以推行。

我又在新疆对俄贸易的窗口租了一个门面，打出康奈品牌，采取优惠的价格，俄罗斯客商都看上了我们的皮鞋，但一说到要打康奈品牌，成交的就寥寥无几；我们也尝试过其他几种办法，但收效甚微。

另外，我注意到一个现象：很多华侨回乡探亲时，会把康奈皮鞋带到国外，因为康奈皮鞋的款式很符合欧洲流行的趋势，价格又比欧洲便宜很多。比如温州丽岙就是个侨乡，那里的康奈专卖店生意特别好，而且是反季节销售，后来了解到主要是华侨过来买的。这件事对我触动很大。

2000 年下半年，我带着公司营销和研发的人员去欧洲考察市场，在考察过程中，我们接触了很多旅欧的华人，在同他们交谈的时候，听到最多的是，投资什么项目好。他们当中很大一部分以前是做餐饮的，随着生意的不断做大和资本的不断积累，很多人转型做贸易，具体到做什么产品时，他们感到很犹豫。

这个时候，我就跟他们聊到我们的康奈品牌在国内的发展情况，没想到，他们对我们的品牌表现出极大的兴趣。于是，我就试探着和他们洽谈合作，通过华侨这条渠道，将我们康奈品牌的皮鞋专卖店开到海外去。结果在意大利和法国有十几个华侨来找我，表达了合作意愿，让我的这次欧洲之行有了很大的收获。

回国后，我把要在海外开店的想法在董事会上正式提了出来，会上不赞成到海外开店的声音占了大部分，理由是欧洲是世界时尚中心和品牌中心，如果贸然进去，肯定是血本无归。

这个理由，我也不是没有考虑过，我的个性是敢闯的个性，不试一试怎么知道呢？再说，我们做鞋做了那么多年，技术上和质量上跟那些国际大牌相比，差距并不大，而且在价格方面有较大优势，华侨踊跃来选购康奈皮鞋就是一个很好的证明，康奈皮鞋在国外是有顾客需求的。另外，我们在国内开专卖店也已积累了一定的经验。

于是，我说服大家，做出了到国际市场上去闯一闯、把康奈专卖店开到海外去的决定。

第一家康奈海外专卖店开到巴黎

大方向定了以后，接下来就要定具体的实施目标。经过一番思考和讨论后，决定首选巴黎。

拿法国和意大利比较，法国是全球时尚中心，包容性强，而且本国制鞋业已经转移出去了；意大利也是世界时尚国家，但制鞋业仍是他们的主要产业，冲突性比较大。所以我想还是首选巴黎，法国如果能够成功，我就可以以法国为中心进行“辐射”。

确定目标后，首先找法国的合作者。康奈皮鞋在法国销售算起来已有10多年时间，我们先后与两位华侨进行合作，现在合作的这位叫仇汉诚。

2001年1月18日，康奈法国巴黎专卖店正式开业，位于巴黎19区，目标客户以华人为主。经过一年多的经营，当地人来过问的越来越多，于是我派出设计师团队特地去了法国一趟，进一步了解当地人的需求和脚形特征，使设计的鞋款更加符合当地人的需求。在巴黎初战告捷，这更坚定了我们“走出去”的决心。

继法国巴黎后，2001年6月17日，康奈第二家海外专卖店在世界的又一繁华都市——美国纽约皇后区的法拉盛开业，每双鞋的售价超过60美元，一改往日“中国制造”皮鞋低档次的“丑小鸭”形象。

2001年9月19日，康奈第三家海外专卖店在世界鞋都——意大利罗马隆重开业。没想到意大利人很喜欢康奈皮鞋，包括政府官员、企业白领等都来选购。康奈在罗马开皮鞋专卖店还引起了意大利媒体的关注，有家杂志发表文章说：“中国的‘狼’来了，我们要警惕！”

我们把法国巴黎设计为康奈在欧洲的产品集散中心，所以就在巴黎成立了法国巴黎康奈贸易有限公司，康奈集团有限公司控股51%，仇汉诚担任该公司总经理。由于康奈皮鞋在巴黎受到消费者的欢迎，所以发展也很快，到2009年，康奈在法国共开出29家品牌专卖店。康奈在法国开店的头两年，60%的鞋卖给华

人，后来变成 70% 以上的鞋被当地人买走。

值得一提的是，2006 年 7 月 9 日，面积达 280 平方米的首家康奈海外旗舰店在巴黎市中心开业，被国内外媒体称为“中国鞋类品牌跻身境外主流消费圈的标志性事件”，当年 9 月，由商务部官员与新华社、《人民日报》、中央电视台、《经济日报》等 10 多家中央权威媒体组成的“中国品牌海外行”采访团，到达法国时对我们这家旗舰店进行了现场采访报道，引起很大反响。

受金融危机的影响，法国传统产业受到了冲击，如 Weston 鞋业公司生意不好，于是找借口向法院起诉，说康奈皮鞋侵犯了其知识产权，严重扰乱了康奈在法国的正常经营。

2009 年 4 月 1 日，Weston 公司正式将法国康奈公司起诉到法院，由于康奈一切的经营活动都是合法的，所以我们对这起官司有必胜的信心，于是聘请律师应诉。

经过四年多的诉讼，传来了好消息，法国终审法院判决法国康奈公司胜诉。这件事也给我几点启示：一是要提高警惕，守法经营。品牌走出去不是一帆风顺的，尤其是我们的快速发展，必然给国外同行造成压力，他们会找各种借口找麻烦，所以自身一定要清白；二是要敢于拿起法律的武器，捍卫自己的利益。

在这四年的时间里，我们的损失是巨大的，但令人欣慰的是，我们最终赢了这场异国官司，捍卫了康奈品牌，捍卫了中国品牌，为康奈争了光，也为中国争了光。

西方亮，东方也要亮

中国有句古话，叫作“东方不亮西方亮”。这句话给了我另外一个启发：既然我可以把康奈专卖店开在西方欧美国家，那么也可以把康奈专卖店开在东方的国家，而且中国与东盟之间的贸易也逐年递增。

2001 年 11 月，中国与东盟就自由贸易区达成共识，在这个大背景下，我认为向东盟国家发展应该是个良好的机遇，使康奈皮鞋海外开店做到西方亮，东方也要亮。

2004 年 4 月，我组团去考察云南市场，通过当地一家外贸公司的引荐，我认识了越南的客商。后来，我就带着越南客商参观了云南康奈专卖店，他看了康奈皮鞋的质量工艺后，非常感兴趣，一下子买了好几双鞋带了回去。

越南客商回国后不久就给我打来电话，提出合作的意向。他说，康奈鞋做得这么好，他打算在越南开店卖康奈鞋。我听后很高兴，表示将安排时间到越南看看市场。

后来经过几次互访，双方达成了合作协议。2004 年 5 月，越南第一家康奈皮鞋专卖店在河内市区正式开业。康奈皮鞋在越南的售价多在 300—550 元人民币之间，很受逐渐富裕起来的越南人民的喜爱。后来，康奈越南专卖店从河内开到了胡志明市，店铺数量也从起初的 1 家增加到现在的 11 家。

康奈越南专卖店经营方式是康奈授权，由越南客人来代理的经营模式，刚开始，越南客人只是两夫妻经营，现在生意做大了，他们的女儿、女婿、舅子也都参与了经营。

现在亚洲部分，康奈已先后进军老挝、缅甸、朝鲜等市场。我希望通过品牌的输出，扩大康奈的知名度，提高品牌竞争力，助力企业的转型升级。

正是鉴于康奈在与东盟贸易往来中的突出贡献和杰出成绩，2013 年 7 月，康奈集团被中国—东盟商务理事会聘任为中国—东盟鞋业行业合作委员会中方执行主席单位。

品牌输出这条路还很长，我们愿做一名探路者，为中国民族品牌跻身国际市场进行不懈的努力。

（作者时任康奈集团有限公司董事长　王滨 / 整理）

王振滔　**双向借道，奥康鞋业谋世界**

谁都希望实现最好的自己，企业也一样。回顾奥康的发展，其实就是在一次次挑战自我中，一步步实现最好的自己。2003 年，奥康正式和意大利鞋业第一品牌 GEOX 进行全球战略合作，并采取“双向借道”的全新跨国合作模式。

从“与狼共舞”到“合作共赢”再到“共谋世界”，奥康用了十年的时间。十年间，奥康不仅学到了国外先进的制鞋工艺，更重要的是奥康“借船出海，借势腾飞”，实现了自身企业的国际化。如今回顾奥康这十年，感慨颇多。

希望站在巨人的肩膀上

对于不断崛起的“中国制造”企业，海外市场充满了诱惑与刺激。改革开放之初，中国很多企业就开始探索国际化之路，从在海外立稳脚跟到取得赢利，关键还是在于中国企业能否制定、实施正确的品牌战略和渠道战略。

十几年前，奥康在加速布局国内市场的同时，也一直在探索国际化道路，但是苦于没有好的合作方式，走了不少弯路。

直到 2002 年，我听说意大利 GEOX 想要进入中国市场。意大利是公认的世界鞋都，GEOX 是那里的第一品牌，销量欧洲第一，但在中国和东南亚一带，市场比较薄弱。而奥康有强有力的国内销售渠道，如果能与 GEOX 合作，那就是站在巨人的肩膀上，我们不仅可以学到很多东西，而且还能加快我们的国际化进程。

当我得知意大利著名制鞋企业 GEOX 在中国寻找合作伙伴时，已有广东、福建等地七家知名鞋商向 GEOX 表明了合作意向。尽管如此，我还是向 GEOX 老板保利加图递交了合作意向书，成为其备选合作企业的第八家。

GEOX 总裁率领团队先后考察过的其他七家企业，而这七家鞋企在当时无论名气、规模还是实力都比奥康强。GEOX 总裁一行甚至已基本达成共识，对所要选择的合作企业已有了初步的意向。

新奇礼物感动外商

明知希望渺茫，但我还是决定全力以赴。只要有 1% 的希望，我就要用 100% 的努力去争取。

2002 年 10 月 11 日，保利加图来到中国，那天我早早地候在了温州机场。保利加图一行刚下飞机，我马上让员工展开意大利文的欢迎条幅，并亲手将一束鲜花送到保利加图手里。虽然我们拿出全部的热情去接待，哪知 GEOX 团队一行对奥康的考察只用了一个多小时，完全只是走走过场而已。

告别时，我并没有盛情挽留，只对意大利客人说:“为了表达奥康对你们的欢迎，我们为各位准备了一份小礼物留作纪念。”于是我就让人把礼物呈了上来，不是什么贵重礼品，只是个小小的水晶相框。

保利加图愉快地接过相框，随即脸上露出惊喜的神色，因为相框里夹的竟是自己刚下飞机和我及工作人员谈笑风生的照片，人物的神态举止抓拍得恰到好处。

保利加图曾无数次和合作伙伴合影，照片曾被刊登在各类媒体，但在短短一个小时里，自己的照片就被冲洗出来，镶嵌进相框，当作礼物送给自己，还真是第一次。

保利加图被奥康的效率和速度深深地震撼了，他连说几个“没想到”，而且非常喜欢这个礼物。回到意大利后，他力排众议，毅然选择了奥康作为合作伙伴。

令我惊讶的是，我用一只小小的相框打败了 7 个强有力的竞争对手。相框的作用也许没有那么大，但它从一个侧面反映出奥康的精神和文化，让老外备受感动和信任，保利加图认为一个能将如此小事做得如此高效和完美的企业，一定会把鞋子做好。

同时我也清楚地知道，GEOX 愿意与奥康合作有两个方面的原因：一方面，奥康和 GEOX 有很多相似之处，例如奥康的历史和 GEOX 制鞋历史比较相近，而且两家公司同样以营销起家；另一方面，我的一些想法和保利加图也有着惊人的相似之处；更重要的是，当时奥康在中国市场拥有 2000 多家专卖店和 800 多家店中店的强大的市场网络。

之后，我们双方就合作中的一些具体问题进行了愉快的磋商，取得许多一致的看法，并迅速确定正式签约的时间表。

2003 年 2 月 14 日，黄浦江畔灯火辉煌，各式的游船在江中游弋，在其中一只游艇里，我们早已经摆好了宴席，准备迎接一个隆重的时刻：奥康与 GEOX 正式签署全球战略合作协议。

奥康负责 GEOX 在中国市场的品牌推广、网络建设和产品销售，GEOX 借奥康之力布网中国，而奥康也借助 GEOX 的全球网络走向全球。GEOX 从中国得到市场，转让一部分生产给我们做代工，得到的是低成本的生产供应商；而我们得到技术、设计、工艺还有市场网络。所以无论从哪个层面来讲，我们都是大获全胜。

惊人的奥康答卷

为了配合与 GEOX 的全球战略合作，我们计划扩大生产线，引进国际一流的生产设备和工艺。

2004 年 10 月 13 日，奥康国际品牌产业园正式奠基开工，当天的仪式上，GEOX 总裁亲手将“GEOX 亚洲生产基地”的牌匾授给奥康，并宣布：奥康作为 GEOX 公司全球唯一的合作伙伴，双方将在世界范围内实现资源共享，共图发展。

随着国际品牌产业园的开业，奥康的产业布局也正式形成：温州总部生产基地——主攻内销产品生产；“西部鞋都”奥康生产基地——主攻大众产品生产，为世界零售巨头代工；瓯北国际品牌产业园——主攻高档产品，生产国际品牌，成为意大利 GEOX 呼吸鞋主要生产基地。整个体系呈现金字塔式的战略布局，且拥有年产 2000 多万双皮鞋的能力。

对奥康而言，国际品牌产业园的启动并不意味着奥康甘心于国际品牌的代加工，我们要借为国际品牌生产的机会，全面提升自身品牌的内涵。

短短两年的时间，GEOX 与奥康的合作不断深入，并迅速在中国成功布局。GEOX 在中国布局了 62 个销售网点，销售额近 1 个亿，增幅高达 500%，远远超过了 GEOX 在全球的平均增速。

在上海同类高档休闲鞋产品市场中，GEOX 市场占有率第一、销售第一和网点扩张第一，GEOX 在中国高档休闲鞋市场的排名已跃居第二位。

我们仅用了两年时间完成其他品牌近 20 年的水平。GEOX 在中国慢慢形成健全的市场体系，GEOX 总裁感到非常满意。

市场没有永远的朋友，曾经有很多人质疑奥康是在“引狼入室”。而我觉得，与其被动等待别人来撬动蛋糕，不如与之共同分享蛋糕，事实上，双向借道是双赢的博弈。

与狼共舞　借势腾飞

在和 GEOX 合作的过程中，奥康获得了很大的提升。GEOX 从 20 世纪 90 年代才涉足制鞋行业，短短 18 年的时间，营销网络已经遍布全球 68 个国家。在这么短的时间内获得如此迅速的发展，GEOX 有它很多独特的经营和管理理念。

在与 GEOX 的合作过程中，有一幕让我至今记忆犹新。

一次，GEOX 副总裁在奥康的生产线上参观，他一边看一边满意地点头。突然，他拿起一只鞋子，凑近眼前仔细地看。大家一下子变得非常紧张，不知道又出了什么差错。这时，只见他撩起自己西服的下摆，仔细擦起那只皮鞋来。原来，他在鞋子上发现了一个如果不细看根本发现不了的小污点。

然后，他严肃地对所有人说："或许在大家看来，一个小污点不算什么，但对消费者来说，他希望买到的是一双完美无瑕的鞋。为了对消费者负责，哪怕一个小污点，也绝不允许出现。"

这给我上了终生难忘的一课，也让我从 GEOX 这种近乎苛刻的管理中，领悟到了 GEOX 能够迅速发展的秘诀。GEOX 能够成为世界一流品牌，很大程度上源于它精湛的工艺，在他们看来，做鞋就是做艺术品。

为了让奥康生产出来的产品符合自己的要求，GEOX 还派专人到奥康进行技术指导。本来奥康就已经非常注重质量，但 GEOX 的要求却还要高得多。

刚开始磨合时，奥康员工做出来的鞋子一次次被 GEOX 的专家挑出毛病，一次次被返工，很多员工都觉得不适应。在奥康的一些员工看来，GEOX 对产品质量和工艺的要求，近乎鸡蛋里挑骨头，甚至由此产生了一些矛盾。

但慢慢地，大家不得不承认，GEOX 的要求是对的，只有这样，才能真正长久屹立于国际市场。而且经过这样的历练，奥康员工的生产技术和水平获得了很大的提高。

有了先进的经营理念和管理方式，有了过硬的产品质量，再加上遍布世界的销售网络，为奥康走向全世界奠定了坚实的基础。

奥康现已经拥有三大生产基地、30 多条国际一流的生产流水线，年产皮鞋超千万双。不仅在全国设立了 30 多个省级分公司，还在意大利、西班牙、美国、日本设立了国外分公司。同时，奥康还在温州、广州及意大利米兰设立了三个鞋样设计中心，每年开发出 3000 多个新品种。

如果没有当初的合作，如今在奥康通往国际化的道路上必定会荆棘满路。如果当初没有勇气迈出那一步，没有下定决心挑战自己，奥康也就不可能有今天的成就。

（作者时任奥康集团董事长　王海龙　张君义 / 整理）

彭　星　温州服装商的“总统情结”

改革开放以后，温州的民营经济非常火热。与千千万万的温州创业者一样，1988 年我从温州二中毕业后就加入了推销大军，在大连做服装批发生意，从瑞安拿布料到瓯北加工，然后运到大连卖。1990 年到 1994 年那几年，生意非常好做，市场远不像现在这样竞争激烈。到了 1994 年，像宁波的雅戈尔、杉杉等一些品牌开始冒出来了，于是我和同学冯哲创办了多瑙河莱茵河制衣公司，经营了三年，学了不少东西。但是市场变化太快了，1996 年温州服装企业像庄吉、乔顿、夏梦、高邦、森马等企业纷纷成立，那一年温州服装业呈现群雄逐鹿、诸侯崛起的壮观景象。因此创建自己的品牌成为我奋斗的目标。

在经过一年多的市场调查以后，1997 年 9 月 12 日成立法派服饰有限公司，购买意大利的商标，正式推出“法派”品牌，并进行全球注册。那时候我就认为，我们的梦想不仅在中国，更在全球。

请总统代言，事出有因

任何一个品牌的发展，如果没有创新就不可能有旺盛的生命力。没有默默无闻的好企业，该吆喝的时候吆喝，该静下心来做事的时候踏踏实实地做。这就是我做企业的道理。

在1997年以前，浙江服装业最发达的地区本集中于宁波，尤以雅戈尔、杉杉和罗蒙最为知名。后来，温州服装声名鹊起，打出了“穿在温州”的口号，大有迎头赶上之势，像美特斯·邦威、报喜鸟等许多品牌开始在全国享有较高的知名度。

温州的服装品牌知名度是怎样打出来的呢？当时主要是三个途径：一是不惜巨资请名人做品牌代言和大手笔的广告投入；二是抱团参加国内外服装展；三是成功的连锁加盟店的运作。三个环节的紧密配合，造就了温州服装品牌的群星璀璨。

我觉得法派也要在这方面有所作为，2000年，香港影星梁家辉、张柏芝联袂加盟法派，演绎“法派情人”，对法派品牌的传播与提升有着锦上添花的作用。其时，法派服饰在产品创新和企业管理方面也开始正规化，先后获得“中国驰名商标”“国家免检产品”“中国名牌产品”等称号，企业正处于蒸蒸日上的势头。

聘请克林顿总统做代言，其实也是名人代言的升级版。当时中国加入世贸的脚步越来越近，为了拓展国际市场，特别是欧美市场，我们想再请一位国际著名人士做形象大使，像“007”皮尔斯·布鲁斯南、周润发等都曾经是考虑的人选。一个偶然的机会，我在《中华时报》上读到一则“克林顿拖欠诉讼费”的新闻。

当时我心里一亮：能不能请克林顿做我们的代言人呢？因为克林顿作为时任美国总统，身份、地位都是世界顶级的，其本人形象又非常时尚浪漫，如果能让克林顿先生穿上法派西服，那最能体现法派顶级西服的文化内涵。但是克林顿先生会不会接受我们的邀请呢？

在公司内部讨论中确实有人提出异议：“克林顿毕竟是政治人物，而且不少人对他有争议，请他做广告会不会造成不良政治影响？”实话说，我当时心里确实有矛盾。但是我认为，我们所做的不过是企业的经营行为，请克林顿代言与政治关系不大。如果有成效，将极大地推动我们品牌的国际化进程，对我们筹备的国际市场推广计划极有帮助。

于是我下定决心，让公司相关部门搜集资料，准备向美国总统克林顿抛出橄榄枝。

邀请克林顿，一波三折

2000年5月，我们起草了一封信，通过互联网发给了克林顿个人电子邮箱，邀请他当“法派”企业形象大使的意向。这封信是用英文书写的，信是这样写的：

尊敬的克林顿总统：

我们是用“真诚”和“敬意”给您写信。这封信凝聚了数千名法派员工的心愿和梦想。

我们给您写信，就是希望您卸任后做我们的“形象代言人”。我们公司的情况在此信中就不一一赘述。总之，“法派”企业是一个生机勃勃、不断向世界靠拢的中国服饰企业。

而您，一定对“中国”这个东方国家留下了深刻的印象吧。前些年您到过中国的西安、桂林，我们的一位员工曾亲眼目睹过您的容颜。更多的时候，我们是通过媒体关注您。

我们“法派”是把最精致的服饰奉献给热爱生活、追求卓越的人们。而您的气质、风度及丰富的人生内涵不正是我们寻找的最佳选择？

我们欲高薪聘请您担任法派的“形象代言人”，我们是极其真诚地对您发出邀请。望我们的愿望能实现。

再一次对您致以崇高的敬意！

法派服饰有限公司

2000年5月25日

信寄出去以后，就像大海里的漂流瓶一样前途未卜，太平洋彼岸并没有给出任何回应。

初次出师不利，法派公司并未灰心。再一次向克林顿发了一封电子邮件，但是依然没有达到理想效果。后来，我们分析认为，可能是克林顿尚未卸任，按照美国的法律，在职总统不可能接受类似的商业邀请。

在等待中，新的世纪翩然而来。离克林顿卸任的日期也越来越近。我通过电视、报纸密切关注克林顿的动向。

2001 年 1 月 20 日上午，克林顿和他的幕僚长波德斯塔向白宫作了最后的告别。当他们走出椭圆形大厅时波德斯塔环顾四周，颇为伤感地说:“我们做了许多有利于人民的事，真的做了许多，真的！”克林顿也大声地重复道:“我们真的做了许多！”人们立刻报以持久的欢呼声。

也就是在当天，看完克林顿离任的电视新闻，我让公司员工通过多个渠道向他再次致函，表达聘请他当形象大使的意愿。所谓多个渠道就是通过网上查询邮箱地址，我们先后向白宫、希拉里和驻华使馆发送邮件。

2001 年 2 月 16 日，我打开公司电子信箱时惊喜不已：克林顿的夫人希拉里回函了！在信中她除了向法派公司表示感谢外，还称克林顿对此事很感兴趣，希望双方在合适的时机面议。当时我把这个消息告诉了公司的同事和温州媒体的朋友，谁知道此消息一出，中新社、浙江卫视、《今晚报》等媒体的记者闻风而动，都到法派来采访我，一下子让我陷入媒体报道的旋涡。当时美国大选在即，这一消息在政治炮弹稀缺的时段里“轰炸”了美国的主流媒体，引起震动。几乎所有人都认为这是纯属商业炒作，是一个“国际玩笑”。

但是，我们对与克林顿的合作充满信心。尽管克林顿曾是美国总统，但也不是高不可攀；而且在全球经济一体化的今天，世界早已无界，作为立志做国际顶级品牌的法派也完全可以在世界舞台上展示风采，聘请克林顿先生做代言是一个非常正常的商业行为，绝非刻意炒作。

三年约请，终于晤面

此后，我们公司一直锲而不舍地与克林顿办公室保持联系，多次盛邀克林顿到温州做客。

2003 年，我们得到了答复，克林顿先生准备到中国，准备在 6 月到法派集团考察。当时我们非常欣喜，那段时间我几乎每天都在祈祷。但是由于 SARS 的影响，还有伊拉克战争等其他因素，克林顿这次中国之行不得不暂时搁置。

功夫不负有心人。10 月，再次得到消息，克林顿先生将于 11 月来访中国，并且将我作为邀请嘉宾，在北京与他会面。

11 月 12 日，党和国家领导人会见克林顿后，克林顿邀请我同桌共进午餐。会见过程中，克林顿先生很惊奇，对我说："我真没想到彭星先生是这么年轻的企业家。"我连忙向他表示："我们日思夜想想了三年，今天才有幸见到您。"当即我向他发出邀请，希望他能够有机会到温州做客，并向他赠送了我们精心设计并制作的西服、衬衫、皮鞋和领带。克林顿高兴地接受了，爽快地表示将在适当的时间来温州参观法派。

从远距离的沟通到近距离面对面的交流，无疑是一个突破。三年前"法派约请克林顿代言是炒作"，现在变成了事实，这个消息如巨石投湖，在行业内外引起巨大反响。当时来法派采访的各国记者有法新社、路透社、美国《华盛顿邮报》、日本《东京快报》以及德国、韩国的媒体。面对如此众多的国内外媒体，考虑到有可能影响到事情的进展，我一度出言谨慎，一般不接受采访。

2005 年 9 月 9 日，我再一次受邀到新疆与克林顿先生会面。那一次是在乌鲁木齐，克林顿先生应邀参加 2005 中国西部（新疆）国际经济峰会，在那次峰会上，他还发表了《古丝绸之路与世界经济一体化》的演讲。这是克林顿先生卸任后第二次到中国，两次来访都将我作为约见嘉宾。

那一次会面，我向他介绍了企业的发展情况以及未来的打算，也再一次向他邀请，希望他到温州做客，并向他赠送了法派新上市的高档皮衣和羊毛衫。克林顿先生表示虽然目前不方便到温州做客，但对法派国际化的视野和决心很赞赏，他还结合他的演讲观点为法派进军国际市场支招。

后来，随着希拉里参加总统竞选，出任国务卿，我们才将邀请克林顿代言的事情搁置起来。

尽管只有两次会见，但我们还是有很大的收获，也再一次证明了“金诚所至，金石为开”。2005 年法派年营业额也从刚创业时的 3000 万元增长至 14 亿元，跻身全国民营企业五百强。

能取得这样的成绩，一方面说明我们当时的市场开拓意识强烈，另外一方面也得益于社会各界的鼎力支持，尤其是克林顿先生，给足了法派面子，提高了我们的品牌知名度。

十年庆典，邀来施罗德

如果对请克林顿先生代言这个事情进行总结，我觉得还有一些遗憾，最大的遗憾就是克林顿没有到温州，没有亲临法派参观。尽管克林顿先生也曾有过来访温州的计划，我们也做了大量努力，但是机缘不巧，后来希拉里又重返政坛，种种客观原因致使愿望落空。使得许多媒体将法派聘请克林顿代言称为“炒作”，也完全没有理解法派致力于国际化品牌建设的意愿。

2007 年我们公司成立十周年，也是刚刚经历了股权重组之后的第一年。法派股权重组是在 2006 年，由我全资收购了法派全部股权，原来的两个股东分别掌管法派鞋业公司和戴斯特服饰公司，重组后的法派集团跨入了新的发展里程。也就是在这样的背景下，我认为十周年庆典是展示企业形象和风采的机会。

于是，我们借十周年庆典之际，与中央电视台合作，推出《梦想中国》大型公益演唱会，牵手联合国儿童慈善基金会，实施全球慈善计划，向世界显示出了中国民营企业的社会责任感。

同时我也想借此向新闻界澄清“法派不是炒作者”，将国际化的企业愿景向社会展示。让我倍感荣幸的是，我们的愿望得到了社会各界的支持和肯定，联合国前秘书长安南先生专程致函祝贺；更让我惊喜的是，德国前总理施罗德先生欣然接受了邀请，并参加法派集团国际工业园的开业大典。

对于温州来说，这是个破天荒的事情，许多朋友都说我胆子太大了，但是我认为，没有挑战困难的胆量和勇气，哪里还有发展的激情和动力?

得知法派集团将要联合央视 3 套在温州举办《梦想中国》大型公益晚会，并邀请到德国前总理施罗德前来访问温州，温州市委市政府给予了大力支持。时任温州市委书记王建满、市长邵占维多次给我打电话，非常关心我们的接待工作是否存在困难，并批示相关部门将“法派十年庆典作为温州盛事”来处理，在各个方面都给了关照和帮助。现在回想起来，如果没有市委领导和温州各界的支持，法派的十年庆典不会有那么顺利、那么圆满。

2007 年 11 月 21 日晚上 10 时，德国前总理格哈德·菲尔茨·库尔特·施罗德先生抵达温州永强机场，随行的有保镖、秘书、翻译等，时任温州市副市长陈宏峰和我专程前往迎接。

第二天上午，施罗德先生在温州华侨饭店欢迎午宴上作了“缔造世界品牌的重要理念”主题演讲，赢得了在场的企业家阵阵热烈的掌声。这位叱咤世界政坛的政治家在与中国企业家的交流中，展示了他政治光环背后的本色。

演讲结束后，一位嘉宾将施罗德的自传《抉择：我的政治生涯》递了上去请他签名，施罗德欣然拿起笔签下大名，很快，其他来宾纷纷将书本递上来，连工作人员都着急了。在接下来的十几分钟里，施罗德手中签字的笔一直没有停下。午宴上，施罗德先生还拒绝了服务人员特意提供的刀叉，而是很熟练地拿起筷子用餐，并称赞温州的锦粉面和干蒸盘菜很好吃。

名人效应，借势营销

随后的两天，施罗德先生先后出席法派（温州）国际工业园开园大典、"法派十年梦想中国"CCTV大型公益演唱会和"走向世界的中国品牌"的主题论坛，他的亲和、睿智和风趣的魅力形象带给大家太多的惊喜和震撼，我至今还记忆犹新。

也正是施罗德先生的名人效应，才把公司庆典变成了国内外备受关注的事件，法派也因此成为国内外媒体关注的热点。事实证明，这有助于法派品牌的传播和成长。

2003年11月22日下午，我们邀请施罗德先生出席在温州电视台演播大厅举办的"走向世界的中国品牌"的主题论坛，在中央电视台《对话》节目主持人陈伟鸿主持下，施罗德先生与我和分众传媒CEO江南春、正泰集团董事长南存辉等中国民营企业家展开对话，对中国企业品牌的建设进行了一场高层次的思想交流。

在讲到一个品牌如何成为世界知名品牌的时候，他的三个观点切中要害：首先必须是产品的高质量；其次是很好的人才；最后是有可持续发展的产品。他还建议我们与欧洲本土零售商合作，将市场拓展到欧洲。

在随后第二天举行的法派工业园开园大典上，施罗德先生亲临法派，为开园大典增添了无尽的色彩。那天的嘉宾很多，有来自联合国儿基会、团中央、省市地方各级领导，还有海内外各界友好人士，施罗德先生和我用法派的狮子头标签"钥匙"共同开启地球仪，这象征着法派由此开启全球战略梦想。在参观法派生产中心和时尚展示厅后，他还与法派优秀员工进行了集体合影。

23日晚上的演唱会上，施罗德先生被媒体誉为"一位不会唱歌而又赢得最多人气"的嘉宾。在和主持人行完贴面礼后，施罗德很谦虚地对观众说："很抱歉，我不会唱歌，但我想耽误大家几分钟，听我说两句。"博得了现场的热烈喝彩。

在演讲中，施罗德高度评价了对中德关系在过去三四年的发展，并表示希望能通过各种方式，进一步加强中德人民特别是年轻人的交流。在他演讲的过程中，全场大多数观众用力地挥舞着手中的荧光棒，现场一片欢腾。

尽管行程只有短短的两天，但我们彼此建立了深厚的感情。温州的瓯菜和发绣让他赞不绝口。也因为他的风趣随和，让我们彼此之间少了异国的生疏和距离。副市长陈宏峰在温州机场送别时还很遗憾地说："因为活动时间安排很紧张，出于安全考虑，没有安排施罗德先生游览温州的山水风光，希望今后有机会再到温州来走走。"

施罗德先生的到来，让我们学习到了优秀企业品牌建设的必备素质。同时也给法派的世界品牌之路注入新鲜的血液，为法派打造国际顶级品牌之旅树立了一座丰碑。相信在施罗德先生的国际影响力下，法派必将在全球品牌之路上越走越好。

直到今天，还有许多媒体认为"法派是营销的高手"。但是我认为，市场营销不仅仅需要吆喝，施罗德先生指出的三点——"品质、人才和创新"非常关键。的确，一个企业要想真正做强做大靠的不是炒作，而是这些东西。因此，在我的企业规划里，只有苦练内功，找好途径，搭建舞台，才是品牌国际化真正的开始。

（作者时任法派集团有限公司董事长　陈跃超 / 整理）

王恭堂　**让世界认识张裕**

市长：让世界认识张裕、喜欢张裕

1987年春天，为了提高张裕公司在葡萄酒行业的知名度，扩大烟台在国内外的影响，烟台市市长提议，举办一次张裕葡萄酒、张裕白兰地产品的国际研讨会，请国际上一流的葡萄酒专家和白兰地专家品尝张裕的葡萄酒和白兰地，给予客观公正的评价。通过新闻媒体广为报道传播，让国内外的消费者认识张裕、喜欢张裕，进而了解烟台。市政府办公会议决定后，由张裕公司组织实施。

张裕公司认为，最好请国际葡萄与葡萄酒局（OIV）的局长亲自主持这次会议。国际葡萄与葡萄酒局是一个官方国际组织，于1924年创建于法国巴黎，总部也设立在此，我们与他们素不相识，怎样才能请到他们呢？

世上无难事，只怕有心人。我们聘请了法国葡萄酒专家博尼埃先生来张裕公司做技术顾问。博尼埃先生当时73岁，是法国知名的葡萄酒专家。我陪同他参观张裕公司的葡萄园和酿酒工厂，请他品尝张裕公司的葡萄酒和白兰地，向他介绍张裕公司的历史及在中国葡萄酒行业的主导地位。博尼埃先生对张裕公司及其产品给予了极高的评价。

在改革开放初期，中国人很少和外国人打交道，见了外国人就害怕。公司决定让我接待陪同博尼埃先生，说实话当时我心里很打怵。通过几天的接触，我发现只要以诚相待，外国人和中国人同样好沟通。我与博尼埃先生不仅沟通了工作，而且建立了友谊。

我把烟台市政府的决定和张裕公司的意图向博尼埃先生直言，并征询他的意见。博尼埃先生略加思考后，很有信心地说："我看可行，也应该能办成。中国是个新兴的、发展中的葡萄酒国家，国际葡萄与葡萄酒局有责任、有义务关注和促进新兴国家葡萄酒事业的发展。"并当即表示，他回到巴黎以后，直接到国际葡萄与葡萄酒局总部向局长先生汇报，让我等待他的消息。

外国专家：张裕葡萄酒品质令人惊叹

在博尼埃先生的斡旋下，张裕葡萄酒国际品评会得以顺利召开。

1987 年 6 月 11 日，国际葡萄与葡萄酒局局长罗伯特·丁洛特先生带领包括博尼埃先生在内的七名国际知名葡萄酒专家和白兰地专家来到中国，在烟台东山宾馆举行张裕葡萄酒国际品评会。烟台市政府对这次会议非常重视，邀请国内 30 多家新闻单位的记者参加会议，作现场报道。

局长罗伯特·丁洛特先生和各位专家参观了烟台地区的葡萄园，以及张裕公司的葡萄酒、白兰地生产车间之后，感到非常惊讶。他们像哥伦布发现美洲新大陆一样惊奇，没想到在东方古老的中国还有这么好的葡萄园，还有这么大的葡萄酒厂！

最精彩、最紧张的时刻，是品尝会进行的 6 月 15 日下午。丁洛特局长、博尼埃先生以及五位丁洛特局长聘请的葡萄酒专家和白兰地专家，每人一张桌，每桌上一排杯，围成一圈，各自品尝张裕的葡萄酒和白兰地。

对每一个要品尝的酒样，先由我来介绍葡萄品种、酿造工艺、理化指标、产品特点，然后请专家品尝。对专家提出的疑问，我即席回答。面对这么多专家的考问，我对答如流，还不失幽默和风趣，使品尝会的气氛变得轻松活泼，颇受媒体记者的好评。

那天下午，丁洛特先生等各位专家品尝了张裕公司新开发的雷司令干白葡萄酒、解百纳干红葡萄酒和桃红葡萄酒。对于这些干型或半干型葡萄酒，专家们给予了很高的评价。相比之下，他们对张裕公司传统生产的甜红葡萄酒、甜白葡萄酒和味美思等甜型葡萄酒，评价平平；对张裕公司的传统产品金奖白兰地，评价一般；对张裕公司新开发的 X.O 级的白兰地，他们产生了浓厚的兴趣，一面品尝，一面用外语私下交谈，不断点头，发出一阵阵惊叹声。

特别是康达格雷尔先生，他来自法国科涅克地区，是法国科涅克白兰地研究所的所长。他承认我们提供的 X.O 级白兰地与法国 X.O 级科涅克白兰地相差无几，各有千秋。他甚至怀疑我们提供的 X.O 级白兰地样品，是用市场上购买的法国 X.O 白兰地调配的。

他详细地询问了这种白兰地的葡萄品种、发酵条件、蒸馏方法、贮藏时间等，问得很具体。我一一对答，回答得很简练、很准确。我对他提的每一个问题都有亲身经历和体会，我的回答不但切中要害，而且有现身说法。

品尝会一度变成我与康达格雷尔先生的对话会。最后终于使他心悦诚服地点了头。他竖起了大拇指，心服口服地连说："OK，OK！"

《经济日报》记者李敏参加了那天下午的品酒会。事过 20 年以后，有一次我们俩在宴会桌上坐在一起，他颇有感慨地说："20 年前，你回答那帮老外的提问，那么老练。我们听了后，扬眉吐气，真觉得爽！"

那次品尝会的法文翻译，是西北农林科技大学葡萄酒学院的李华院长。他回忆那次品尝会时曾经对我说："那次品尝会上，最风光的是你和我。你让那帮老外知道中国也有葡萄酒，也有白兰地专家。我那年是在法国获得葡萄酒博士回国后第一次当翻译，让中外葡萄酒专家认识了我。"

丁洛特：授予烟台“国际葡萄·葡萄酒城”荣誉称号

按照计划，品尝会结束以后要举行隆重的新闻发布会，由国际葡萄与葡萄酒局局长丁洛特先生综合国外专家的意见，向 30 多家新闻媒体的记者谈谈他们的看法和意见。

新闻发布会的横幅是：“走向世界的烟台葡萄酒。”这个内容是李华院长拟定的。烟台市市长等领导同志也都出席了那场新闻发布会。

在新闻发布会上，国际葡萄与葡萄酒局局长罗伯特·丁洛特先生非常高兴而且信心坚定地说：“烟台葡萄酒事业的前景是远大的，烟台葡萄酒是完全可以走向世界的。”丁洛特局长对烟台地区的葡萄种植业，对张裕公司酿造的葡萄酒、白兰地产品，都给予了很高的评价。

鉴于烟台悠久的酿造葡萄酒历史，庞大的葡萄种植规模，优异的葡萄酒、白兰地质量，丁洛特局长代表国际葡萄与葡萄酒局当场决定：授予烟台市“国际葡萄·葡萄酒城”荣誉称号，并把象征“国际葡萄·葡萄酒城”的 OIV 纪念章赠送给烟台市市长。这个瞬间被众多摄影记者的镜头记录了下来，后来又制成大理石浮雕，永远镶在张裕酒文化博物馆里。

在那次新闻发布会上，丁洛特局长还做出决定，邀请烟台市作为国际葡萄与葡萄酒局的观察员，每年可以派员参加国际葡萄与葡萄酒局的年会，并可以得到该局的技术援助。

姜德华：亚洲唯一的“国际葡萄·葡萄酒城”

1987 年 10 月 26 日至 11 月 3 日，国际葡萄和葡萄酒局在意大利召开了国际葡萄与葡萄酒年会。这次大会的主要任务，是对当前全球葡萄种植和葡萄酒酿造情况进行综合评述，对今后的发展方向进行展望，向获得“国际葡萄·葡萄酒城”

荣誉称号的城市颁发证书。

烟台市派出了以姜德华副市长为团长，我和烟台市外事办副科长孙渊鲲参加的代表团，出席了本届大会。本届会议共有 28 个国家的代表参加。烟台市虽然是观察员身份，但每一次会议大会主席都邀请我市代表团出席。

10 月 26 日上午，大会在罗马市科技会议大厅开幕。会议听取了丁洛特局长所作的《世界葡萄与葡萄酒生产状况》的报告。报告中引用了国际葡萄与葡萄酒统计局的资料，指出在世界上葡萄种植面积多年稳定的情况下，中国近年来葡萄种植面积正在扩大。

10 月 31 日，国际葡萄与葡萄酒局局长丁洛特、主席马里奥·弗里格尼，宣布了世界 28 个国家的 116 个国际葡萄·葡萄酒城的名字，并向来自这些城市的代表颁发了证书。姜德华副市长代表烟台市政府接受了这个荣誉称号，领取了证书，并在纪念簿上签了字。烟台是亚洲第一获此殊荣的城市。

丁洛特先生对我们说："你们派出了一个很好的代表团，我们很满意。"

1987 年以后，丁洛特局长又多次来到烟台、青岛、天津等地，关心和支持中国葡萄酒产业的发展，推进中国葡萄酒企业与国际葡萄酒企业的交流与合作。我与丁洛特先生也建立了深厚的友谊。

（作者时任烟台张裕葡萄酿酒公司总工程师　高海宁　张莉/整理）

张晓平　**破茧成蝶　上市梦圆**

美国东部时间 2006 年 4 月 18 日（星期二），瑞立的“SORL”正式在美国纳斯达克（NASDAQ）股票市场主板挂牌交易，成为首家上市的温州民企。

这是美国复活节后的第二个交易日，时代广场上一如既往地繁华熙攘，纳斯达克总部大楼里，也是一如既往地忙碌非常。“SORL”的登场，对纳斯达克来说，也许只是这一天的特别关注，而对于“瑞立”，一家来自于一个中国县城的民营企业来说，确是一次破茧化蝶的历史性蜕变；对于白手起家，一路艰辛拼搏，20 年后终于带领团队登陆美国股市的我本人来说，也是足以铭记一生、改变一生的历史性转变。

走出国门　布局海外

瑞立是一家以生产汽车零部件为主的传统制造业企业。1987 年创办以来，经过十余年发展，成为一汽、重汽、川汽、陕汽等多家汽车制造企业的配套商。企业充分占有国内市场，进入稳定发展期，但与此同时，也进入急于拓展新市场的发展瓶颈期。

1998 年、1999 年我先后去了美国、法国考察。回来后，做了一个大胆的决定——建立出口部，开展国际贸易。当时，公司的出口几乎为零，既没有自己的自营出口权，更没有自己的海外销售机构，甚至还没有成熟的国际贸易团队。但是，我给团队坚定了一个梦想：我们要发展，就要勇于走出去，开拓海外市场。

1999年，瑞立的出口额从10万美元起步，2000年，做大到100万美元，一年时间增长了10倍，这个飙升的销售数值鼓舞起了团队开拓海外市场的信心。

2000年8月，瑞立拿到了自营出口权，那时候瑞安有自营出口权的企业还很少。民营企业能拿到自营出口权，而且是出口汽车零部件——汽车制动系统上的零部件，事关生命、财产安全的关键零部件，足以表明，瑞立的产品，无论是性能、质量和价格，在国际市场上都具有充分的竞争力。

2000年11月，我在迪拜参加了一次展会后，决定在迪拜建分公司，面对面和国外的客户做生意，这个想法在2001年就付诸实践。虽然瑞立布局海外、构建全球销售体系的梦想正在以勃勃生机萌发生长，但“走出去”之后，我更看到了瑞立要立足国际市场的诸多不足之处。资金、技术、知名度、现代企业管理体系等，无一不是限制中国民企走向国际化的瓶颈。

诺贝尔经济学奖获得者、美国经济学家斯蒂格勒曾经说过：综观世界上著名的大企业、大公司，几乎没有一家不是在某个时候以某种方式通过资本运营发展起来的，也没有哪一家是单纯依靠自身利润的积累发展起来的。

要上市，走现代企业发展之路，成为瑞立团队越来越坚定的共识。

借壳上市　登陆美国

温州是“民企之都”，所有的民企都不乏梦想和干劲，但是，对上市普遍还很陌生，整个温州当时没有一家上市的民企。瑞立要上市，根本没有任何可以直接借鉴的经验。

无论现实与理想有多大的距离，只要坚持走在实现梦想的路上，就会有无尽的力量，这是瑞立一直以来坚持的发展信条。

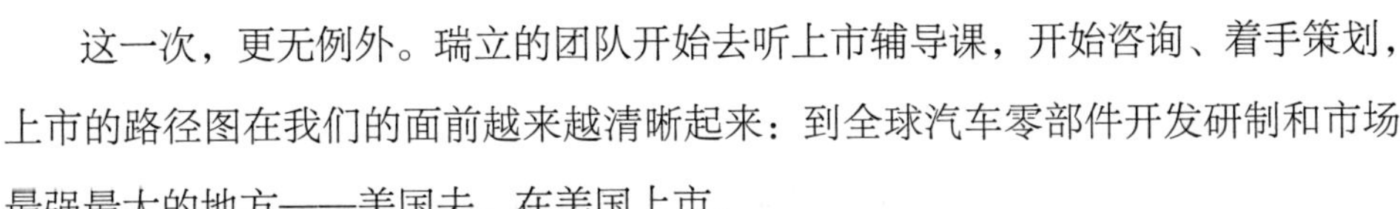

这一次，更无例外。瑞立的团队开始去听上市辅导课，开始咨询、着手策划，上市的路径图在我们的面前越来越清晰起来：到全球汽车零部件开发研制和市场最强最大的地方——美国去，在美国上市。

根据专家团队的分析和我们自己的研究，瑞立在美国上市主要可以有以下几个方面的优势：

第一，市场的稳定性以及其代表的雄厚的资金来源为企业融资提供最大空间。由于比较健全的法律制度和行之有效的市场运营，使美国成为全球规模最大和最有效的资本市场，能够容纳相当雄厚的资金。

第二，有助于提高瑞立的全球知名度和良好声誉。公司良好的知名度在一定程度上代表着公司的价值，而通过上市在美国的资本市场亮相，借助路演等方式以及媒体的曝光，取得类似促销的效应，能够以最有效的途径提高瑞立在美国的声誉。

第三，进一步促进瑞立的内部改革和内部管理水平。美国市场更为严格的披露和公司治理要求，也将成为瑞立进行改革和实施广泛重组、提高在行业内竞争力的契机。

为了能尽早登陆美国纳斯达克，我们选择了一个跳板——“买壳上市”。

根据美国对买壳上市主体的条件和要求，我们和香港福特国际控股有限公司通过并购资产，创办合资企业——瑞立集团瑞安汽车零部件有限公司，也就是买壳上市的主体。

2004 年 3 月，经温州市外经贸局审批同意，合资公司领取了法人营业执照。

2004 年 7 月 9 日，瑞立整个上市的团队，带着上市梦、发展梦飞赴美国，在美国各大主要城市进行推介路演。

7 月 16 日，美国证监会同意将“壳”公司股票名称从 ECVL 改为瑞立的 SAUP OB。这一天，瑞立在纳斯达克 OTCBB（柜台交易市场）上市！

此举首开温州民营企业买壳上市的先河，结束了温州民营企业海外上市为零的发展历史。瑞立借由上市之路登陆美国，实实在在地和国际资本市场“亲密接触”,走向国际化发展之路。

破茧成蝶　冲向主板

在 OTCBB 上市,只是第一步。从 OTCBB 到纳斯达克主板,还需一个“破茧成蝶”的过程。要迎来翩然化蝶的美丽,必须先经历破茧的痛苦。

OTCBB 作为一个柜台交易市场,是企业跃入纳斯达克的一张跳板,但并不是每一个企业都能借这张跳板跃入纳斯达克主板市场。Keating Asia 董事总经理卢卡·托斯卡尼曾表示,中小型民企通过 APO 到海外融资应该慎重。他坦言,“总体上看能够真正从 OTCBB 市场成功跨越到纳斯达克市场的概率并不高”。企业上市之后需要持续支付高昂的维护成本,比如持续挂牌费、法律服务费、审计服务费等费用,这些成本完全有可能拖垮一家公司,致使其股价一落千丈甚至最后摘牌。

对我而言,OTCBB 不仅仅是一块跳板,能否转板到纳斯达克主板市场,更是瑞立能否成功蜕变为一家拥有国际竞争力的现代优秀企业的关键。

幸运的是,我们在纳斯达克争取到了 Maxim Group 作为合作伙伴,Maxim Group 是一家优秀的投行,也是新浪、百度、奇虎 360、优酷土豆等大家熟知的纳斯达克上市企业的合作伙伴。Maxim Group 不仅负责我们股票的发行和承销,而且成为我们走向现代企业的导师。

Maxim Group 对瑞立在企业决策、制度管理等方面进行一次全方位的洗礼。在 Maxim Group 的引导下,我们学会了怎样从战略方向规范企业的发展:企业的发展目标是什么、分几步走、几年完成目标、每年要完成什么。

转板纳斯达克主板市场,要首先转变和融合的是我们这个团队在国情、历史、制度、文化等诸多方面感受到的差异。转板前的路演,我们一路从纽约到芝加哥,再到洛杉矶、波士顿、达拉斯、旧金山,有时候一天就要在不同的城市里往返。来不及倒时差,来不及好好吃一顿饭,每天要约见六七个投资者。无论路途有多么遥远，旅程有多么疲惫，在见面的那一刻，我们都会展现热情而友好的笑容，自信地告诉投资者，我们来自中国，来自瑞立。

我们的诚意，换来了和投资者非常积极的互动，他们普遍对瑞立产生浓厚的兴趣，细致地了解瑞立的历程、现状及未来的规划。他们把瑞立当成了解中国、投资中国的窗口，仿佛“SORL”就是阿里巴巴口中的那句“芝麻开门”的暗语、通往中国这片热土的暗语。

2005 年，一个经过脱胎换骨般改进的瑞立自信地敲响纳斯达克主板市场的大门，我们提出主板上市申请，同时申请把股票代码 SAUP OB 改为与公司商标同名的代码 SORL。瑞立的品牌顺利搭上了股市的快车，登上国际舞台。

主板挂牌成功增发所有的付出，在 2006 年 4 月 18 日这一天，化成了收获的喜悦笑容。瑞立的股票“SORL”正式在纳斯达克主板挂牌交易，实现了从副板到主板的大转变。

2006 年，有中国背景的公司在美国上市的约 120 家，其中有六七十家在柜台交易市场亦即副板市场上市。2005 年至 2006 年，在柜台交易市场被批准转板至纳斯达克主板挂牌交易的中国背景公司不足 10 家，而瑞立就是其中之一。

2006 年 4 月 14 日纳斯达克披露瑞立将要进入主板交易的消息后，瑞立的股票一下子从每股 4 美元多上升到 9 美元，市值约为 1.3 亿美元。

4 月 14 日，每股 4 美元，4 月 18 日每股 9 美元，4 月 19 日每股最高 12 美元，那六天，瑞立的股价飙升，交出了一张令媒体惊叹为“三连跳”的优秀成绩单。

七个月后，北京时间 2006 年 11 月 27 日晚上 10 时 30 分，瑞立以每股 7.25 美元的价格，成功增发新股 4285714 股，融资 3107 万美元。

10 月 22 日，我带领自己的上市团队飞赴美国，开始了 3000 万美元公募的融资路演。这是瑞立转板纳斯达克资本市场后第一次和美国投资者广泛而正式的见面，在纽约、芝加哥、洛杉矶、波士顿、达拉斯、旧金山等各大城市的路演中，我们和美国众多的投资银行、基金机构进行了广泛交流，受到了华尔街资本市场大基金机构的大力“追捧”。

瑞立骄人的业绩和具有前瞻性的发展战略，从路演一开始就引起了众多投资者的强烈兴趣和关注。在路演过程中，不断有计划外的基金要求和瑞立进行会面和交流，共有 150 家基金与瑞立进行了交流。特别是在路演中后期，许多华尔街一流的如德意志银行、荷兰银行、雷曼兄弟和纽约第一证券等全球著名的金融集团都出现在路演对象的名单当中，连负责承销的 Maxim Group 都惊叹：这在华尔街绝对是一个成功并且值得骄傲的例子!

上市梦圆　跨越发展

上市之后，按照瑞立的市值计算，我个人在纳斯达克的身价已超过一亿美元。很多人都猜测我是否会趁机套现部分股权。的确，这是一笔巨额的财富，但占有财富并不是我带领瑞立上市的目的，瑞立有更远大的理想，它要借助上市，提升企业竞争力，成为一家具有稳健生命力的优秀企业。

所有通过上市募集到的资金都被用在了企业发展上。

瑞立同时大力增加研发投入，提升自主创新，做好产品结构的转型升级。瑞立在“十一五”期间，先后进行了六次大规模的技术改造，投入的技改资金和技改力度也一次比一次大。技改方向也围绕从汽车电器到汽车制动系统，从汽车制动系统到汽车电子，从汽车电子到高铁动车组产品、新能源产品不断提升。

上市让瑞立借到了“船”出了海，市场结构更加多元化。我们建立了“三三制”原则：主机配套、维修配件、国际市场各占 1/3。在这一原则的指导下，我们建立了 42 家销售分公司覆盖 2000 多个经销网点，为国内外几十家汽车制造厂提供产品配套服务。我们在 8 个国家与地区设立了海外分支机构，其中有两个分支机构就设立在美国，产品出口到 100 多个国家与地区。

近年来，出口市场更成为我们市场的“亮点”。2012 年产品出口额达 6000

万美元。

“十二五”期间，瑞立把“用现代电子信息产品技术改造提升传统产业，大力发展汽车电子产品、汽车机电一体化产品；积极开发新能源汽车关键零部件和铁道动车组、城市地铁、轻轨等轨道交通的制动系统关键零部件”作为产品发展方向。瑞立在新能源汽车，特别是新能源客车领域已大有斩获，并占有一定市场份额。在轨道交通方面，瑞立已先后为铁科院研发了几十种产品。目前，投资2亿元的研发大楼已经进入装修阶段。

上市“走出去”，让瑞立更有实力“引进来”。瑞立加强了对外投资合作，加大与央企、国企的技术对接和资源整合。

瑞立通过与国内汽车行业“航母”——上汽集团合资组建上海沪豪汽车零部件有限公司，提升了企业的知名度和技术实力；通过控股广州科密汽车制动技术开发有限公司，打造国内最大的商用车ABS生产企业；通过与中国铁科院合作，成功向全新领域——轨道交通方面扩展，并为实现轨道车辆制动系统国产化做出贡献；通过与中航工业集团旗下的中航工业无线电电子研究所，共同组建上海大潮电子技术有限公司，合作开发高端汽车电子产品，提升了企业的创新能力。

上市以来，瑞立得到了跨越式发展，规模和实力不断增强。转板纳斯达克当年，瑞立SORL汽车制动系统被评为“中国名牌”产品，企业被国家统计局评为“中国汽车零部件百强企业”，被国家发改委、商务部授予“国家汽车零部件出口基地企业”称号，企业的产值、销售、出口与上一年度均得到快速的增长。

目前，瑞立已经发展成为温州地区汽摩配行业龙头企业、中国气制动气阀类产品最大的生产基地、国家火炬计划重点高新技术企业、中国大企业集团竞争力五百强、全国民营企业五百强、浙江省制造业百强、浙江省工业行业龙头骨干企业。

2012年12月，瑞立注册的三个商标被认定为“中国驰名商标”，瑞立不仅规模领先，更做到品牌优先，充分表明我们做强做大实业的实力和决心。

随着市场经济的日渐成熟，越来越多的企业必将选择上市之路，来规范企业治理，谋求更大平台上的发展。对未来者来说，瑞立或许是一个可以借鉴的例子。

无论您离梦想看起来有多远，只要您能做好自己，坚持务实、创新、果敢的精神，梦想必将照进现实，您必将拥有您所期待的那些更高大的平台、更宽广的视界。就像瑞立，面对纳斯达克，响亮地说：您好，我来啦！

（作者时任瑞立集团董事长）

邓国顺　优盘——“软盘终结者”的荣耀与传奇

“当你在第一届高交会上把优盘抛到 3 米高的地方，有没有想到它会引发一场地震？”这些年来，每当有人问我这个问题，我都会露出发自内心的微笑。

自从 1999 年发明优盘以来，我预见到了它会掀起一场革命，但是我并没有预见到这一天会这么快到来，并且是以“地震”的方式展现在世人面前。现在优盘不仅在全世界的任何一个电脑城里都有销售，甚至每一个企业、每一个会操作电脑的用户都在使用它。优盘成功地走出了实验室，实现了产业化。

因此，人们称我为“优盘之父”（也有人称为“闪存盘之父”，原因是“优盘”的名字是我取的，后来成了朗科公司的商标，再后来大家习惯把闪存盘叫作“优盘”）。对此我是有些自豪的，毕竟这是中国人第一次在计算机硬件上获得的荣誉。

除此之外，我们在专利维权方面也备受关注。在过去 10 年时间里，我们陆续起诉了多家企业侵犯了我们的发明专利权，这些企业中，有的规模是我们的几十倍，有的甚至上百倍，但最后我们都获得了成功——我们在美国本土打赢了官司，它的连锁效应是，目前全球排名前几名的闪存盘厂商每年都要向朗科缴纳专利费——这对中国企业来说也是第一次。

基于种种原因，朗科以及我个人被赋予了过多的荣耀和传奇色彩。我一直认为，这一切在很大程度上是拜时代所赐，因为我们恰好处在了改革开放的前沿阵地深圳，同时又恰好赶上了国家弘扬自主创新精神的大潮，所以我们的发明才拥有广阔的市场，才能够得到国家有关部门的大力支持，才能够在国际竞争中占有一席之地。

留学归来

中科院软件硕士出身，加上我早已习惯了一年四季的炎热，所以在长达六年的时间里，我都一直很满意自己在新加坡的生活。我曾经当上了飞利浦公司亚太地区系统经理的职位，我甚至在新加坡开了一家自己的公司，拥有了自己的事业。

但是，1998 年夏天一次很糟糕的出差改变了我的航向。那一天，我带了十几张软盘去见客户，可是当我正要演示我编写的程序时，却发现软盘根本无法读写，并且不是一张，而是几张都无法读写。我才想起来在路上曾经和一位路人发生过碰撞，十几张软盘撒了一地，我没有想到这些软盘竟然如此娇嫩。结果，我失去了一个原本认为很有希望的重要客户。

回来之后我除了纳闷之外，不停地在思索一个问题：如果我携带的不是软盘，而是其他的不容易摔坏的存储器，结果可能截然不同。软盘容量才 1.44MB，而且那么容易损坏，为什么就不能造出一个全新的产品来替代它？我知道 ZIP 驱动器和 MO 做过尝试，但没有成功，原因是它需要驱动器来读写，但没有人愿意带着一个笨重的驱动器满街跑。

我翻阅了大量资料，发现了两条惊人的消息：其一是 Flash 闪存介质的芯片已经问世，它完全没有物理驱动，抗震性能极强，而且读写速度快，使用寿命长达 10 年，业界人士普遍预测它将全面替代磁介质存储器，软盘也包括在内；其二是英特尔公司推出了全新接口 USB 标准。

刹那间，一个巨大的创意浮现在我的脑海：如果将闪存芯片和 USB 接口结合起来，能否创造出一个全新的世界上从来没有过的移动存储器？它们有没有可能连接起来？它们连接起来能否置换原有的软盘，实现电脑数据的存储与交换？

带着这个疑问，我找到了同在新加坡的老乡，正在从事硬件设计的成晓华。成晓华认为完全可行，只是还需要做大量研发工作，他也认为这是一个千载难逢的机会，必须抓紧时间做技术研发，否则可能被其他有这种想法的公司捷足先登。

考虑到国内的研发成本和市场推广成本更加低廉，而且当时中国沿海地区的经济正蒸蒸日上，市场空间要远比新加坡大，所以我们毅然决定回国创业，并且把深圳选作了落脚点，因为这里有中国最早也是最大的电子产品集散地——赛格电子城，有大量的最富有创新精神、创业氛围的技术人才。

1999 年春天，我和成晓华在深圳市的水产大厦租了个两室一厅，专门做研发。我们一个负责硬件，一个负责软件，我觉得这样的配合很好。很多时候，工作都在无声地进行着，但有时候也需要外来的帮助，比如要让系统接受优盘，显示盘符。我们还发了信件给微软的技术人员，得到了他们热情的帮助。此外，我们也找过英特尔及一些主板厂商，以解决一些兼容性的技术问题。

我记得开始几个月，我们都是夜以继日地工作，这大半年的时间我们吃的面包超过了此前吃过的面包数量的总和，其间共用坏了四台电脑。

中国有句古话：苦心人，天不负。当优盘如何取电、如何稳定存储、如何让系统认优盘为标准配件等问题一个个被攻克的时候，我们终于看到了曙光。

1999 年 5 月，我们合作成立了深圳市朗科科技有限公司，当时全部员工只有我们两人，注册资本 30 万元。

一鸣惊人

1999 年 10 月，第一届中国国际高新技术成果交易会在深圳召开。以往在跨国公司工作时经常参加德国 CeBit 展览，我知道类似的展览会对于真正有创造性的高科技产品意味着什么。由于资金十分有限，所以我们从一开始就找展览会负责人商谈，希望以留学生的身份获得一些优惠，结果我们很快获得了一个大约 10 平方米的免费展位。

我将我们的发明——优盘用绳子挂在胸前，向每一个前来参观的顾客解说，希望他们能成为我的第一个经销商，或者顾客。有外籍参观者竖起大拇指称赞道：世界上第一款闪存盘居然诞生在中国，太不可思议了！

媒体记者也注意到了我们的这个发明成果，他们毫不吝惜地用超过半版的版面报道了我们的发明，于是高交会上掀起了一阵“优盘旋风”，我把优盘抛向 3 米高的地方，然后人们发现它落地后完好无损，这一事实震惊了很多人。优盘采用 USB 接口，即插即用，容量和速度是软盘的数倍，可以反复擦写 100 万次，抗震性能强。类似这样的报道随处可见。优盘还第一次被媒体授予了“软盘终结者”的头衔。

人们纷纷表示惊叹，认为几乎不可思议，但 8M 容量却需要上千元的价格还是让人们望而却步。

如今闪存盘的主流产品容量已经做到了 8G，而价格却只有 100 元左右。这样翻天覆地的变化，当初是无论如何没有预料到的。

而事实上，我没能预料到的还远不止这些。

艰难起步

尽管我们的发明被誉为“软盘终结者”，它填补了中国计算机存储领域 20 年来发明专利的空白，在高交会上可谓风光无限，但是致命的高价格却让许多有兴趣的经销商一直止步不前，无论我怎么述说闪存芯片的价格将会大幅度降低仍然无济于事。

到了 1999 年下半年，我们陷入了困境。共同出资的 30 万元已经捉襟见肘，这时候我们并没有期待有位大贵人从天而降，立即成为优盘的代理商，并且购买一大批产品。因为我们知道新产品的市场普及会有一个过程，根据我们对闪存芯片“每半年容量翻一番，价格降一半”的趋势判断，我们的市场普及至少需要两年时间。因此，我们要做的不仅是要确保在两年后我们还活着，并且要将渠道拓

展好，以保证机会来临的时候能一飞冲天。

于是，从 1999 年下半年到 2000 年上半年，我一直在寻求投资伙伴。我和国内众多 IT 厂商谈过，多数公司认为技术较新，无法判断市场前景。

在国内无望的状况下，我们来到了美国硅谷，在 30 多家风投那里，只有一家表示了兴趣，但前提条件是我们要出让 51% 的股权——孩子刚出生，就要改姓？这样的事情我不愿意做，我毅然选择了回国。

万般无奈之下，我将目光投向了新加坡，这个我曾经工作过六年的地方。在经过与当地的一家存储厂商洽谈后，我们获得了 300 万元的风险投资。就是这 300 万元让我们艰难地支撑着，撑到了深圳市创新投公司的 3000 万元风险投资到来的时候。

与融资这条路并肩而行的还有渠道拓展，同样是荆棘重重。开始我们找了很多实力强大的商家，对方看我们只是在深圳电子科技大厦租赁一个两室一厅（那时办公地点已经搬迁）的公司实力过于弱小，基本上都没有什么合作意向。

耐心分析之后，我发现小企业如果一开始就想和大商家合作，本身就是不明智的。抛开商大压厂的传统不说，洽谈合作的难度与成本也远比和小商家合作要高很多。我为什么不可以先和小商家合作？如果有 300 个小商家合作，不就可以积小胜为大胜了吗？

这一路线明确之后，我就主动放弃了和大厂商的合作，专门找一些小厂商合作，决心与他们一起成长。

这一战略后来被我总结为“小鱼战略”——就是在你的企业实力还很弱小的时候，可以首先选择那些实力不是很强但积极性高的合作伙伴，积小胜为大胜，最终让公司发展壮大。

实践证明，这是一条正确的道路。由于条件较低，加之闪存芯片价格急剧下滑，许多小商家看到了优盘市场的潜力，纷纷要求合作。到 2001 年底，我们的销售额达到了 800 万元——公司破天荒地实现了盈利。

正是这一及时雨的到来，为后来创新投 3000 万元风险投资铺平了道路，朗科公司也走到了起飞的跑道上。

除了制定正确的战略，招募优秀的人才也是我优先考虑的问题之一。优盘是个全新的产品，要迅速打开渠道，光靠生手是比较难的。所以我们在招聘时总是优先考虑在PC等硬件厂商工作过的人才，事实证明他们后来为朗科立下了汗马功劳。

到2001年底，国内外众多电脑厂商如IBM、联想、方正、清华同方等开始逐步放弃软盘软驱作为电脑的标准配置，转而采用了朗科优盘作为其移动存储解决方案（如今这些PC厂商已经生产自己品牌的闪存盘）。这对闪存盘的全面普及起到了重要的推动作用。

黎明之光

如果说闪存芯片的价格大幅度走低逐步推动着市场向我预期的方向发展的话，那么还有一只“看不见的手”一直对这一市场保持着重大的影响，那就是我们一直在进行着技术创新。

我深知闪存盘还是一个刚出襁褓的孩子，它还有许多地方需要完善。于是我安排公司人员做大量的市场调查，我需要知道消费者对这一产品还有哪些期望。

有的用户嫌安装驱动程序太麻烦，我们立刻研制出了世界第一款无驱动闪存盘。有人说速度能否再快一点，我们研制出了世界上第一款USB2.0闪存盘，英特尔公司没有料到我们的研发速度那么快，还特地用我们的产品作为其暑期促销的赠品。有的用户希望闪存盘能够加密，我们研制了世界第一款加密闪存盘。

为了能彻底取代软盘软驱，我们研制了能模拟软盘、模拟硬盘和模拟光盘启动系统的三重启动闪存盘，这让软盘甚至光盘的历史使命都走向了终结。为了解决闪存盘在断电或误插拔时容易丢失数据的难题，我们成功研制了世界第一款超稳定技术。

客户需要什么，我们就做什么。我发现，搞技术创新，有时候很像厨师做菜，

你得知道客人的喜好，然后才能成为一名好厨师。

用户需求就是我们的使命。直到今天，这一宗旨我都没有改变。例如我们就研制了世界第一款集支持硬件加密、分区加密、定时间加密和数据自锁等功能于一身的“防暴墙技术”，将闪存盘的数据安全性显著提高了两个数量级，受到了政府、军工、金融、国防等特殊领域用户的青睐。

我常常跟公司的技术研发人员说，你们必须给我像蚂蟥一样紧紧盯着新技术的血液，一刻也不能落下。他们也是这么做的，我们在 USB3.0 和 IEEE1667 两个时代都走在了全球最前面，这让我觉得我们的技术人员真的很棒。

正是这些不断积累的技术进步才让闪存盘的应用日趋完美，朗科公司也牢固树立了自己在闪存应用领域的技术领袖地位，市场已经发展到了“井喷”的前夕。

专利大战

与其他行业一样，闪存盘行业的迅速崛起也引起了众多厂商的关注。到 2001 年底，国内外已经有数十家厂商开始生产自己的闪存盘。这其中，有国内数码领域的知名企业，也有国际上赫赫有名的大企业。个别企业甚至扬言要花费 8000 万元广告费来争夺市场，要知道截至 2001 年底我们全年的收入才 800 万元。

一只蚂蚁能战胜大象吗？很多人认为绝无可能，蚂蚁最后一定会被大象碾死。我不能这么认为，我如果低头，就意味着自己亲手培育的市场就这样拱手让人？我们可以爬进大象的耳朵里面，我们可以通过让大象发疯，引起众人的关注。

我为此专门咨询了营销咨询公司，得到的答复是如果对手在传播上花的资源是我们的三倍以上的话，那么江山可能“易主”。我们必须采取不对称的战略才有可能在这场竞争中赢得胜利。我们的确只有通过让大象发疯，才能避免被碾死的下场。

但是如何让大象发疯却是一个难题。在差不多半年的时间内我几乎束手无策。我想到了国际公司惯用的专利诉讼手法，但那时候我们只是申请了专利，却没有正式授权。一切都只能等待，等待着给竞争对手完全意想不到的一击，否则我们就只有等着死亡，有如万燕发明了VCD却惨遭市场淘汰。

2002年7月，一个惊天动地的消息从法务部传来。我们在1999年11月申请的“用于数据处理系统的快闪电子式外存储方法及其装置”（专利号：ZL 99 117225.6）获得了国家知识产权局的发明专利授权。这意味着我们捍卫知识产权利益的时候已经来了。

那一夜我都兴奋得没有睡觉。我知道我别无选择，没有任何犹豫，我在2002年7月16日向我们的主要竞争对手提起了诉讼，法院在两个月后正式受理了此案。

这将是事关朗科生死的决策。我为此和公关公司开了三天的会议，准备好的新闻稿件一改再改，准备召开新闻发布会的资料也让律师十分仔细地审查。我知道，成败在此一举。

由于时值国际6C联盟向国内DVD企业索取专利费事件之后不久，国内媒体对我们的遭遇表现出了极大的同情，全国累计有上百家报纸报道了该案件的详细情形，新浪网和搜狐网还特地做了新闻专题，更提高了事件的影响力。

由于获得了众多媒体的关注，我们作为闪存盘发明者的形象很快深入人心，这反映在销售数据上，就是销售额当月猛增了数十倍。2002年就实现了过亿元的目标。这种感觉就像一个从来没有坐过汽车的人，突然有一天却开着法拉利跑车在大街上奔驰，那种畅快淋漓的感觉大家可以想象得到。

此后，为了进一步维护我们的专利权，我们还在2004年8月13日起诉了日本某跨国公司，并索赔人民币1000万元。这一被媒体称为“国际巨头在华专利侵权第一案”的案件，在国内外引起了强烈反响。包括《中国日报》英文版、《华尔街日报》都报道了此事；日本《朝日新闻》的记者也到我公司采访了我，但可能由于该案件对日本企业不利，最后这篇报道我直到七年后的今天也没有看到。

连续打了两场官司，有人说我好打官司，说我像个斗士。我的理解是，在企业面临死亡威胁的时候，如果企业领导人只有两种选择：要么成为斗士，要么成

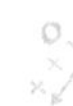

为烈士，我相信大多数人会和我做出一样的决定。

伟大远征

中国企业的国际化很多是从展览会开始的，朗科也不例外。

早在 2002 年，我们就参加了美国的著名 IT 展览会 Comdex 展。其间我们认识了 JMTek 公司——美国排名前三位的数码产品分销商的华人总裁，朗科的产品就这样轻而易举地进入了美国市场。此后，同样是借助展会，我们成功打开了中东、欧洲市场。

但是，这样的日子并不会一直无忧无虑。我们在美国的合作伙伴很快收到了主要竞争对手的律师函，由于那时候我们在美国的专利权还没有下来，所以 JMTek 公司被迫向其他厂商缴纳了专利许可费，我开始意识到：如果不主动亮剑，我们将成为下一块鱼肉。

在获得了美国专利授权之后，2006 年 2 月 10 日，我们就在美国得克萨斯州东区联邦法院以 US6829672 美国发明专利受到侵犯为由，起诉了美国第二大移动存储厂商——PNY 公司，要求对方在美国立即停止销售闪存盘及相关产品，并赔偿损失。

这无论在国内还是美国都引起了很大关注。在美国，《华尔街日报》与美国有线电视台 CNN 都报道了此事。他们除了感到意外之外，也表达了一定的敬意，认为中国企业重视知识产权应该是一件可喜的事情。

在国内，很多人都为我们担心，一是担心美国法院会不会护短，二是担心美国的律师费太高，一小时数百美元，朗科能不能承受得住。对于这些担心，我公司的股东也有担忧，但我们采取了正确的做法，最终将风险降低到了可以接受的范围内。

首先，我们邀请了美国有 100 多年历史的摩根路易斯律师事务所，这家公司打知识产权官司的经验非常丰富。他们看了我们的专利授权书，认为胜算非常大，并且愿意采取"风险代理"的合作方式——如果打赢了可以获得高额提成，打输了我们不需要付律师费。

其次，我们听取了律师事务所的意见，选择在美国得克萨斯州东区联邦法院上诉。据说这里的法官们很多是参加越战的老兵，他们忠于美国的自由平等的宪法精神，通常能够秉公裁决。

再次，起诉PNY这样一家缺乏技术支持、以代理销售为主营业务的存储公司，便于官司早日结束。而美国法院多采取案例制，一旦打赢了这场官司，跟其他厂商再打起官司通常无往不胜。这对以后在美国的专利维权十分有益。

最后，我们还做了充分的准备工作，仅仅举证的材料就准备了70万份，堆积起来有几米高。这一切让我们赢得了最关键的一场辩论——马克曼听证。

值得一提的是，为了这次听证，我准备了好几个月，我的律师模拟法官的各种问题，变换着各种花样，甚至故意设置了一些"陷阱"让我回答，然后不厌其烦地纠正我的回答，直到最后连我自己都觉得滴水不漏了，我们才放心地走进了美国得克萨斯州的法庭。

最终的结果跟我们预料的一样，我们赢了，这迫使PNY公司在宣判之前和我们达成了庭上和解。

这是中国企业第一次登陆美国本土打专利维权官司，并成功地以专利持有者的身份与国外企业签署专利授权许可协议。有媒体说，它为中国IT产业自主知识产权的发展树立了一块重要里程碑。

我的感觉是，我们中国企业终于也可以收取专利费了。我们从此有了一种全新的盈利模式——通过专利授权来获得商业利益。换句话说，我们的国际化不一定要通过销售柜台来实现，也可以通过谈判桌来实现——如果你掌握了关键的技术专利。

拥有发明专利，让我们在国际市场上不仅有了一定的话语权，市场拓展也更加顺畅。除了JMTek公司是我们的美国分销商，我们还分别与IBM、DELL、HP、罗技、英迈国际、Mcafee Security、NEC等众多知名厂商合作，以捆绑或

OEM 方式销售朗科公司的闪存盘。

现在，我们的产品已经远销全球。一场由中国厂商领导并掀起的 IT 技术革命在全球迅速扩展。

2003 年，著名国际贸易杂志出版商、美国纳斯达克上市公司环球资源 Global Sources Ltd.（Nasdaq NM：GSOL）给我们寄来了一个奖杯——“2003 年中国企业出口成就奖”。我当时不是很在意，以为未必能反映产品在国外的实际状况，但看到《环球资源》杂志在评语中说，“朗科公司出口的闪存盘成为争相抢购的对象，人们对它的谈论简直津津乐道”，我知道这评语是美国人的风格，看来我们的产品在美国的确很受欢迎。

创新模式

2002 年 9 月的某一天，一位不速之客闯进了我的办公室。他是一位欧洲的客户，来深圳不是为了购买闪存盘，而是想购买一些技术上比较先进的闪存盘解决方案。他找到了朗科，希望我们能将控制芯片的技术卖给他。

我当时有点惭愧，因为虽然控制芯片中的某些技术是我们自己做的，但完整的芯片技术方案却还要依赖其他合作方。我没有办法给他想要的，但我告诉他现在的方案还不够成熟，一年后你再来我会给你非常棒的芯片解决方案。

从那天起，我就决心要着手建设朗科的芯片实验室，我知道除了满足高端客户的需求之外，做芯片还有许多其他好处。

我在新加坡工作过六年，并且在飞利浦公司担任过高级职位，很快从海外找到了我想要的芯片设计人才，其中一位来自马来西亚，是位很棒的芯片架构师，他曾经做过苹果电脑的一些芯片设计工作，我知道他足以胜任我们的工作。

10 个月后，我们的闪存盘控制芯片“优芯 1 号”终于研制成功，芯片一次流片成功，并且各项性能都非常优越，而这比我对那位外商客户承诺的时间提前了两个月。令我意想不到的是，那位外商果真在一年后来到公司。现在，他成了我的长期客户。

由于在国内闪存应用领域我们是唯一做芯片开发的厂商，所以我们在技术上总是比其他厂商走在前面。以前我们的技术总是领先同行3到6个月，但做了芯片之后，我们的许多新技术难以被很快模仿，我们比同行厂商在技术上的领先时间拉长到了一年以上。

此外，做芯片研发还带来了新的盈利模式，我们可以靠卖芯片来赚钱，而不仅仅是卖产品。这一模式给我们带来巨大好处——它将传统的制造企业"技术—专利—产品—利润"的利润产生链条缩短为"技术—专利—利润"，占领了"微笑曲线"中的高端利润空间，缩短了技术回报周期，提高了我们在研发投入上的回报。

这让我们在同行中的收入来源显得很独特，目前我们已经形成了三大盈利来源：专利收入、芯片收入和产品收入，也就是三大专利运营模式：专利授权许可收费模式；专利、控制芯片模块和解决方案组合运营模式；专利与企业制造相结合运营模式。

此外，作为我们三大盈利来源之一的专利、控制芯片模块及解决方案，也在一定程度上加快了相关部门的技术反应能力。控制芯片处在产业链的最上游，掌握了芯片设计能力就有机会引导行业的发展；同时，向生产商提供芯片解决方案，有利于我们把握市场变化方向。

目前，我们的产品与芯片已远销到美国、欧洲、日本、中东、东南亚等100多个国家与地区，客户遍及电信、政府、金融、教育、能源、医药、军工、国防、科研等领域，是国内领先的移动存储产品供应商与出口商之一。

谋求上市

如今，国内闪存盘行业总销售量已经超过1000万台，加之电视机、音响、DVD等家电产品上已经将USB作为其标准配置，未来产业规模还将翻几番。

此外，作为计算机关键部件之一的硬盘也将逐渐被采用闪存芯片的固态硬盘所取代，这意味着闪存应用市场的规模将急剧扩大数十倍，市场前景十分喜人。

那么，在如此宏伟的蓝图面前，国内企业该怎样把握机遇呢？我认为，唯有给练好了深厚内功的企业再插上资本的翅膀，中国存储企业才能迅速做大做强，才能催生像希捷这样的全球性的大型企业。

记得美国前总统富兰克林曾经讲过一句话：人生的成功，大凡 20 岁的时候要靠决心，30 岁的时候要靠智慧，40 岁的时候要靠判断。

如果说过去的 10 年，我主要靠决心与智慧得以成为幸存者的话，那么未来朗科公司将主要依靠判断来赢得成功。

我现在的一个基本判断是，国内移动存储和闪存应用行业已经过了那个仅仅依靠决心就能够创造奇迹的时代，接下来该资本登场了。朗科通过上市融资进而变得更加强大是必然的趋势。

30 年可以让一个国家发生翻天覆地的变化，30 年一定也可以让一个公司发生惊天动地的变化。我期待中的朗科公司应该和公司墙上所写的愿景一样：成为全球移动存储和无线应用领域的领先厂商，一家令人尊敬的世界级企业！

（作者时任深圳市朗科科技有限公司董事长）

胡李明　从瓯江之滨走进彩虹之国

再过几天又要登上飞往南非的航班，飞机在永强机场的跑道上滑行启程，翱翔在万里蓝天，飞越浩淼的印度洋，13 个小时后在约翰内斯堡国际机场入港，我随着人流走下舷梯，回到生活了整整 15 年的第二故乡。一次十多个小时的行程，一年两三次的往返，我就这样年复一年地飞去又飞来，从温州到非洲，从非洲又到温州。

怀揣南非淘金之梦

我是土生土长的温州人，商人家庭的遗传基因决定了经商是我的不二选择。

1999 年我在鹿城矮凳桥做灯具生意，一个偶然的机会遇上南非约翰内斯堡中华门的义乌华商，当时在我的脑海中对非洲的印象是贫困落后、犯罪率高、气候炎热。当时时任市长钱兴中刚从加蓬共和国参加世界市长会议返回温州，犹豫之际，从钱市长口中得知南非广阔的市场前景，由此我最终下决心闯荡南非。

1999 年，一个阳光明媚的春天，我和五六位温州老乡在义乌华商的引领下踏上非洲大地。

我欣喜地发现与华侨世代经营根基较深的欧洲相比，南非这块土地对于商者而言，还是一块未开垦的处女地。大家都说南非是一个受上帝宠爱的地方，有着优美的自然风光和壮丽的人文景观，经济发展更是非洲的领头羊。

我曾开玩笑说，当时欧洲的那块土地我们去摆地摊也摆不过别人，而南非当时确实是一个很让我蠢蠢欲动的地方，国内当时零售价较低的灯具，在南非居然能够卖到十倍以上的价格，对我来说无疑是一个巨大的诱惑，有诱惑就舍得诱饵，如同我喜爱钓鱼一样。

带着几分不确定，带着几分欣喜，揣着淘金之梦，带着百万“诱饵”，踏上了美丽的彩虹之国，梦想在南非钓到一条肥硕的“金鱼”。

初到南非被洗劫

我到南非之初，没有预料的那样顺利，也没有想象的那么美好，但总算能赚到钱，能安下家。

令我刻骨铭心的是 2000 年 10 月的一天，那是南非的初夏季节，我接到了人生中最为灰暗的一个电话——我的仓库被偷盗一空！我急匆匆开车前往，车到半路没了油，我想拦一辆车求助，但路上车来车往，没有一辆车愿意为我停留，好不容易有个好心的南非人停下来，语言又不通，最后我借用他的手机，联系了我的朋友，才赶到仓库。

踏入洗劫一空的仓库的那一瞬间，我知道了什么是“五雷轰顶”，什么是“血本无归”！当时被洗劫的一百多万几乎是我的全部家底。

那年的春节，我没有回温州，独自一人在南非过年，我思念父母，思念妻子，思念儿子，思念女儿……

这辈子我永远都不会忘记，当年远赴南非走出家门的那个瞬间，7 岁的女儿知道我要出远门，懂事地拉着我的手转来转去，我走出房门，猛然回头看见在窗口探头张望的女儿……我不知看了多少遍电视剧《温州一家人》，小阿雨胸前挂着牌子被送往意大利的那个情景，直戳我的心窝，我这个爸爸这辈子都对不起女儿啊!

我们夫妻俩常年在南非经营，抛下7岁的女儿留守温州，她倔强地拒绝任何托管，吃饭、睡觉、上学全部自己处理。有一年我托人把她从南非捎回温州，香港转机时大家集体用餐，女儿自己买一包方便面，坚决不和大家一块用餐，任人怎么劝说。心爱的女儿终于露出了小女生的小脾气，我想这也许是女儿对父母让她多年留守的一种无声的抗议吧!

我一个人的那个南非春节没有分岁酒，没有年夜饭，没有鞭炮声，没有一个客人，更没有一位亲人，就着心酸就着眼泪，一个杯子一瓶白酒，一个正月我几乎在恍惚中度过。

我成了南非的“温州鞋王”

我慢慢走出沮丧，重新寻觅赚钱之道。

来自“鞋都”的我以特有的敏感从南非人的脚上发现了商机，我观察到南非几乎人脚一双运动鞋，我何不把家乡温州价廉物美的鞋子带入南非呢?

想到就立刻行动，我当即将经营的重心转移到了鞋类产品。真的是风雨之后见彩虹，我卖的温州鞋风靡南非，有时货还没到就被订购一空，一路财源滚滚，大把大把的钱币如同“下雨”一般落入我的腰包，有了财气，也有了名气，我被当地人誉为南非的“温州鞋王”。

让南非浙江侨胞有了娘家

有钱大家赚是温州人固有的观念，我把南非的商机带回家乡，把家乡的商品和商人带到南非，一批又一批的温州乡亲到南非发展，钱越赚越多，人气越来越旺，组织温州乃至浙江在南非商会的时机水到渠成。我一直信奉求人不如求己，等待他人不如自己先行，我决定自己牵头组织筹建工作。

2003 年 12 月 12 日，由我担任会长的南部非洲浙江商会成立，首批会员 100 多人，这是浙江人在南非和南部非洲创办的第一个侨团，在南非第一次打出“浙商”的旗帜。

我们商会多次举办初级英语、南非民俗、南非税法等公益性讲座，以语言沟通为突破，让会员尽快了解南非的民俗民风和商务税务信息，知晓南非社情，遵守南非规矩，尊重南非民俗，在异国他乡合法经营，守法赚钱。

“平安是福”是中国人世代不变的人生伦理，南非特殊的治安背景更让我们把安全保障放在商会工作的首位。2004 年 9 月，我们在中国驻南非大使馆的帮助下建立了全球唯一的跨国民间警民合作中心——南非华人警民合作中心，我担任合作中心副主任。中心与当地警察部门联手合作，强化华人华侨的治安工作，及时查处案件，帮助侨胞排险扶安。

我还出面邀请南非警察部长亲自访问警民中心，部长就治安问题以及当地警务的相关问题，与华人华侨进行了直接对话，提供行之有效的人身财产安全等防范经验。

在商会成立近一年之际，我出面在约翰内斯堡西罗町唐人街上购买了 1000 多平方米的华丽建筑作为南部非洲浙江商会的会馆。2005 年 5 月，中国驻南非使馆、驻约翰内斯堡总领事馆人员，南非国会议员，各界侨领和华侨 400 多人出席会馆落成庆典。

从此，旅居非洲市场桥头堡的广大南非浙江侨胞有了自己的娘家，有了歇脚的港湾，有了团聚闲嬉的后花园。据我所知，南部非洲浙江商会会馆是继福建商会、顺德商会后，第三家有固定会馆的南非华人商会。由于商会成员的异常抱团，短短两年时间就成为南非颇有影响的主要侨团组织。

南部非洲浙江商会倾注了我大量的心血，也寄托了我的深厚情感，连续两届会长卸任，我当选为南部非洲浙江商会永久名誉会长。

原汁原味的温州领地

后来我与香港老板合股投资，在“黄金之都”约翰内斯堡买下一块总面积为5万平方米的旺地，在非洲最大的商品集散地建立了继喀麦隆之后非洲大陆的第二座“温州商城”。温州乃至浙江同乡们，把温州、义乌等地的服装、鞋帽、箱包、窗纱、灯具、五金等产品运到商城。

“温州商城”成了南非浙江轻工产品的大本营，就连周边的津巴布韦、博茨瓦纳、纳米比亚、莱索托等南部非洲国家的客商都到此进货。商城经营者以华人为主，温商占了60%以上，透着一股浓厚的温州味道：温州城、温州人、温州货、温州的语言、温州的习俗，原汁原味的温州领地。

为中国企业寻找合作项目

当年只身飞往南非，从卖皮鞋，到建商城；从专外贸，到做实业；从散兵游勇，到组织商会；从独闯非洲，到报效桑梓，我兼任了中央统战部中非商会常务理事、全非洲中国和平统一促进会副会长等职务。中非商会是由联合国开发计划署、中国商务部国际经济技术交流中心和中国光彩事业促进会共同发起成立的一个非营利性民间商会，其宗旨是引导中国民营企业“走出去”，和非洲企业一起利用非洲资源开拓非洲市场、推动中非合作。

南非浙江商会为了配合中国政府鼓励民营企业“走出去”到非洲创业的政策，专门成立了“走出去”委员会，利用商会在南非的优势和便利条件，积极为中国大中型企业寻找合作项目，并建立长期合作关系，我先后直接出面促成国内一家大型企业承接莫桑比克大型发电厂，浙江省科技厅和南非的高科技产品交易，温州木材企业与非洲的合作，苍南地毯业和瑞安汽摩配相继走进南非。

作为省、市两级政协委员，我一直关注政府对华侨回乡投资政策的新走向，就此我专门写了相关政协提案，得到省、市有关领导的肯定。

开辟吐露心声、表达诉求的阵地

促进了内引外联，组织了商会，建立了会馆，拥有了商城，还要有吐露心声、表达诉求的一方阵地。于是我在 2005 年 5 月投资创办了《非洲时报》，这是南非的第一份大陆华人报纸，每周 3 期 24 版，其中有大量国内、温州新闻，让生活在南非的温州人更多更快地了解家乡的发展，也让初来乍到的温州商人快速了解南非。

在纪念《非洲时报》发刊一周年之际，我国时任南非大使刘贵今评价《非洲时报》是中非心理交往的友谊桥梁，《非洲时报》是中非文化交流的精神纽带。

除了报刊的文化交流，我还走进大学讲坛，受聘为家乡温州大学的客座教授，利用 2013 年夏季回温探亲之际，我到该校国际合作学院的“多国文化讲坛”上开设了《南非文化之旅》的讲座，根据自己十几年的南非生涯，从自然条件讲到风土人情，从南非商贸讲到温州人南非创业。

双方签约在南非建立温州大学国际合作学院实习基地，为学生交流、实习、就业提供异国平台。学生到南非实习或就业，还可就近到我名下的南非神奇芦荟有限公司，公司生产和当地大学及科研机构合作研制的护肤产品，产品在南非市场占有率达到 11%，销量年增长率超过 100%。

通过这个项目我个人实现了从外贸领域到实体经济的转型，开始涉足生物医学产品的研究、生产和销售领域，在温州设立的芦荟产业基地也是我回乡投资的首个落地项目，我向滨海园区申请土地 50 亩，计划总投资约 1 亿元人民币，三年内分期完成。

情系母亲　心系祖国

随着我们南非温州商人经济实力的不断增加，当地政府对温州商人的能力与贡献充分肯定。我们也逐渐融入当地主流社会。我在南非积累了财富，也积攒了人脉，有了一定的社会声望。我带领商会成员主动履行企业家的跨国社会责任，积极参与当地公益事业，为敬老院做慈善，给黑人困难户捐款，等等，在南非社会树立了华商的良好形象，为“浙商”和“温商”赢得了良好的口碑，2009 年 8 月我受到南非总统祖玛的亲自接见。

我的努力也赢得了温州家乡父老的信赖，我担任了浙江省十届，温州市九届、十届政协委员。由我负责牵头的温州南非接待处，多年承担了温州乃至浙江政府部门访问南非的接待任务，每次我都精心安排，生怕有半点闪失，为此付出很大的物力和精力，但我无怨无悔。对于多年海外漂泊的游子，我是多么希望通过我的付出能让来自家乡的人们感受到南非万里有亲人啊!

国家领导人走到哪里都惦记着我们这些海外游子，我们也情系母亲，心系祖国。2006 年 9 月 26 日，由南部非洲浙江商会主办，南非华人警民合作中心、南非华人艺术团协办的“纪念中华人民共和国成立 57 周年”文艺晚会在约堡兰德堡隆重举行，我在致辞中说:“每逢佳节倍思亲，我们在此庆祝中华人民共和国成立 57 周年的同时也将迎来中秋佳节。我代表南部非洲浙江商会以及生活工作在南非的炎黄子孙向伟大的祖国——母亲和国内的同胞致以节日的问候，衷心祝愿伟大的祖国蒸蒸日上、繁荣富强。”

那年“十一”前夕我接到了国务院参加新中国成立 57 周年庆典的请柬，以南非侨领的身份回北京参加了新中国成立 57 周年的盛大国宴，10 月 1 日清晨，在天安门广场，我参加了隆重的升旗仪式。国歌奏响，五星红旗冉冉升起，我心潮澎湃，举头景仰，我们温州人曾联松设计的五星红旗，飘扬在共和国首都的上空，也飘扬在我们每个炎黄子孙的心中。

（作者时任南非胡氏集团董事长　张小燕　董舟颖 / 整理）

徐恭德　**我的加蓬舅舅**

我见到了我的加蓬舅舅

我记得非常清楚，那是 1987 年 2 月，我和我的全家在北京钓鱼台国宾馆，终于见到了我的加蓬舅舅——让·平先生，当时，他是加蓬共和国总统办公厅主任，跟随邦戈总统访华。

那时，我正在家乡温州由我创办的民营企业“温州市瓯海华侨氟塑厂”里任厂长。农历腊月二十八日，我从外地出差赶回来过年，刚进家门，我妈就高兴地告诉我，她的让·平表弟即将来华访问，是国务院外交部通知温州市政府外办，让我们全家去北京会见。

当时的国内交通远不如现在方便。年后，全家从温州乘轮船到上海，再转乘火车赴北京，住进了国务院侨办招待所。

外交部安排的法语翻译帮助我们之间的语言交流。会谈中我向他表达了去加蓬发展的意向。

他笑着说：“这很好，我愿意帮助你，你外公（指程志平先生，他是我母亲程金妹的叔叔，即让·平先生的父亲）30 年代初就出国了。先是在法国勤工俭学，

以后到加蓬定居，发展得很好。"（加蓬于1964年独立，先前是法属殖民地，官方语言是法语）

听了他的这番话，我满心的高兴。

"长征"才刚刚开始

1987年10月8日的早晨，我怀着惊喜、好奇和试探的心理飞到加蓬，踏上了这块地处中非西部，大西洋几内亚湾的东岸，号称"绿金之国"的国土。映入眼帘的是一派赤道上的热带风光，而印在脑海里的却是陌生和神秘。到处是大致差不多的黑色面孔，比舅舅黑得多。

"发展"信心是在考察了近三个月后才确定的。我飞回温州，安排处理好善后工作，辞去了厂长职务，又返回了加蓬。

虽然我已解除了后顾之忧，却同样没有了退路。毕竟从北京到加蓬首都利伯维尔市的直接距离是二万五千里，乘飞机就完成了"长征"，但对于我，"长征"才刚刚开始。要学会法语，要学会开车，要获得"绿卡"，要了解并深入这个国度……总之，必须切实地投入，才可能有所发展。

我找到了一家台商开的杂货店，在那里打工。晚上，请在加蓬任教的北大的林老师教授法语，自己做饭洗衣服，搞定自己的工作、学习和生活。

打拼了六个多月，开始盘算自己开店之事。其时，台商在加蓬市场上占据了很大优势，大陆的轻纺产品很难吃香。

我只得开一家副食品店，既是老板，又是店员。上货、运货、售货"一把手"，直到店有了起色，才舍得雇黑人做家务。

从早上7点一直忙到晚上6点，天天如此，没有节假日，更说不上度假。有人说，温州人会做生意，墙上有个针孔大的洞，他们也能把里面的钱弄出来，依我看，首先是勤快，不怕吃苦，然后才是开动脑筋。

那时我32岁，身体不错，硬拼了两年多，积累了些经验和资本。

回国发展木材生意

1990 年我找到了一个香港供货商（华润公司），开始做进口生意。由于经验不足，亏了一些钱。随后，改做进口副食品生意。接下去的三年，生意较顺利。

1993 年在与几位海外同乡合作，向国内投资。在杭州创办了中外合资的“杭州超亚电缆厂”。由于中方总经理经营不善，年年亏损，最终血本无归。

总结教训，对国内相关政策，投资环境了解不够；合作用人的机制不到位；加上市场情况难以把握，还是应当将发展的重心放在加蓬。

加蓬本国人口总数不多，市场小，但其无自己的工农业，进口需求量却不小。我创办了加蓬 GADICOM 公司，专营批发业务。

1995 年下半年，我受朋友所托，在加蓬接待了从大陆来搞非洲木材的商人，利用我这几年在加蓬上上下下的关系，陪同他们上山看林，帮他们用法语谈判，甚至通关，等等。

实际上，在帮助了朋友的同时，我自己是“学习又实习”。于是 1996 年我开始介入非洲木材的市场。尔后，创办了木业发展有限公司。

1999 年初，全球木材市场渐趋恢复。与此同时，国家建设的加速发展，急需相当大量的木材进口。我随即迅速调整向国内市场发展。

2005 年上半年，我利用回温州度假的机会，以外资投资商的身份，在温州申请创办一个中型木材加工实体，计划年产量为 12 万至 15 万立方米加工木材，定名为“德嘉木业股份有限责任公司”。

与加蓬舅舅亲密无间

其实，早在 20 世纪 60 年代初，我的父母就和我的外公程志平老先生有书信等联系，我们兄弟姐妹五人，当时都很小，生活颇艰难，外公时常汇钱来周济我们家的生活。“文革”时期，和外公的联系中断了十年。直到改革开放以后才又联系，而外公却已经谢世了。

记得我是在加蓬首都利伯维尔市已经自己开店之后，才到舅舅府上拜访的。我毕竟须学会些法语才能进行交流，而且我的自尊心告诉我，总得做出点有出息的事来让舅舅高兴。

那是个星期天的下午，舅舅在家里热情地招待我，请我吃法式西餐。席间，我向他介绍了一些温州家乡的风土文化等。连说带比画地表达，他认真地听，微笑着谅解我讲得既不流利又不规范的法语。看得出来，他对中国及其一切都感兴趣，我也体味到了在异乡才有的“回家”的感觉。

随着我法语水平的进步，我们的交往增多，可谓亲密无间。他给我讲他父亲在加蓬落地生根的历史，讲加蓬，讲非洲；我给他讲亲人，讲家乡，讲中国的悠久的历史、璀璨的文明和新中国的进步。

后来，他以加蓬国务外交部长的身份访华时，我们的国家领导人向他赠送了一具秦兵佣（复制品），他非常高兴和珍惜，至今仍然将它摆放在客厅里。

1999年初，我在他府上后花园中，为他建造了一座典型的中国传统风格的六角亭，石木结构，琉璃瓦顶，颇为美观。请国内的朋友在檐下内外的横壁上作了六幅中国画和六幅不同风格的书法作品。

此亭正面的匾额为“博雅亭”。匾下左右柱上的柱联为：博古通今心藏天下风云，雅形周游意识世情寒暑。黑底涂漆，字着石绿，颇觉静雅。我和他坐在亭中石几上，暮云披霞，清风徐来，共同玩味着暇时之快。

中非沟通的桥梁

多年来，他为促进和发展中加两国政府和两国人民的友好合作关系做出了重要贡献。他关心中国的改革开放和发展，支持中国加入WTO，坚决拥护加蓬政府坚持世界上只有“一个中国”的原则立场，即使金银铺地也不会与现台湾当局

发生任何官方关系。1999 年 11 月，世界市长大会在加蓬召开，他还亲自到机场迎接中国的市长们，其中国情结自在不言中。

他谦逊博学，睿智清廉，精干务实，颇受邦戈总统的赏识。2004 年 6 月，他当选联合国第 59 届联合国大会主席。言其为世界名人，当之无愧。

一直以来，对于他，我总感到一份应该向人们介绍的责任，他不仅是属于家族的甚或是温州人的，而且更应该是属于我们中华民族的骄傲！

2002 年，世界华文出版社出版了《海外温州人》一书。其中，《程让·平——“绿金之国”的华裔政治家》一文由我撰稿，并提供了彩照等资料。

2004 年初，由让·平先生和中驻加使馆范振水大使合著的《非洲民主化浪潮中的华裔外交部长》（法、中文版）一书出版了。我在温州组织了该书的首发式。下半年，我在加蓬以加蓬华侨华人协会的名义，又搞了一次发行仪式，请两位作者当场答读者问。场面热烈，至今难忘。

2005 年初，我们征得他的同意，配合家乡人民，在温州和翁布埃（让·平先生的加蓬故乡）两地各建设一座以程志平先生名字命名的标志性建筑。

总之，十几年来我们爷俩的交往已超出单纯的亲情关系，可以说于国于民、于公于私都具有非常重要的积极意义。

维护旅加华侨华人大团结

有这样一种说法，中国人是“一盘散沙”。我以为，国土面积和人口数量等都是外部条件，关键之处在于自觉性和组织性，还要讲究正派无私和团结奉献精神。我的这些想法受到了中驻加使馆范振水大使的支持和赞赏。

2002 年初，由我发起，与在加蓬的华侨华人中有代表性的人物协商，成立了“加蓬华侨华人协会”筹备小组及其领导下的工作组。

2003 年初，加蓬华侨华人协会正式成立，其成员共 11 人，推举我出任首届会长，任期三年。本会三年来的工作可以说已成为全体旅居加蓬的华侨华人心中的一面旗帜。

2004 年初，本会组织和领导了全体旅居加蓬的华侨华人热情洋溢、秩序良好地迎送胡锦涛主席访问加蓬。

2004 年 8 月，本会在“中西非和平统一促进会”成立大会上发表了本会《声明》，坚决拥护关于和平统一中国的“四项主张”。

2005 年 4 月，本会派代表团出席了“全非洲中国和平统一论坛”大会，并在会上就一个中国原则和中国的安全利益；台“独”分裂势力的政治利益和外国分裂势力的战略图谋；争取和平统一和一定要做好准备等问题，宣讲了本会的主张，受到了台上台下的一致肯定。

我们成功地接待了天津市政府访加代表团、浙江省政府访加代表团等团体。

华协成立以来，每年春节都租场地请全体在加蓬过年的华侨华人共进团圆年饭，观看文艺演出并摇奖助兴。至于会众的喜丧诸事，纠纷争端，桩桩件件，几乎都要找华协求助。

我们深知，维护旅加全体华侨华人的大团结，走健康发展之路是华协不懈努力的历史使命。

做一个有益于祖国、家乡和人民的人

综上所述，我觉得，个人奋斗不仅仅为的是那点挣到一些钱的成功快感，更重要的是用钱来做什么。一个完全意义上的成功者，要既会做事，又会做人。

最近，我们村的村委会授予我“名誉村长”的荣誉称号。我同村委委员们商量妥，由我出资，大家齐帮动手，修一条连接村与公路的柏油大道，以方便乡亲，造福后代。

我希望能做一个脱离了低级趣味而有益于我们的祖国、家乡和人民的人。

（作者时任加蓬华侨华人协会首届会长）

彭世柽　福州小金鱼如何游向世界

在 2013 年举办的第八届海峡（福州）渔业博览会上，福州市荣获中国渔业协会授予的“中国金鱼之都”和“中国鳗鱼之都”称号。福州金鱼的生产和出口量均占全国半壁江山，在培育新品种上也独占鳌头，评审中获得多项金奖，让人感到无比欣慰。在各种媒体上屡有介绍福州金鱼获奖及其典故的文章。据介绍，福州养殖金鱼已有 400 多年历史，俗称“盆鱼”，在府志和文人墨客的诗文中也有所记载。在这里，我给大家讲讲福州金鱼如何走出境外、走出国门的一段鲜为人知的故事。

一个偶然的机会

新中国成立后，福州市金鱼养殖业基本处于萎缩、没落状态。银湘铺一带养殖金鱼专业户所剩无几。市面上偶尔能见到的，只是一些人在小脸盆中养着品种单调的小金鱼，用玻璃瓶装着卖给小朋友玩。

万幸在 20 世纪 50 年代初，我市金鱼饲养专家邹鼎先生将私人多年精心培育的珍贵品种捐给西湖公园，在“文革”中未受到严重破坏，得以繁衍保留至今；在开化寺附近设玻璃水箱养着供游客观赏。

1980年春，新华社香港分社介绍港商妙丽集团刘天就先生来福州考察，洽谈全面开发琅岐岛项目。妙丽集团在香港是以生产经营女鞋、皮包为主的出口商，有一定的经济实力。此行由香港新华分社所属国际贸易公司公关部经理张效影和另一位女同事陪同。由于对方提出承包全岛开发经营的方案事关重大，政策性强，涉及面广而复杂，经过多轮磋商，时间拖得比较长。

事情的发生带有偶然性。一天，住宿在华侨大厦的张效影经理与同伴去西湖公园游憩。她俩发现并十分赞赏公园内展出的金鱼，觉得这些金鱼都很美，品种奇特，以往未曾见过。

她俩回宾馆见到我，就说："在香港，商家和居民都有饲养金鱼的习惯，配套设施也很先进。金鱼有很大的市场，而且还远销东南亚各地；但货源一般都是从广东、江苏等省提供，你们福州有这么好的金鱼品种，为什么没有组织出口到香港？"这句话使我对组织金鱼出口，走出境外，走出国门动了心。

跨出边境，热销香港

当时福州市的对外贸易非常滞后。仅有的一些出口商品，都是由几个省进出口公司分别包揽。市里虽然有个外贸局，实际是个收购站，自身没有经营进出口业务。也就是说，只是省公司认为金额不大，收购地点太分散，路途遥远，他们不感兴趣的若干小宗商品，才委托给市外贸负责收购，然后再交给省有关公司出口。

改革开放后，市委、市政府认真贯彻中央有关对外开放方针，为了发挥地方积极性，正在积极向省里提出要求，力争省里下放部分进出口品种，让福州市也拥有一定办理进出口业务自主权。这时候，既然香港新华分社同志提出倡议，我们务必抓住难得机遇，不妨一试，以取得突破。

经市进出口办与市外贸局商量后，决定立即采取行动，抽调市外贸所属土产部经理郑宪凯和西湖公园饲养金鱼专业人员汪依钢两位同志，具体负责筹划此事。

经过紧锣密鼓的准备工作，大力组织货源，办理有关出口手续，终于在不长的时间内，一批形态漂亮、令人赏心悦目的福州培育的金鱼，跨出边境，运抵香港。他们两人在香港新华分社国贸公司的协助配合下，在金鱼市场附近找了一块场地进行展售。

果然，这批金鱼获得了同行和买家的赞赏，货品供不应求，名声大震。没想到就是这小小的金鱼出口，居然打响了福州市自行出口的第一枪。随后，市外贸也争取获得了省外贸下放部分商品出口经营权。

即使还是一些小品种，却已说明缺口已经打开，只要大胆解放思想，抓住机遇，经过不懈努力，我们就一定有信心把福州市的进出口贸易尽快地发展繁荣起来。

福州金鱼蜚声海内外

福州金鱼就是随着改革开放这个大潮流，一步步发展到今天。

时过境迁，也许市外贸机构已经不复存在，银湘铺那些池塘已盖满高楼大厦，西湖公园已不再有珍贵品种金鱼展出，可是，如今金鱼养殖基地遍布福州仓山、长乐、闽侯、闽清等区、县，有了更广阔的发展空间。在运用高新技术培育新品种方面，也取得新的突破。

福州金鱼已成为蜚声海内外的一种出口商品，不但通过本地口岸，而且还从其他口岸出口到中国港澳、台湾地区以及日本、新加坡、欧美等国，而且在海外也有了经营福州金鱼的专业商店，形成了一个大有发展前途新的产业。

所以我要说，没有改革开放就没有福州金鱼的今天，福州养殖金鱼行业的成长，是我市对外开放道路上一颗光芒四射的启明星。

（作者时任福州市市长）

第四章

敢争天下志　勇拓五洲威

刘周晰　**入世“狼来了”，应对国际纠纷**

2001年12月11日，中国经过长达10年的谈判后，加入世界贸易组织。加入世贸组织，标志着我国对外开放进入了一个新的发展阶段，意味着我国在更大范围参与世界竞争与合作。

加入WTO后，我国经济发展的市场环境更具国际化，市场竞争的规则也更具国际化。政府及相关部门和企业既要尽快熟悉世界贸易组织的基本规则、运行机制，按WTO的规则办事，又要熟悉我国的入世承诺，熟知我国入世的权利和义务。只有知己知彼，才能结合实际制定出切实可行的应对措施，面对国际市场的激烈竞争，利用世贸规则扩大产品的出口规模，借鉴国际上的通用做法以合法手段保护自身利益。

上班伊始遇到新挑战

可是我们温州的大部分相关部门和绝大多数企业还没弄懂世贸组织的“游戏”规则之时，狼已经来了。

2001年12月13日，土耳其对我国眼镜出口实施监管措施，而出口眼镜的主要产地在温州。这是我国加入世贸后的第一个贸易纠纷。

而此前的2001年11月，我市已得悉欧盟拟对我打火机出口实行限价，并制订CR法规。这是欧盟在我国入世之际制造的一起典型的贸易壁垒，而温州是我国金属外壳打火机的生产基地。

应该说，温州市委、市政府对中国入世是重视的，也有所部署。但是没有预料到贸易摩擦来得那么快，尤其是我国加入世贸后的第一个贸易纠纷要温州的政府和企业去面对。

对我而言，更是出乎意料之外。12月7日才到外经贸局报到，上班伊始就遇到新情况新问题新挑战。

入世温州首应战

13日，我到外经贸局后召开的第一次局长办公会议，其重要议题就是学习。鉴于温州的企业和行业组织普遍存在公平贸易知识知之甚少和专业人才极为缺乏的情况，会议当即决定，要在近期举办大规模的WTO知识培训班，专题培训我市各外贸公司经理和出口企业负责人，让大家了解世贸组织的非歧视、透明和公平竞争原则，知晓我们面临的机遇和挑战。

此后我局走访海关、走访企业、走访县市区外经贸机构，沟通情况，开展宣传。12月25日，我局就中国入世后，温州首先遭遇外贸摩擦的新动态向市人大做了汇报。31日，我就土耳其对我眼镜出口实施监管调查、欧盟欲对我打火机出口制订CR法规向钱兴中市长做了专题汇报。

在中国入世后，温州首先遭遇外贸摩擦这一事件，引起全国经济界和新闻媒体的高度关注。京、杭等地的报纸杂志、电视电台和经济研究机构纷纷来电了解、来人采访。

2002年1月7日，新华社温州支社社长张和平就土耳其对我眼镜出口实施监管事件前来沟通情况，而后写了内参上报。8日，我局联系有关外贸公司、行业协会和部分涉案企业，掌握欧盟欲对我打火机出口制订CR法规等新情况，决定

派陈玉平副局长等直接赴北京向外经贸部汇报。14 日，外经贸部来电，要求温州对贸易摩擦案要掌握动态、及时联系，防止新闻界炒热。

2002 年 1 月 15 日，外经贸局会议重点研究了欧盟拟对我打火机出口实行价格限制、土耳其对我眼镜出口实施监管调查的应对办法。分析了我市产业结构和出口商品结构，一致认为随着对外贸易的快速发展和市场开放的持续推进，温州会成为较早、较多遭遇贸易壁垒的地区。我市为应对贸易壁垒，必须建立应对贸易壁垒的工作机构。

在惊涛骇浪中，一叶小舟一定是会沉没的

2002 年 1 月，中央政治局候补委员、国务委员吴仪来温州考察调研。19 日上午，省、市领导陪同吴仪一行考察瓯海的泰恒眼镜城、欧丽斯出口商品中心、鹿城的东艺鞋业公司和乐清的正泰集团。因为对这几家企业情况熟悉，我担任了导引和讲解。当天下午，在雪山饭店，吴仪亲自主持召开温州民营出口企业座谈会。在听取德力西集团胡成中、法派服饰彭星等单位汇报后，吴仪发表讲话。

吴仪说：“上午看了三家企业，下午调研民营企业如何走向国际市场，学到很多东西。温州民营企业为经济发展、外贸出口做出很大贡献。”

“今年出口形势非常严峻。贸易保护主义抬头、贸易摩擦不断增加。因此，我们的出口，传统市场要寸土不让、新兴市场要见缝插针。”

“我们要好好学习 WTO 知识，懂得并运用这些规则。要开发自己有知识产权的产品，要创新，争取主动。要学会用法律保护自己。”

“要提高竞争力，发展技术智能密集型的产品，有条件的要向高科技进军。”

“要摆脱家族式管理，走向现代企业制度，这是发展的必由之路。不能窝里斗，要联合成航母。在惊涛骇浪中，一叶小舟一定是会沉没的。”

吴仪这席话，无论对温州经济、温州民营企业发展和出口都很有针对性，为我们在中国加入世贸后如何应对国际贸易摩擦指出了方向，也为我市上下就公平

贸易机构设置起到了统一思想的作用。

国家级 WTO 知识讲座

2002 年 2 月 7 日，"浙江省民营企业 WTO 知识讲座"在我市天都大酒店举办。王世春局长做了《外经贸部为何设置公平贸易局及其职能》的讲话。世贸组织司张丽萍处长就"中国入世后企业如何采取自我保障措施"、公平贸易局王新处长就"应对入世、企业如何应诉"、李成宽处长就"反倾销应诉有关问题"等三个专题讲座。

这期国家级的 WTO 知识讲座，我市的出口企业尤其是民营出口企业受益莫大。外经贸部公平贸易局把温州确定为试点单位，帮助出口企业树立应对贸易摩擦信心、帮助企业克服"怕官司、怕花钱、怕麻烦、怕费劲、怕吃亏"等思想障碍，支持我局组织企业勇于应诉起到了奠基和导引的作用。

部长参加温州市外经贸工作会议

2002 年 3 月 21 日中午，外经贸部石广生部长和高虎城部长助理一行 13 人从义乌坐汽车到温州。当天下午，我们陪同石广生部长一行考察了正泰、夏梦、巨一集团。

22 日，全市外经贸工作会议在雪山饭店召开。石广生部长发表了两个多小时的讲话，特别从拉动经济、争取国际市场份额等角度指出扩大出口的极端重要性，提出要加速实施出口市场多元化、出口商品多元化、经营主体多元化的方针予以促进。

他说："要适应入世新形势，遵守规则、履行承诺，企业既要参与竞争，又要注意保护自己。外经贸部专门成立公平贸易局，目的就在此。"

对于石部长的讲话，代表反应十分热烈。这次会议以后，外经贸部各司局及

部直属各进出口商会更加关注温州，我市局和企业与部里的联系也更加密切，信息直接、步调一致。

我国第一个地市级公平贸易机构在温州成立

4 月 3 日，我局开会听取陈玉平副局长随同外经贸部副部长赴俄罗斯会谈情况通报，听取外贸处副处长周小平随同外经贸部公平贸易局局长赴土耳其交涉情况通报，研究分析我与俄、土两地贸易纠纷并作工作部署。此后，国内各界人士来温州外经贸局调研，从各自的角度给我们提出建议。

10 日，中央电视台就温州打火机、眼镜遭受贸易壁垒专题来温州采访。中央电视台 4 套、9 套播出采访温州外经贸局局长和有关行业协会、涉案企业的专题报道《贸易摩擦不可避免，中国外贸企业积极应对》。引起轰动效应。

5 月 15 日，市外经贸局党组决定拟任命公平贸易处处长。8 月，公平贸易处亮牌处理事务。

此后，温州市外经贸局积极整合有关职能部门和市内外资源，不断完善公平贸易工作协调机制，全面加强对应对工作的组织、协调和指导。

公平贸易机构发挥政府指导和服务作用

我国加入世界贸易组织始至 2006 年，温州有 20 多种产品遭遇各类贸易壁垒。温州市外经贸局先后组织召开了眼镜、鞋类、圆珠笔、拉链、打火机、劳保鞋等六个全国性反倾销应诉协调会。在发动企业参与应诉、协调行业的利益与立场、帮助企业选择应诉方案、降低企业应诉成本等方面做了大量细致而有效的工作。

温州局十分重视培训工作，每年都多次举办业务培训会、案例分析会、专题研讨会；专题邀请商务部、中国有关进出口商会、省外经贸厅领导和 WTO 总部

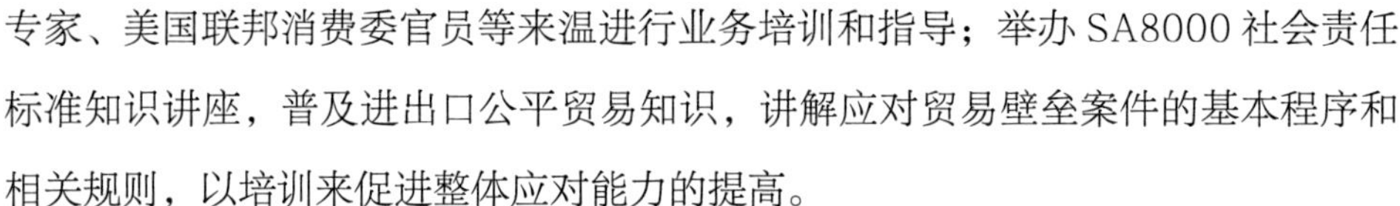
专家、美国联邦消费委官员等来温进行业务培训和指导；举办SA8000社会责任标准知识讲座，普及进出口公平贸易知识，讲解应对贸易壁垒案件的基本程序和相关规则，以培训来促进整体应对能力的提高。

建立国内首个进出口公平贸易网站

温州外经贸局在2003年6月就开通了进出口公平贸易网，成为国内首个以公平贸易为主要内容的政府专业网站。该网站广泛向企业和社会公众宣传进出口公平贸易基本知识，编制温州公平贸易动态，向企业发布预警信息，指导企业利用WTO允许的措施保护产业安全，创造性地构筑富有特色的贸易壁垒预警系统。

我们还及时汇编《温州市进出口公平贸易工作年度报告》，阶段性地总结工作经验，研究存在问题，分析重要案例，对企业应对贸易壁垒起到了很好的指导作用。

预警工作受到企业欢迎

在应对贸易壁垒的实践中，温州关联方对每一案件认真研究分析，寻找反倾销案件中与我方企业利益一致的国外进口商，全力加强与国外进口商协会沟通，调动进口商积极性，及时了解最新信息，选择最佳应对方案，内外配合，共同应对。

我市还积极加强与国内相关机构的合作。2004年，温州局与上海WTO事务中心建立合作关系，双方借助各自平台资源，优势互补，在贸易救济措施相关的监控、预警系统的推广应用、海外进口商预警信息交换等方面开展广泛合作。

组织企业应对贸易壁垒成效显著

2001 年 12 月，我国入世仅两天，我市眼镜企业就遭遇土耳其眼镜保障措施。在上级外经贸部门的支持下，决定组织企业积极应诉，勇于抗争。

2002 年 7 月，温州局配合商务部、中国机电产品进出口商会在温州召开欧盟打火机反倾销案应诉工作会议，针对企业中存在的畏难情绪，耐心宣传发动，深入分析利弊，帮助统一认识，鼓励积极应诉。经过一年多的艰苦努力，我方最终赢得胜利。

在美国 337 调查案件中，面对来自美国电子电线行业龙头企业 LEVITON 公司的控告，温州局多次到乐清有关应诉企业了解沟通情况，研究应对方案，支持乐清万盛电器和乐清华美电气两家公司迎难而上，沉着应对。通过多方努力，两家公司最终胜诉。温州企业合力破壁的行动，得到了社会各界的肯定。

鞋革是我市出口的最大宗产品。2005 年 6 月在西班牙埃尔切发生焚烧中国鞋的严重事件后，温州局立即牵头组成由政府、行业组织、出口企业参加的鞋革商务考察团赴西班牙，与欧盟、西班牙、埃尔切市等多层次的鞋业协会进行交流和沟通，增进了相互了解，取得了良好的效果，开创了中国鞋企对话西班牙鞋企的先河。同年 12 月，埃尔切鞋业协会对我市进行了回访，发表了《温州宣言》。

行业中介作用发挥充分

商务部将温州确定为地方行业组织参与公平贸易工作试点单位以来，全市行业协会对公平贸易工作日益重视，在政府部门的指导下，发挥了行业协调、一致对外的功能。

2002 年温州烟具协会组成“中国民间第一团”，随同外经贸部出访欧盟，辗转 18 天，进行了十多次多边会谈和交涉，终于使欧盟原本定于 2004 年 6 月 19

日起强制执行的 CR 法案搁置。

该战役是多方协调应对国外贸易壁垒的一次尝试，也是地方行业协会参与进出口公平贸易工作的一个范例。温州鞋革协会、温州眼镜商会、温州拉链商会、温州合成革商会、温州电器行业协会等均在组织企业参与应诉、制定应诉方案、协调应诉工作等方面发挥了积极的作用。

鼓励企业创新思维

温州小商品大市场的显著特点，极易遭受国外贸易壁垒的限制。为此，我们鼓励企业通过直接在境外设厂和收购国外企业的方式寻求突破，采用合资、联营等多元化经营策略，加强与国际同行业的合作，将竞争关系变为合作关系，以利益共享化解贸易摩擦，合法规避贸易壁垒。

2001 年土耳其眼镜保障措施案后，我们支持鹿城明明光学有限公司在土耳其投资建厂，后来成为该国第三大眼镜生产企业，当年带动出口 400 万美元，成功绕过了“贸易壁垒案件”。

温州哈杉鞋业有限公司 2004 年在尼日利亚设厂，成为该国最大鞋厂，成功绕开了该国的进口禁令。

五年工作成果丰硕

五年时间，温州的眼镜、打火机、鞋类、水产品、低压电器等产品遭遇了形形色色的贸易壁垒。由于我市率先设立了公平贸易工作机构，建立了国内首个公平贸易网站，早在 2003 年设立公平贸易工作奖励基金，在实践中形成了外经贸主管部门、行业协会和企业“三位一体”应对工作体系，在解决贸易争端时，我市做到了沉着、积极、有序应对。

一系列贸易壁垒的成功突破，为温州的外贸出口提供了广阔的空间，进一步

巩固和开拓了国际市场。

五年来，温州出口额以年递增 32% 的速度迅猛发展。温州应对国际贸易壁垒的做法和经验，为全国外经贸系统所借鉴。

温家宝总理 2004 年视察温州时，再次肯定了我市积极应对国外贸易壁垒的做法和经验。

浙江省委办公厅于 2005 年 10 月在《浙江信息》上专题介绍了温州积极应对国外贸易壁垒的做法，充分肯定我们的工作。

2006 年，温州市外经贸局被外经贸部评为全国公平贸易工作先进单位。

（作者时任温州市对外经济贸易合作局局长、党组书记）

叶晓春　半人高的资料为我们赢得了胜利

机电类产品首起反倾销调查

2002年2月13日是中国正式加入世界贸易组织后的第64天，从大洋彼岸传来消息：美国托林顿轴承公司、铁肯姆轴承公司等美国轴承行业企业，通过美国轴承制造商协会（ABMA）同时向美国国际贸易委员会（US ITC）和美国商务部（DOC）提出申请，认为中国球轴承在美国市场以低于正常的出口价格销售，对美国相同产品的产业造成实质性的损害。要求对中国销往美国的球轴承产品及其零件进行反倾销调查。

球轴承是在家电和汽车行业应用非常广泛的机电配件，其规格品种达上万个，价格从几美分到几千美元不等。据我国海关统计，2002年中国输往美国的球轴承产品年出口额在1亿美元左右。

美方起诉的企业涉及我国28个省、市、自治区的274家生产企业和进出口公司，江苏、浙江、上海一带的涉案企业尤为众多。涉案金额高达3亿多美元。

这是中国加入世界贸易组织以后，美国对中国机电类产品的首起反倾销调查，也是我国机电产品遭外国反倾销调查涉案金额最高的一起案件。

一旦我方败诉，其后果可能是：不但中国球轴承在美国的市场份额荡然无存，更为严峻的是，欧盟等市场通常会在美国判决之后，参照其反倾销税率对中国产品发起同样的调查。

美国人春节立案

2002年2月12日，正是中国人的传统春节。对于忙碌了一年的人们来说，难得春节有几天假期和家人团圆。我和家人正商量着该去谁家拜年，一阵急促的电话铃声打破了拜年的话题。

电话是总裁胡先根打来的，并不是往年习惯性的春节问候，而是急促地告诉我：已经从我们在美国办事处得到确切消息，美国的反倾销终于要开打了。大家春节不能休息了，要一起积极应对美国反倾销的事情。

对于美国的反倾销事情，我在2001年11月就已经知道了。本以为这事情美国人只会说说，不会来真格的，没想到美国人是在打时间差，在中国的传统佳节，正式提出对我们出口到美国的轴承进行反倾销立案。估计是想趁我们没有了解反倾销程序，打我们个措手不及。

2002年2月，中国加入WTO才两个月的时间，对于“反倾销”这个比较生疏的词语知道得还不多，如何应对还不是很清楚，也没多少经验可以借鉴。我们也知道和美国人打官司并不是一件容易的事，要想打赢这场反倾销的官司，就必须要有足够自信心和不怕输的良好心态。

中国机电商会也深感事态的严重性，2002年2月28日，紧急召集轴承行业80多家骨干企业会聚杭州商议对策。会上，已接受过世贸组织知识培训的各企业代表就如何应对这起反倾销诉讼案件积极献计献策，一致认为应该赴美国正面应诉。

会后，中国机电商会派出精干力量迅速飞赴美国，选聘应诉律师，拜会美国政府和行业协会，约见美国生产商、进口商与对反倾销调查持反对意见的ABMA

成员，为正面应诉做了大量的前期准备工作。中国机电商会的出面，给我们增强了打赢这场反倾销官司的信心。

拒绝应诉等于不战而降

这场反倾销案，美国商务部选择了浙江万向集团和新昌皮尔集团为重点调查对象，并没有把慈兴集团列为重点调查对象。胡先根总裁知道这事后，派我到北京、上海向他人取经，请专家帮我们分析作为调查对象的利与弊。

胡先根作为民营企业的老总还是很清楚当时的情况的，我们的战略是以外销为主，产品主要销往欧美市场，也就是说，美国是慈兴集团的大客户。

胡先根总裁也清楚，主动应诉要付出巨大代价，却能为企业生存和发展争取到权利和机会。如果拒绝应诉，等于“不战而降”，也就等于主动放弃了在美国多年打拼的市场份额。

一旦反倾销成立，会出现连锁反应，欧洲市场的份额也很难保住，而且受损的可不是几个企业，而是整个中国的轴承产业。

权衡利弊，慈兴轴承集团管理层下定决心，代价再大，也要全力以赴，争取反倾销应诉的成功，为企业和行业的发展贡献力量。

胡先根总裁立即向美国商务部提出要求，希望慈兴集团成为重点调查对象。理由是：中国出口美国的球轴承主要为微小轴承，而皮尔和万向生产的都是大轴承，慈兴集团是国内微小轴承的重大生产企业，理应参加这次的重点调查。

在慈兴轴承集团据理力争下，美国商务部又增加慈兴轴承集团为抽样调查企业。

调查答卷不含糊

作为反倾销的起诉方，美方有足够的时间为一次反倾销行动收集证据、聘请

律师、了解对方市场动态等。由于反倾销案本身就有一个时间限制，那么作为缺乏作战经验的中国企业和行业，如果坐等对方立案起诉，无疑在一开始就处于被动挨打的局面。

我们慈兴集团在美国设有办事处，且平时十分关注美国的市场动态。虽说我们在美国有关部门诉讼立案的当天就得知了消息，并做了应对的准备，但是没有实战经验，还是走了不少弯路。

反倾销的调查问卷的答卷是DOC制定的，一般设有大问卷和小问卷两种。小问卷是纸质答卷，只要做好了上交就行，不用到现场进行核查，享受加权平均税率。所谓大问卷，不光要参加做试卷，还要到现场进行核查，享受的是单独税率。

美国的调查实在是太详细了，第一次调查有A、B、C、D四套问卷，涉及产权、销售、成本等方面几百条问题。上交答卷后又下发50多条补充问题。回答这些问题相当麻烦，每一题都涉及几十个数字，数据演示步骤都要求清清楚楚，不能有半点含糊。

我们慈兴轴承要做的是大问卷，答卷人对调查问卷的理解与DOC的要求是否一致，需要与律师作深入的沟通、讨论，要确保对调查答卷的理解符合DOC的规定，才能开展各项答卷工作。

提交DOC的答卷所包含的资料和数据要求准确、科学，经得起严格的查验和推理。这就要求答卷的负责人要有高度的责任心，对各部门和其他应诉团队工作人员递交的材料进行严格审核，数据要复算无误，所有回答问题内容都要有详尽的支撑材料，做到有事实依据，这样应诉团队需要花费大量的时间和精力来完成DOC的答卷。

加班加点忙应诉

首先，我们的计算方法和美国的“精算”方法不同。美国把每一个轴承的生产时间精确到“秒”以后好几个小数点的时间单位，会把成千上万个轴承的用料单位精确到“克”，更会把每一个极小的报废数据、企业办公所花费的每一张纸、一支笔，都分摊到产品的成本中去。

我们慈兴会计基础工作虽说较为规范，从仓库材料到车间成品，设备的增减都有完整的凭证和台账记录，但是，离美国要求的“精算”还是有一定的差距，这给我们的答卷造成了极大的困难。

DOC 官员在现场核查的调查问卷，特别是 C 卷和 D 卷，对所有的数据一方面要求能追查到原始凭证，另一方面还要求能追查到审计的会计报表。

为了准备这些答卷，我们特地新买了 50 多台计算机，3 台数码高速复印机，并腾出一层楼作为准备打反倾销官司的办公室。我们全厂动员，抽出精干的队伍四五十人，根据美国方面的要求重新准备各项资料，前前后后有 100 多人参与了资料整理。

为了应对这场官司，我们准备了许多简易的床铺，大家吃在单位，睡在单位，饿了吃一点快餐，累了就在办公室里歇一歇。加班加点成了家常便饭，有的孩子小，自己加班，把孩子放到办公室的简易床上睡。

由于我们第一次经历反倾销，在没有美国律师的指导下提早进行了准备，结果不符合美国律师的要求，成了无效劳动。一次次的重新返工，消耗了我们大量的人力物力。我们向家里人请假，不是像别人那样，说是今晚有事不能回来了，而是一请就是半个月甚至一个月。

我记得最忙的时候，有一个多月没有回家，孩子有些不高兴了，家人打电话来让我回去看看孩子，我也答应了，但是事情太多，等我赶到家里的时候，孩子已经睡着了。第二天一早，孩子还没有醒，我就又赶到单位上班了。

董事长经常给我们送点心。在整理资料过程中，仅员工的夜餐补贴就花去了 30 万元，员工们吃的方便面就花去了上万元。

半人高的资料为我们赢得了胜利

如果说保持良好心态只是打官司的前提，那么打赢整个官司更需要企业有恒

心、肯吃苦。作为此场中美轴承反倾销案的原告——美国轴承协会，他们准备了半尺高的起诉资料，而从美国立案到提交调查答卷的几个月里，我们准备了半人高的被查回复资料。

经过长达 140 天的调查，2002 年 10 月 15 日，美国商务部公布了初裁结果：三家抽样企业皮尔、万向和慈兴的单独税率分别为 2.39%、2.50% 和 2.32%；45 家中国企业的加权平均税率为 2.41%；其他所有未参与本次调查的中国企业税率为 59.3%。美国商务部向海关发出指令，要求从即日起对来自中国的球轴承产品按上述税率征收反倾销税。

我方不服初裁结果，要求美方进行终裁。2002 年 11 月 10 日，美国商务部派专门官员来慈兴集团核查。胡先根总裁代表企业出面接待，除了毫无保留地提供所有资料外，慈兴集团严格遵守“三不”原则，即“不请客、不送礼、不主动套近乎”，做到礼数周全又不卑不亢。

我们请示美国的律师，他说美国人办事认真，不用什么接待。但我们还是按中国人待客礼仪做了一些安排，准备了水果还有肯德基什么的，美国商务部官员饿了会拿起来吃，也对我们人情化的接待感到十分满意。

美方代表在企业待了整整 13 天，天天就是看资料，到现场核查，找相关人员了解情况，内容涉及企业管理、经营、核算的方方面面，各种数据就达几万条之多。

在核查时我们工作人员十分机灵，估计接下去需要什么材料，早就做好了准备，资料连页码都翻好了，一吩咐马上交上去；对于美国商务人员要计算的数据，有时候看他们太辛苦了，我们也会主动帮他们计算。所以，美国商务部的官员对我们的办事效率敬佩有加。

2003 年 2 月 27 日，美国方面公告了反倾销的终裁结果：慈兴、万向和皮尔的单独税率分别为 0.59%、7.22% 和 8.33%，45 家中国企业的加权平均税率 7.8%，其他所有未参加本次调查的中国企业税率仍为 59.3%。

2003 年 3 月 6 日，美国国际贸易委员会举行球轴承反倾销调查产业损害听证会。中国机电商会与应诉企业带着最新的数据报告提前赶往华盛顿与律师会合，准备听证材料。

听证会上，我方律师在深入阐述初裁阶段观点的基础上，亮出了几大崭新的论点和证据，在我方的雄辩之下，ABMA 代表提出的理由显得那样苍白无力。无奈，只得老调重弹，而后草草收场。

4 月 3 日，美国国际贸易委员会举行了最终裁决听证会，美国国际贸易委员会代表以 4 ∶ 0 的绝对票，认定中国球轴承对美国轴承工业没有造成任何损害，判定中国输入美国球轴承倾销案不成立，所有中国生产的球轴承类产品将能继续以正常关税对美出口，美国不能向中国企业加收任何反倾销税。

4 月 4 日，胡总裁接到了美国律师的电话："零损害，我们胜利了！"

（作者时任慈兴轴承集团有限公司董事、副总裁　谢芬德　万湘容 / 整理）

苏尚熹 “入世”第一案

2003 年上海的夏天似乎比温州热很多。7 月 13 日晚，我正在上海出差，接到来自欧盟律师的电话，向我通报欧盟将在 7 月 14 日撤回其对中国打火机进行反倾销立案调查的申诉。如在 15 天评诉期内无异议，撤诉将生效。我是国内第一个第一时间接到欧盟通知的人。中央电视台很快行动，一频道和二频道的记者专程来温采访温州东方打火机有限公司和温州烟具协会以及包括我在内的参与应诉主要人员，制作了长达半小时的专题片《应诉之路》和新闻报道片，等待评述期的到来。7 月 25 日晚饭后，我静静地坐在电视机前等待，又兴奋又急切，7 点 30 分中央电视台《新闻联播》头条播发了这条新闻——“随着评诉期结束时刻的到来，备受关注的我国温州打火机应对欧盟反倾销一案历经一年多的波折后获得最终胜诉……此次胜诉是我国加入世界贸易组织后应对欧盟反倾销诉讼获得的首次胜利。”

随着《新闻联播》的声像节奏，我的记忆思绪翻回到两年之前。那是 2001 年初，我加入温州东方打火机有限公司，先后担任副总经理、总经理，在应对欧盟对我国打火机进行反倾销立案调查中，温州东方打火机有限公司作为温州唯一一家直接应诉“市场经济地位”的打火机企业，我始终站在应诉的最前沿，拍板应诉决策，承担应诉策划，实施应诉方案。从头到尾亲力亲为了这场中国入世第一案的发生、发展和结局。

两路反击，协同作战

2002年6月24日，温州东方打火机厂有限公司接到省外贸厅的通知，要公司派员参加28日在杭州召开的全省打火机出口企业座谈会。在此前，欧盟曾颁布CR法规，对由我国出口的打火机产品设置技术壁垒。6月6日欧盟照会中国政府，对打火机进行反倾销专题调查。为此，外经贸部未雨绸缪，在打火机主要产地浙江，召开紧急会议，以应对欧盟的新挑战。

6月28日，我和温州东方打火机厂有限公司董事长李中方二人参加在杭州召开的全省打火机出口企业座谈会。当时参加会议的人都一脸严肃，大有兵临城下的紧张气氛。

果然，就在会议的当天中午，传来了欧盟于当地时间27日，在欧共体的《官方公报》上公布第2002/03号公告的消息，要对我国出口欧盟的打火机进行反倾销立案调查。

根据世贸组织规定，我方必须在半个月内作出反应，否则，将视为自动放弃，而被加征反倾销税。欧盟的03号公告犹如信号弹腾空，拉开了这场贸易战的帷幕。

面对欧盟咄咄逼人的反倾销，是甘于屈从还是奋起应对，成为本次会议的讨论的焦点。与会的几十家打火机企业，尽管一致意识到直接危及产品出口和由此引发连锁性的负面影响，主观意识有必要积极应对，但事出突然，又没有反倾销的经验，底气不足，多数处于观望和犹豫之中。

7月5日，限期过半，我方必须果断做出应对决策，外经贸部特派专员来温州，召开打火机反倾销应诉会议。法、英、美等国的律师团，也闻讯纷纷赴会，表示愿为中国应诉提供法律援助。

经过充分酝酿和反复讨论，最终决定，由温州烟具协会牵头，组织15家打火机企业，针对公告中指控的是“一次性充气打火机”而不是我们温州生产的“金

属打火机”提出了“无损害抗辩”。从应对欧盟这次滥用反倾销，妄图将我打火机产品赶出欧洲市场和赢得这场斗争胜利的角度来说，无疑是正确和需要的。

但从严格意义上说，应诉反倾销的核心问题是争取市场经济地位，因为欧盟屡屡对我国进行反倾销，实质原因就是基于他们认为我国不是市场经济国家，多次采取歧视性的反倾销政策，应诉市场经济地位确实难度大、费用高。

我国以往遭受反倾销的企业一般不敢应诉，十几年前的电视机行业就因不敢应诉，一直无法进入欧洲市场，造成重大经济损失。难道我们打火机行业也要遭受同样命运吗？这不是温州人的个性，这不是温州打火机行业的风格。

为了国家的尊严，为了民族的声望，为了企业的生存，在部、省有关领导和同行的鼓励下，温州东方打火机有限公司董事会召开紧急会议，果断作出独家应诉市场经济地位的决定，单独聘请法国基德律师事务所担任此次应诉反倾销的律师，从而使温州的这次反倾销战役，形成两路反击、协同作战之势。

为了打好这场事关打火机行业的贸易战，公司雷厉风行，成立了“应诉反倾销工作组”。我负责应诉各项工作的协调和组织实施，配合董事长工作。并在律师的指导下，公司旋即投入到填写问卷，迎候 9 月份欧盟第一次核查的准备工作。

两次核查，认真应对

应诉市场经济地位必须经受欧盟两次极其严格的核查。第一次是关于符合市场经济地位五项标准的问题核查，涉及几十道问题；第二次是针对倾销幅度的核查，涉及上百道问题。

根据反倾销调查程序，9 月 9 日欧盟特派戴维和洛迪两位核查官员，在外交部工作人员的陪同下来温州。我负责核查官员在温州工作与生活的全程安排。

核查人员在拒绝一切新闻单位采访和所有无关人员参加的氛围下，进行了两天认真严肃的工作，并在不作任何表态的情况下离开公司，使这场贸易战充满了未知数和神秘感。

经过第一次的核查，我们没有丝毫的松懈，始终保持着清醒的头脑，来迎接比第一次更为严格的、针对是否存在倾销的几百道问题的提问和取证。

为此，我与公司领导认真总结了第一次核查的经验教训，抽调了 30 多人，逐一地搜集和整理每一道问题所要求的一切证据，如财务管理、成本管理和生产流程中的原始记录等。我们有充分的信心来应对定于 12 月份的欧盟核查。

12 月 2 日，欧盟核查官员桑托斯和黑格拉先行飞抵香港，对公司的总部香港东方（国际）推销有限公司实行突击抽查。核查一结束，就马不停蹄地星夜飞抵温州，于次日起对公司进行了为期四天的实地核查。

核查严格地遵照每一道问题进行询问和取证，然后与欧盟自己掌握的材料，当场在电脑中进行核对。还不时地询问负责生产和财务的责任人和我方的律师，并记录下每道题的核查结果。

由于我们事先进行了严密的分工，如哪类问题由谁回答和由谁出示凭证。规定了与会人员不知道的不说，不该你说的不说等纪律。从而给欧盟核查官员始终统一的答案，加速了核查的进度，使原先安排极为紧张的四天核查，三天半就提前完成。

之后，核查官员携带 15 斤重的凭证复印件，满意地离开了温州。我仿佛看到应诉反倾销这场国际贸易战的曙光已向我们招手。

唇枪舌剑，论理欧盟

欧盟是最早发起对中国进行反倾销的始作俑者，反倾销立案数占全球第一位。为了让欧盟更好地了解我国当前市场经济发展的情况，也让欧盟说明实行反倾销政策的原因和相关问题，由欧洲和中国之间唯一的国际性经贸刊物《欧中经贸》杂志社发起的首届“欧中反倾销论坛”，经过一年多的筹备，决定于 10 月 7 日在欧盟总部布鲁塞尔举行。

这是一次国际级的论坛，中方参加的有中国驻欧盟使团关呈远大使、外经贸

部王世春局长等。欧盟方参加的有欧盟贸易总司韦尼赫局长、负责亚洲事务的B处杜柏拉丝处长等，以及双方的律师、企业代表和国内外各大新闻媒体。东方打火机公司有幸作为中国企业的唯一代表应邀参加了论坛，并代表中国企业在论坛上进行演讲。它使我们深感自豪和责任重大。

为了打好这一仗，配合商务部和我国驻欧盟使团为争取市场地位而发挥作用，9月14日，我与公司董事长李中方、总经理李中坚夫妇一行四人先行前往法国、比利时探营。与主办单位及我国驻欧盟使团进行接触，商讨在会上发言和组织我方与会队伍的有关事宜。之后我独自返回温州组织相关企业赴会。

9月27日，原由我们组织的从温州出发的19家打火机企业家准备赴会，不料，19家企业代表全部遭到了法国驻沪领事馆的拒签，虽经据理力争仍以未果告终。

原定的计划突遭变故，从温州出发赴会的只有我一人成行，加上随后从香港过来的公司董事长李中方和9月14日已到达的李中坚两人，仅有四人参加论坛，直接影响到参加论坛的中方阵营的声势。为此，紧急向温籍在布鲁塞尔和法国的华侨求援，希望能得到他们的帮助，以壮我方阵营。

10月7日，首届欧中反倾销论坛正式开幕，中欧双方与会人员会集布鲁塞尔喜来登酒店。以关呈远大使为首的欧盟使团官员、商务部官员、中央电视台、《人民日报》、中国企业代表和华侨等临时组成的中方代表团40多人出席了会议。

与我方对垒的是以韦尼赫局长为首的欧盟方50多人。其中有欧盟反倾销官员、欧中贸委会的负责人和欧洲各大行业及贸易集团的高级代表。

会议庄严、肃穆。会上，我方关大使、王局长、刘参赞与欧盟反倾销官员和有关人员进行了观点针锋相对但气氛祥和的唇枪舌剑。

下午2时，温州东方打火机有限公司作为中国企业的代表，在会上作了《为什么温州打火机是中国市场经济的产物》的主题发言。向大会介绍了东方打火机公司和温州打火机同行，在市场经济的环境下，从事经营活动和发展壮大的情况。

发言20分钟，赢得全场热烈的掌声。此刻我释怀了，心放下了。这个发言稿的准备凝聚了我与许多人几个月时间修改几十次集体的智慧。今天终于圆满了。

当晚我们在布鲁塞尔特地选了一家有故事的中餐馆，据华侨介绍电视连续剧《盖世太保枪口下的中国女人》说的就是这座房子主人的故事，充满着传奇的色彩，与参会的华侨一起举行庆祝活动，庆祝论坛成功和答谢华侨的支持。

入世第一案，胜诉告终

10 月 8 日，我们在布鲁塞尔拜访为温州东方打火机公司辩护的法国基德律师事务所时，收到欧盟的传真。正式通知公司，经过 9 月 9 日的实地核查，欧盟已批准温州东方打火机有限公司获得市场经济地位待遇。顿时，大家欣喜若狂，因为这意味着已取得应诉反倾销的阶段性胜利。

但是根据应诉程序，有了第一次核查通过才有第二次核查，最终我们需等待 12 月份第二次核查官员带回去重达 15 斤的材料凭证，让欧盟进行复查和综合评估，于三个月后作出初裁决定。

等待的日子显得特别的漫长，在根本无法得到任何裁决消息的情况下，我们忐忑不安地度过了三个月。根据以往案例，大凡被立案调查，总会在初裁中受到不同程度的加增临时返倾销税。然而，原定初裁的 3 月上、中旬在平静中过去。

在下旬的最后几天，突然传来了欧盟不进行初裁的决定。这意味着他们的初裁遇到麻烦，要么在裁决的问题上产生分歧，要么还要继续调查取证才好裁决。但有一点是明显的，他们还没有足够的理由对我们进行加税。

但经验告诉我们，没有初裁不等于不终裁。在以往的应诉案例中，对方会利用这半年的时间加速取证、补充材料，终裁时的加税仍难能幸免。因此，只能喜忧参半地等待着 9 月份的最后结果。

不料，在 7 月 15 日晚，法国基德律师事务所给我们传来一个意外的喜讯，提出诉讼的欧洲打火机制造商联合会于 14 日向欧盟委员会提出撤回其反倾销诉讼的要求，这完全是我们不曾奢望的结果！凡诉讼的双方，对方自动撤诉也就等于宣

告我方的胜诉。

这胜利，不是在法定的9月份，而是提前了两个月。它有力地说明了对方在东方公司大量的证据和无可辩驳的事实面前，在完全符合市场经济地位的五项标准和不存在倾销的情况下，欧洲打火机制造商联合会预感到9月份的终裁将面临着败诉的结局时，不得已而提前作出的决定。

我们这次胜诉，成为国内外等各大媒体竞相报道的新闻热点。温州打火机协会会长周大虎成为2003年度中国十大法治人物，黄发静成为2003年中国十大年度经济人物，入世反倾销第一案胜诉成为2003年度中国企业十大新闻。

我们这次胜诉，是我国改革开放开拓创新的壮举和成就，成为中国进入WTO之后应诉欧盟对华反倾销的第一案胜诉，光荣地载入了中国应诉反倾销的史册。

（作者时任温州东方打火机有限公司总经理）

李　忠　国联赢得“双反”胜利

怀着年少时的创业梦，经过多年在水产行业的摸爬滚打，2001 年 6 月，我与我的搭档在湛江开发区成立了一家以加工出口对虾为主的外向型企业——湛江国联水产开发有限公司。成立伊始，公司只是一个员工不到百人的小企业，在没有客户、没有充足周转资金的情况下，经营很快陷入困境，当年公司的对虾产品出口额仅为 65 万美元。

面对重重困境，我始终坚守自己的信念，严抓产品质量，加工工艺、质量管理均严格执行美国 FDA 和欧盟的标准，并积极走出国门，参加各种国际水产品交易会，大胆亮出自己的品牌。面对美国的贸易保护主义，我不惜花重金把产品送到全球权威机构——新加坡 SGS 公司检测并通过认证，从而以过硬的质量打破了美方的技术壁垒，成功打开美国市场大门。

然而正当我带领我的团队逐渐步入正轨，经营业绩逐步增长时，谁也没想到，一场风暴已悄悄来临。

独立应诉反倾销

2003 年岁末，美国南方虾业联盟向美国政府提出申请，要求对中国、越南等

六国的输美对虾采取反倾销措施。对倾销行为实施反倾销必须同时具备以下条件：进口产品存在倾销；国内产业存在损害；倾销和国内产业之间存在因果关系。

2004 年 1 月，美国商务部正式开始立案调查，全面调查涉案企业 123 家，国联水产也在调查之列。

这种情况下，犹如身处失火的高楼，不跳只有等死，反之才会有奇迹，才会死里逃生。如果不应诉，等待国内水产业的可能是 100% 以上的高额惩罚性关税，而在国际贸易中，关税高于 20% 的企业，就意味着在市场上丧失了竞争力。面对棘手而陌生的官司，整个行业都陷入了焦虑和迷茫中。

其实早在 2002 年初，美国南方虾业联盟就酝酿对包括中国在内的进口虾采取反倾销行动。中国虾产品 70% 对美出口，是输美的主要农产品之一。美国的反倾销一旦成功，就会对整个产业造成毁灭性的打击。

我们绝对没有低于成本卖，绝对没有倾销，这我们心中有数。中国虾成本低，是因为我们有全世界最先进的养殖技术和比较便宜的劳动力资源。美国对我们中国虾业来说，是个很大的市场，我们不能够退出。

公司领导层及管理层积极学习反倾销的知识，研究小龙虾、蘑菇、苹果汁等中国各种各样的反倾销案例，不断跟踪了解美国方面的信息。在我的积极倡导联合下，湛江 30 多家出口虾产品的企业共同成立了“中国南方输美虾产品反倾销应对联盟”，并接受培训指导。

因各种原因，在应诉的关键时刻，许多对虾出口企业放弃了应诉权，但我和我的团队没有被困难吓倒，而是积极搜寻司法救济，以捍卫企业的合法权益。在深入分析美国对我国对虾反倾销的动机和形势，以及对自身的生产、经营、管理和出口现状进行了充分而客观的评估和自查后，决定选择独立应诉的方式应对反倾销，以掌握更多的主动权。

“破壁”之战

2 月 25 日，国联水产被美国商务部指定为四家“强制性反倾销调查对象”之一，这个行业唯恐避之不及的消息，我却认为是一个难得的商机。因为只有被选中才有可能打官司，只有打赢官司才有可能赢得一个单独的税率，这将是国联实现跨越式发展的一个历史机遇。

当时国内没有可借鉴的成功案例，连广东省应诉联盟和国家商务部介绍的律师团队也没有获胜的纪录。我们通过与10多家国内外的律师事务所进行接触洽谈，最后选择有小龙虾反倾销经验的上海天域律师事务所作为我们的应诉律师。

西方人在材料审查中，特别重视反映实际情况的数字，以及资料中的细节内容，因此提供给美国商务部的数据资料，不能有任何错漏。

这里有一个教训：另一家应诉企业就因为答卷上的一个数据与现场核查不一致，税率就由初裁的7%上升到27.89%。

为了准确地回答美国商务部随时可能提出的各种问题，以及3000多页的问卷，我和我的团队每天工作16小时以上，应诉资料铺满了几个会议室，困了就在办公室铺报纸打地铺休息。

由于准备充分，美国商务部要求三天提供的数据，国联只用了一天半的时间就完成了。

核查期间，为了缓和紧张气氛，公司的几个对虾专家客串大厨，挑选国联最具代表性的产品亲自制作，让核查官在核查的空隙品尝，让他们在翻看枯燥的财务数据之余，也领略到湛江人的热情。

核查官走了，带走了一大摞数据，也带走了国联人牵挂的心。接下来是漫长而痛苦的等待。

“零关税”胜利

北京时间2004年12月1日凌晨2点10分，这是国联人永远不会忘记的时刻。我和我的团队在会议室里连续等待了两个通宵，终于等来终裁结果——美国商务部最终裁定，湛江国联税率为0.07%，属于零关税。顿时，会议室传出了长

时间的掌声和激动的欢呼声。

国联成为中国唯一一家获得输入美国冻虾零关税企业，是我和我的团队敢闯敢拼，苦练内功，积极实施国际化战略，狠抓质量管理，按照市场经济规律办事的结果。当然其中也离不开政府提供的高效、优质的服务。省委、省政府，市委、市政府支持企业进行反倾销应诉的正确决策，给予国联很大的鼓舞，使我们坚定了信心；其次，有关职能部门通力合作，提出了相关咨询和服务，为国联的最终胜诉起到了积极的作用。

国联“零关税”的胜利，不但挽救了湛江对虾产业的一次严重危机，也推动了湛江对虾产业跃上一个新台阶，给我国的水产品加工企业指出了一个重要的发展方向，出口水产品加工企业必须树立起技术竞争、品牌竞争等“增值性竞争”观念，积极发展深加工产品才能顺利绕过反倾销的国际贸易壁垒，才能找到新的出路。

我们获得反倾销“零关税”后，公司上下欢欣鼓舞，决心做大做强，出口业绩不断扩大，此后使湛江水产品出口额跃居湛江出口行业首位。

公司规模不断扩大，逐渐成为一家集水产种苗、饲料、养殖生产、加工贸易和科研开发为一体的农业产业化国家重点龙头企业、高新技术企业、全国农产品加工业示范企业等，通过了输美水产品 HACCP 验证、欧盟卫生注册认证、ISO9001 质量管理体系和 ISO14001 环境管理体系认证，获得全国质量工作先进集体、中国守合同重信用企业、全国农业产业化行业十强龙头企业等诸多荣誉。公司的经济实力进一步加强，于 2010 年 7 月 8 日在深交所成功上市。

应对反补贴诉讼

正当公司成功登陆资本市场，全面推行全球发展战略的关键时刻，2013 年 1 月 18 日，美国商务部应美国海湾虾业联盟申请，正式对原产自中国、厄瓜多尔、印度、印度尼西亚、马来西亚、泰国和越南七国冷冻暖水虾进行反补贴调查。

2月7日，美国国际贸易委员会发布公告，对原产于上述七国的冷冻暖水虾做出反补贴产业损害初裁，裁定涉案产品的反补贴行为给美国国内产业造成了实质性损害。

5月29日，美国商务部初步裁定，湛江国联水产及其关联企业的反补贴税率为5.76%。

8月14日，美国商务部公布对原产于中国等七个国家的暖水虾产品反补贴调查终裁结果。认定中方唯一应诉企业国联水产及其关联企业补贴率为18.16%，其他中国生产和出口企业补贴率同样为18.16%。

此次反补贴税诉讼是美国针对中国首个农产品的反补贴诉讼事件，也是美国在已经实施八年的反倾销措施基础上对相同产品再次发起反补贴调查。国联作为中国对虾输美的龙头企业被定为唯一强制应诉企业，不仅仅代表公司在同美国商务部应诉，更是代表了整个行业为争取合法公正的贸易待遇出力。

而本次反补贴率确定方式很可能成为未来农产品乃至其他产品反补贴的裁决依据，一旦这种不公正的裁决模式被认可，将对中国企业未来面临的一系列反补贴裁决产生极其不利的影响，类似的命运再次降临到我和我的团队身上，我们再次踏上了“破壁”之路。

美国商务部在将中国视为非市场经济国家并在没有充分证据的情况下，对中国企业同时动用反倾销和反补贴调查，既违反世贸组织规则，也违反其国内法律。美国商务部在计算税率时，在中国进出口银行及国联水产提供了大量证据材料证明没有买方信贷的情况下，美国商务部仍以中国进出口银行不配合调查为由，对国联水产施以10.54%的惩罚性高额税率，是不合理的。

另外，美国商务部对中国对虾上游不问卷不调查，而适用美国关税法的771B章节，将企业补贴变相放大归于中国上游虾农，使税率增加了两倍多的做法也违反了相关规则。

此后，我和我的律师团队在美国国际贸易委员会（ITC）展开无损害抗辩指出，中国输美的冷冻暖水虾不足美国该产品进口量的3%，对美国国内产业不构成

损害；本案同时被诉的七国中，主要出口国泰国、印度尼西亚等均被裁决补贴税率为零。

再次“破壁”

9 月 20 日，美国国际贸易委员会终裁判定，从中国等七国进口的冰冻暖水虾未对美国相关产业造成实质性损害或威胁，因此否决了美国商务部此前要求对上述产品征收反补贴税的决定。根据美国贸易救济案处理程序，美国国际贸易委员会做出否定终裁后，美国商务部初裁和终裁的具体税率将作废，美国商务部据此不得向海关签发命令，不得对中国等五国输美暖水虾征收反补贴税。

这一裁决标志着作为中方唯一应诉的国联在此案中获得最终胜利，中国输美暖水虾反补贴税率为零。这一结果进一步增强了我们扩大产品出口的信心，2013 年我们公司出口美国的水产品达 1.29 亿美元，创历史新高。

对这一结果，我用“中国胜利、湛江骄傲、国联努力”来形容。在国家、省、市的支持下，公司充分运用 2004 年以来应对国际贸易壁垒的经验，充分发挥团队能力积极应诉，不放弃一线希望，最终实现了“逆转”式胜利。

这也是国联继 2004 年应对美国发起的反倾销调查胜诉后，又一次在国际贸易调查中胜出，取得了中国企业罕有的“双反”（反倾销、反补贴）调查胜诉，不仅给中国水产行业增加了巨大的信心，也为未来我国企业可能面临的反补贴案件提供了宝贵经验。

（作者时任湛江国联水产开发有限公司董事长　庞世权　李洪潮　高华军 / 整理）

叶子建 **阿根廷对中国眼镜反倾销调查**

2004 年 1 月 6 日，阿根廷决定对原产于中国的墨镜、镜框和其他眼镜开始反倾销立案调查，并要求有关涉案企业在 45 个工作日内提交应诉材料。

2 月 3 日，我参加了由温州市外经贸局召开的首次“阿根廷对中国眼镜反倾销调查应诉工作会议”，会议上通报了阿根廷反倾销详细情况与阿根廷及周边国家经济环境，指出该案的重要地位与影响力，强调为确保整个南美眼镜市场的利益，涉案企业应该积极应诉。

市外经贸局公平贸易处有关人士表示，温州涉案企业较多，但涉案金额不大，每家企业从几千万美元到 10 多万美元不等，占出口总额不到 1%。如不应诉，业内人士担心邻国效仿。

2 月 5 日，市外经贸局又召开第二次应诉协调会，决定选择若干家代表性企业应诉，其他涉案企业和眼镜生产企业全力支持援助。确定的应诉企业为：温州市进出口联合有限公司、温州市顺威光学眼镜有限公司、温州泰恒眼镜城集团有限公司。

会议委托市外经贸局向中国轻工进出口商会汇报并请其向全国涉案企业通报，希望其加入应诉行列或伸出援助之手，维护我国眼镜产业在阿根廷市场的利益。

2 月 12 日，温州市眼镜商会将《关于阿根廷眼镜反倾销案协助应诉的报告》

传真于中国眼镜协会。因阿案涉及全国性的眼镜企业，温州以外的国内企业占29家，必须尽快发动全部涉案企业，并全面动员协调温州以外的涉案企业和全国眼镜行业的力量加入反倾销行列。

提交答卷材料

2月24日，从阿根廷律师方获悉，阿根廷政府中有两个机构负责反倾销调查案，一个是CNCE，即阿根廷外贸委员会，主要负责阿国内产业是否受到损害的调查；另一个是SSPYGC，即公平竞争局，主要负责是否存在倾销的调查。

3月3日，阿根廷合作律师回复：CNCE书面同意延期30天，但必须在3月17日之前提交初步材料，4月10日前必须提交全部完整的CNCE答卷。同时，中国轻工商会口头通知，中国驻阿根廷使馆商务处已获得CNCE的延期准件。

3月10日，三家企业的CNCE答卷寄往阿根廷，以便赶上3月17日的最后期限。3月15日，经过阿根廷驻上海领事馆认证的授权委托书寄往阿根廷……同时，律师要求我商会出面请中国眼镜协会提供相关资料。

阿根廷进口商协会也是非常努力地在争取胜诉，希望我们能向其提供介绍中国眼镜协会职能、活动等信息的小册子或其他类似资料。

当时面临的最大难题：由于阿根廷政府还没有承认中国是一个市场经济地位国家，所以如果要采纳我方提供的成本核算，则必须由独立的、国际知名的会计师事务所出具报告，才能确认应诉中国生产商是在市场经济条件下运行的企业。

积极抗辩

三家中国企业和许多阿根廷进口商回应调查，提出如下抗辩：

（1）提出调查申请的三家阿企不能代表阿眼镜企业，不具有大多数的代表性。

（2）阿根廷没有企业生产老花镜，故老花镜不应包括在调查之中，对阿眼镜行业没有损害，因果关系不能确立。

(3)从中国进口眼镜与阿本国产眼镜的目标不一样，可谓井水不犯河水。

(4)“正常价值”的考虑，以意大利和巴西的眼镜生产成本来计算绝对不可接受。

(5)有关中华人民共和国经济状况的分析不符合中国的实际情况，必须改变，因此要求驳回调查申请。

6月13日和24日，负责倾销调查的部门(DCD)和负责损害调查的部门(CNCE)分别做出了不利于我方的报告。但此次临时反倾销措施并没有按上述确定的幅度征收临时反倾销税，而是以最低出口限价的方式采取了措施，应该是各方积极努力的结果。

7月22日，举行了一次各方参加的损害听证会。CNCE和DCD允许我们生产企业在8月底提交一份报告。

9月30日，阿根廷政府官方通报公布公报，决定对于原产于中国的眼镜采取最低出口限价的临时反倾销措施。

10月26日，阿根廷使馆致电中国商务部公平贸易局并轻工工艺商会：阿根廷政府主管部门已对我出口到阿的太阳镜、镜架等的反倾销案作出初裁，并已决定采取四个月的临时最低限价措施。

为避免初裁措施成为终裁结果，进口商及其代理律师目前正在做出有关努力，他们已同阿主管部门沟通过，如果中国应诉企业能提供给其驻华使馆认证的有关文件，阿方将考虑修正他们的初裁结论。

毫无疑问，面对我们在今年2月提交的72份能证明应诉眼镜生产企业均为市场经济条件下生产运营的企业的证据，DCD不得不做出客观公正的认定。DCD结合台湾的眼镜价格，做出了最终倾销幅度认定。

以胜诉结案

6 月 27 日，据洪建政律师提供信息，阿根廷政府有关部门对中国出口的各类眼镜、镜片、框架等反倾销调查报告已经出炉，认为我国眼镜并没有对阿根廷产业产生损害，但存在 10% 的倾销，我方表示将继续交涉争取最好的结果。

7 月 5 日，阿根廷经济部部长 Lavagna 先生签署了 375/2005 号决议。

7 月 11 日，阿根廷合作律师 Dr.Vieito 通报，阿根廷政府决定终止针对原产于中国的眼镜反倾销案。只是要求：进口自中国的太阳镜（Sunglasses）不低于每副 0.46 美元（合人民币 3.8—4.3 元），为期三年，自 2005 年 7 月 7 日至 2008 年 7 月 6 日，对光学框架（Frame）和老花眼镜（Reading Glasses）不再采取任何反倾销措施。

至此，本案以胜诉结案。

我们必须正视自己

针对此案的胜诉，我有几点体会：

一、要勇于应诉，敢于挑战，有组织有策略地组织企业进行应诉，这是首要的，是取得胜诉的第一步。

二、信息来源要准要快。在商务部公平贸易局、进出口商会和温州市外经贸局公平贸易处的帮助下，我们第一时间获得了阿根廷立案信息，为应诉赢得了时间。

三、商会发挥了重要作用。针对此案，我们商会先后组织涉案企业召开了多次协调会议，并筹措应诉资金，积极协助律师应诉。

四、应诉企业和律师的选择至关重要。在此案应诉的过程中，唱主角的是应诉企业和律师。选择规范的有实力的企业与律师是胜诉的关键。从多家律师事务所中我们选择了有应诉国际贸易壁垒实力与经验的浙江平宇律师事务所与洪建政律师。事实证明我们的选择是非常正确的。

五、争取立案国进口商的支持很重要。我们与阿根廷进口商取得了联系与沟通，得到了他们的积极支持与资金赞助，为我们的胜诉提供了很大的帮助。

六、需要全行业的支持与帮助，特别是巨额应诉资金的支持。

七、我们必须正视自己。为什么我们会多次遭遇国际贸易壁垒，这值得我们深思。这一方面说明温州眼镜在国际市场上的地位与影响力；另一方面，温州眼镜在占领国际市场的同时，必须遵守 WTO 原则，明确其市场定位与经营思路。

在此，我衷心希望温州眼镜的档次与价格得到进一步提升，只有产业的整体提升才是解决与避免国际贸易壁垒的最有效方法。

（作者时任温州远洋眼镜有限公司董事长、温州眼镜商会会长）

王振滔　漫漫反倾销抗辩之路

一颗重磅炸弹

和往常一样，我来到办公室第一个动作是打开电脑，突然，一个网页跳入我的视线：欧盟欲对中国部分皮鞋实施反倾销案调查。

这个消息对于正雄心勃勃开辟欧盟市场的我来说无疑是重磅炸弹：欧盟可是我们最重要的市场啊，80% 的产品出口都是销往欧盟，如果征收反倾销税，影响该有多大？

为了求证信息的准确性，我迫不及待打开了商务部网站，同样的消息也公布在该网站首页。立案调查就意味着很有可能对中国皮鞋征收反倾销税！

我最担心的是我们现有的欧盟客户会不会因此受到影响。我迅速将这个信息以邮件的形式发给了欧盟客户。接近中午，我接到客户的邮件回复，意外的是欧盟客户不但没有因为这个事情对我们提出特别的要求，相反非常反对欧盟的这种做法，并表示愿意与奥康一起应对反倾销。

让欧盟知道中国鞋企的态度和声音

“反倾销躲是躲不过的，只有不满和抗议也是没有用的，需要积极主动地正面应对”，在震惊之余，我立即清醒地意识到，“面对贸易壁垒，只有联合才有出路，只有合作才有发展，面对越来越大的反倾销压力，制鞋企业应该建立共同应对国际贸易壁垒的组织，共享信息、共担资金，共同表达自己的合法诉求”。

作为国内最大民营制鞋企业，奥康不能默认欧盟不平等的贸易举措。我极力主张用法律的手段维护中国鞋业在国际市场上的合法权益；积极寻求和争取在WTO规则下中国鞋业应有的市场地位和利益。

2006年5月18日，我联合百家鞋企代表发表了中国第一个抗议欧盟鞋类反倾销宣言——《重庆宣言》。大家一致认为欧盟对华和越南产皮鞋征收的反倾销税是不合理的，是一种贸易保护行为，呼吁并支持中国企业要拿起法律武器来保护自身的合法权益。

2006年5月20日，我们又派代表赴欧盟出席5月22日在布鲁塞尔举行的“对华鞋产品反倾销听证会”。在听证会上我方代表陈词抗辩，抗议欧盟对中国鞋做出不公正的反倾销裁决，认为，中国皮鞋出口欧盟的价格很高，根本不构成反倾销，这是欧委会为保护本国产业而作出的一项不公平的决定。此言一出，得到在场多数代表的一致赞同。

奥康的声音和行动通过媒体的关注和传播，也引起了国际社会的关注。不久，西班牙制鞋协会也向奥康发出了邀请。

继续在国际舞台上奔走呼告

西班牙阿里肯特，这个不大的城市祥和而富足，虽然曾经庞大的制鞋企业如今已经浓缩成小型家庭手工作坊，但这里很多地方都能让你感受到工业的繁荣，

彰显制鞋工艺的精湛美妙。

我清楚地意识到，我来到这里不是为了欣赏美景，而是为了一种使命。受欧盟鞋业联合会主席卡尔沃的邀请，我以中国制鞋企业唯一代表的身份，出席在阿里肯特举办的西班牙鞋业论坛并做专题演讲，此举被业内视为中国鞋企赢得欧盟反倾销终裁而增加胜算的筹码。

论坛上，我受大会的邀请发表了主题为“增进交流，合作共赢——开创中西鞋业发展新局面”的演讲，在演讲中我特别强调：西班牙和中国都是鞋业大国，有着广泛的合作空间。合作是双赢的博弈。

“我们始终相信，他们的法律是客观的、公正的。”我说，“其实，我们已经注意到国际上的一些声音，对奥康的行为是给予了肯定的。这让我们更加坚定了信心。从这些声音，我们也看到了国际社会的公义所在。”

当天的演讲可以说言辞激烈，指向明确，我把当时我们的想法一股脑儿地表达出来，因为没有做错什么事情，也没有犯法，没什么可担心的。相反做错了事的是欧盟委员会，他们应该为这件事感到羞愧。

后来他们把我带到一个非常漂亮的公园吃饭，说今天为你的讲话请你吃饭。通过深入交流我认识到，中西方因为文化、政治等各方面因素的限制，彼此存在很多误解，而破除误解的最好方式就是多交流、多沟通，让彼此放下戒备之心理，才能更深入地合作。

为中国鞋企的明天而战

是沉默还是应诉？是逆来顺受还是据理力争？面对欧盟对华最大的这场反倾销案例，在大多数企业沉默之时，2007 年 1 月 8 日，我与泰马鞋业，还有广东、福建两家鞋企决定联合起诉，运用法律武器，积极应对这场反倾销案，为中国鞋企的明天而战。

我们选择代理此案的中方律师是蒲凌尘，他是中国打火机打赢入世反倾销第一案的辩方律师，也是中国企业在反倾销案中最早全面成功的案例——云南马龙黄磷反倾销案的代理律师。针对欧盟对华皮鞋反倾销案向欧盟初级法院提起诉讼请求，请求法院予以公正的审理。

奥康等五家中国鞋企在欧盟初级法院的官司按照司法程序进行着，经过了书面答辩和口头答辩（这些程序都是我们聘请的比利时律师协助进行的）。转眼两年过去了。

2008 年 10 月 2 日，欧盟宣布 2006 年开始征收的为期两年的反倾销税到期，进入期满复审阶段。复审能否改变中国鞋企的命运？中国政府、协会、企业都在为之付出努力并期待有利结果。

欧盟调查官实地核查后迎来好消息

这天奥康外贸业务员李海军起得很早，他负责去机场迎接欧盟反倾销调查组的官员。

在这之前，奥康收到一份来自欧委会的函件，函件称，作为日落复审的程序之一，欧委会通过抽签，奥康等七家中国鞋企将成为欧委会官员实地核查的对象，具体核查时间为 2009 年的 1 月 12 日。

永强机场内行人川流不息，按照提前提供的照片，李海军很快就认出了两名调查官以及一名翻译。李海军第一时间送上鲜花，双方进行一阵寒暄，随后乘车前往奥康工业园。李海军深知这几位老外调查官的到来，对最后期满复审的结果将起到关键性的作用，而对于一直坚信不存在反倾销的奥康来说，对此也是充满自信。

"欧盟对中国和越南产皮鞋所征反倾销税延长 15 个月的计划，在 19 日被欧盟多数国家的贸易官员否决。这对中国鞋企争取取消反倾销税是一个大好消息，反倾销税很有可能被取消。"距离欧盟调查官离开奥康已有快一年的时间，11 月 20 日这天一大早，刚刚打开手机的我便收到了中国皮革协会秘书长李玉中的电话。

暗喜从心中油然升起。看来通过实际调查，已经证实奥康的皮鞋不存在倾销行为。但我也知道，按照欧委会的程序，这一次只是试探性的表决，最终要在欧盟部长理事会上通过，才是最后的裁决。而在这期间还会存在很多变数，但目前至少已经说明欧盟多数成员国是不赞成反倾销税的。

继续走上艰难而漫长的反倾销抗辩之路

令人遗憾的是，不久，欧盟部长理事会议不顾多数成员国的反对通过表决，对中国和越南产皮鞋所征反倾销税再延长 15 个月，最迟将在 2010 年 1 月 3 日公布实施。

祸不单行，2010 年 3 月，欧盟法院也传来消息：奥康等五家中国鞋企的诉讼请求被驳回。此消息对于正处在反倾销煎熬中的中国鞋企来说无疑是雪上加霜，同时也意味着我们之前几年的诉讼努力宣告失败。

此刻，我心情异常复杂，不知道下一步该怎么走，这时我想到了我们的中方代理律师蒲凌尘，迅速给他打了电话，邀请他来温州一聚。

“通过阅读欧盟初审法院的判决书，我们发现判决有失公允。”2010 年 5 月，蒲凌尘再次来到温州，就欧盟初审法院判决的有关情况向我进行汇报。

“所以我们仍可以上诉至欧盟高等法院，请求高等法院对初级法院的审理程序进行复核。奥康仍有胜算的机会。”蒲凌尘的解释让我似乎意识到了什么。

“对，无论结果如何我们在法律程序上要走完，这是一种做事的态度。”我语气坚定地告诉蒲律师，既然我们选择了法律这条路，就要坚持到底，这是我一贯做事的风格。

这一次蒲凌尘还带来了另一个好消息：商务部已经提请 WTO，就欧盟对中国皮鞋征收反倾销税事件成立专案组，来审理此案。有政府的大力支持，更增加了奥康继续在法律程序上走下去的信心。

随后，奥康在其他四家鞋企感觉二审胜诉无望宣布退出的情况下，不惜承受巨额的诉讼费，坚信法律，追求平等，孤军奋战，坚决上诉至欧盟高等法院，继续走上艰难而漫长的反倾销抗辩之路。

其间，温州市商务局、温州海关、浙江省商务厅为奥康继续坚持抗辩提供了有关法律咨询、市场调研，以及资源支持。商务部通过启用 WTO 专家组，多次与欧盟高院进行交涉，维护法律的正义与公平。

终审判定奥康胜诉

在多方共同的努力下，2011 年 3 月 31 日，欧盟宣布从 2011 年 4 月 1 日起，正式取消对中国皮鞋征收 16.5% 的高额反倾销税。这一维持了近五年之久的不合理贸易保护措施终于“寿终正寝”。

然而，欧盟虽然单方面终止了措施，但并未解决反倾销的法律问题，奥康在欧盟法院的司法程序并未走完。

欧盟取消对中国皮鞋征收 16.5% 的高额反倾销税，证明在法律上存在不公平、不合理现象。奥康以此为契机，决定从司法程序上继续申诉，为中国企业在国际贸易摩擦法律面上探索解决路径，为奥康乃至中国企业在国际化道路上遇到的法律问题寻求答案。

经过奥康向欧盟高院多轮申辩后，欧盟高等法院于 2012 年 11 月 15 日下达判决书，最终裁定欧盟初级法院在审理奥康抗辩欧盟反倾销的案件上，个别法律条款使用不当，欠缺公正，推翻了欧盟普通法院作出的一审裁定，终审判定奥康胜诉。

勇往直前，坚持就是胜利

我想此次奥康胜诉欧盟反倾销案，赢得的不仅仅是官司，更是中国企业在国际市场上的地位、名誉和尊严。在长达六年的反倾销抗辩和诉讼中，不仅让世界

看到了中国企业的自信与担当，更为日渐走向国际市场的广大中国企业面对与化解国际贸易摩擦与经济纠纷提供了经验与借鉴。

一、面对摩擦，不怨天尤人，强练内功，增强竞争实力。从反倾销的立案调查数量来看，我国是世界上遭遇反倾销立案调查最多的国家。近年来，不光是鞋产品，中国出口的多种商品，如光伏电池组、陶瓷、铝车轮等，都经常会遭遇其他国家的反倾销。尽管地区贸易保护主义抬头、制度差异带来偏见等客观因素对中国企业走向世界产生一定阻力，但是必须承认的是中国出口商品在质量与科技含量上仍然一定程度地落后于发达国家。因此，摆脱反倾销大棒最为行之有效的办法之一就是要强练内功，不断提高自身实力。

二、面对不平等，不坐以待毙，积极应对，用法律争权益。中国是世界贸易组织的后进国家，很多中国企业对国际贸易规则与国际法律法规仍然相当陌生，这就为国外不公正裁定提供了可乘之机。因此，熟悉世界贸易组织规则，有效地参与国际市场竞争仍是关键所在。尤其是中国企业在国际化道路中，要熟悉非歧视性待遇，保护企业产品出口所要求的正当利益。

三、面对挑战，不妥协让步，奋勇当先，用信心担重任。在欧盟开始对中国鞋企征收高额反倾销税时，两三千家涉案中国鞋企当中仅有奥康等五家企业提起诉讼，而一审判决败诉后，仅剩奥康孤军作战。这种现象反映出我国企业在面临不平等或者不公正贸易裁定时，表现出的担忧与顾虑，这是当下中国企业参与国际市场竞争的软肋。唯有用自信与担当扛起法律武器才能维护中国企业的合法权益。

四、面对困难，不畏首畏尾，勇往直前，坚持就是胜利。从2006年至今，历时六年的反倾销抗辩及诉讼，奥康始终坚信，只有正确运用法律才能保护自己的正当权益。如果没有坚忍不拔的毅力，没有毫不放弃的坚持，这个“持久战”就不可能取胜。

（作者时任奥康集团董事长兼总裁　王海龙 / 整理）

季奕鸿　我是“烧鞋事件”的维权律师

2011 年 5 月 3 日，是一个值得历史铭记的日子——经过长达七年的艰辛努力，终于打赢了曾震惊全球的西班牙烧鞋事件的国际大官司。

这一天，西班牙巴伦西亚自治区埃尔切市地方法院，就 2004 年该市发生的焚烧华商仓库事件作出终审判决，28 名肇事者被判有罪，原告华商陈九松诉讼获胜。

在当天庭审结束后，法官鲁尔德斯・卡塞雷斯当庭宣布，华金・雷克纳・佩雷斯、阿方索・桑切斯等 28 名西班牙籍被告，因犯有扰乱公共秩序和损坏他人财产罪，分别被判处 6 个月至 18 个月有期徒刑，赔偿陈九松公司经济损失 2.6 万欧元（约合 3.85 万美元）。法官还宣布，这是最终判决，不可再上诉。

作为原告律师，我在法院判决后当即接受了新华社记者的采访。我激动地说，这是我国海外华侨华人大型维权诉讼案件的一个重要胜利，树立了一个海外华侨华人法律维权的典范。这一胜诉将为华商营造一个较好的经营环境，使国外不法分子不敢轻易侵犯我华侨华人的利益。

被告律师罗赫略・佩雷斯也对新华社记者说：“烧鞋事件是一个违法事件，应该尽快通过正当的途径解决。今天的审判结果有利于大家更好地相处。”事情发生在七年之前。

震惊全世界的西班牙烧鞋事件

2004年9月16日晚，埃尔切发生攻击和焚烧中国侨民鞋店恶性案件，一些不法分子抢劫华商运鞋卡车，并放火焚烧华商仓库。当时受损最严重的是来自浙江青田的华侨陈九松。

那天晚上，陈九松的货柜（集装箱）运达西班牙埃尔切市中国鞋城仓库，正准备卸货时，400多名在中国鞋城游行示威的西班牙人一拥而上，推倒货柜并浇上了早已准备好的汽油。陈九松的16个货柜和仓库里的温州鞋，在大火中被烧了个一干二净。据陈九松事后清点，损失近100万欧元。

这就是一度震惊全世界的西班牙烧鞋事件——“9·16”烧鞋事件，曾在全球各地引起了轰动。

成为烧鞋事件受害者的代理律师

我1970年10月出生于温州鹿城区，1987年出国，西班牙瓦伦西亚大学法学系毕业，法学硕士。1999年第一个获得大陆华人在西班牙的律师执业资格，在马德里成立并主持西班牙第一家大陆华人律师事务所“中国律师事务所”，并担任中华人民共和国驻西班牙大使馆法律顾问等。

自成立律师事务所以来，共受理旅居西班牙的华人案件多起，，成功处理众多中国企业海外被侵权和不合理拖欠款项案件，接受华人义务咨询5万余人次。华人华侨在西班牙比较有影响的刑事案件，几乎都委托我处理并取得很好的效果。为维护华人的合法权利、为当地华人了解西班牙法律、为华人融入当地社会做出了贡献。

“9·16”烧鞋事件发生后，受中国驻西班牙大使邱小琪的特别嘱托，我于当地时间9月29日早晨7时多，从马德里赶往420公里外的埃尔切市。我的身份是“9·16”烧鞋事件受害者陈九松的代理律师。当天中午12时40分，我抵达埃尔切，见到了自己的当事人陈九松。一小时后，在埃尔切法院刑事庭内，陈九松正式提出诉讼，起诉纵火嫌疑犯。当天，我向法院递交了诉状，并提供了部分被毁商品的发票。地方法院受理此案并将其定性为特大案件。

无论多难，我绝不畏难

我曾对采访我的《世界温州人》杂志记者说，这个诉讼是极为艰难的——当时的情况极其复杂，烧鞋的社会背景是中国产品的大量进入，被说成冲击了当地的鞋业。鞋在埃尔切市被烧，又在埃尔切市诉讼，那个法官能做到公正吗？当地政府部门也不大配合，担心引起市民愤怒。

诉讼还存在一个两难问题——不诉讼不行，如不诉讼，经营环境可能还会恶化，不利于华人的生存和发展；诉讼过分也不行，如诉讼过了头，有可能激起当地市民的义愤，更不利于问题的解决。

那么，到底要不要诉讼呢？我的态度十分明确，当然要诉讼，问题在于要掌握一个尺寸。既要敢于诉讼，把肇事嫌疑犯都送上法庭；又要善于诉讼，让当地政府、当地市民都能支持诉讼。

而要诉讼，又起诉谁呢？当初在现场只抓到3个嫌疑犯，只是参与烧鞋事件人员的一个零头。这是无法起诉的。我受大使馆和当事人委托，无论多难，也绝不畏难。

千方百计寻找嫌疑犯

我做的第一件事，就是千方百计去寻找嫌疑犯。怎么找呢？我从当地媒体的新闻报道上，从录音录像上……一点一滴地找，一个人一个人地找，大海捞针似的去找。

功夫不负有心人。经过几年不懈的努力，我终于找到了烧鞋事件的 65 名肇事嫌疑犯——这就解决了诉讼对象这个大问题。

在我的努力下，历经四年多艰难的法律维权斗争，至 2008 年 1 月 18 日，共找到并审讯了 65 名肇事嫌疑犯。经过仔细查证，最终将其中 28 名嫌疑犯立案起诉，送上审判庭，让鞋城华商得以安心营业生活。

想方设法争取当地政府支持

我做的第二件事，就是想方设法争取当地政府的支持。怎么争取呢？我先把当地市政府也作为被告，准备一并起诉到法庭上去，诉由是出警是否及时，有否起到应有的作用。

经过努力，取得了效果。当地政府知道法律的矛头也将指向自己时，就决定变被动为主动，也介入诉讼，以诉讼方的名义协助受害方，把诉讼一起进行到底——这就使诉讼有了政府这个大靠山。

我还努力找出烧鞋骚乱的背后原因——当地是西班牙经济欠发达地区，唯一的工业就是制鞋，由于企业不景气，当地老板为了裁员，故意将原因归咎为华人的竞争，结果引起了这场骚乱。

其实，华商的进口鞋同当地的鞋业是不同的，有中低档与高中档之别，根本就冲击不了当地的鞋业。这充分说明了当地相对闭塞、人员不很开化的事实；从另一方面也反映了当地执法无力、执法不严的情况。

七年的义务诉讼

这个被法院定性为特大型的案件，审理难度大、涉案人员多。受害人不懂当地语言，对案件胜诉也没有信心，且承担不起律师费用。鉴于这种情况，没有哪个律师愿意为原告辩护，认为这是一场不会有结果的官司。

值得庆幸的是，当地司法部门尚能依法执法，给案件的最后解决保留了希望。

经过七年的艰难努力，到 2008 年 12 月，当事人成功地向当地法院提起了正式起诉，不仅仅是起诉肇事者犯有烧鞋侵犯财产罪，而且部分人还犯有暴力抢劫罪。整个起诉，不仅建立在严密的法律证据上，而且还考虑到当事人没有一分钱。

从 2004 年 9 月 29 日首次陪同受害人陈九松来到埃尔切地方法院递交诉状，到 2011 年 5 月 3 日法院作出终审判决，一个长达近七年的诉讼，对当事人极不容易，对我也极不容易。我自己到法院就去了几十次，每次从马德里到埃尔切，来回都要奔波 800 公里。前后近七年，调查、取证、听审……按照当地的标准，费用超过了 10 万欧元。但我始终是义务服务，不仅没有收当事人一分钱，而且还赔上了大量的资金和时间。

为华侨华人讨个说法

回顾这一案件的立案审理过程，我颇多感慨。案件于 2006 年 5 月初审结束提出起诉，到五年后才开庭，其间每个被告律师都对埃尔切市法院对这个案件立案起诉表示不服，提出上诉，同时还向省高级法院提起上诉，这些程序到 2010 年底才结束，难度之大可见一斑。

七年艰辛漫长的诉讼之路，我要一个人面对被告方的十余名律师，为此准备的卷宗就有 3000 多页。在法庭上，我身着律师袍，充满自信，逐个驳回了被告律师的申诉。

对 5 月 3 日的开庭判决，西班牙各大媒体，包括各电视台、电台和报社均派记者到开庭现场采访报道，对西班牙主流社会影响深远。当地华商都说大快人心，以后不会再成为第二个陈九松了。

法庭判决后，陈九松对我表示了衷心的感谢，感谢我不收分文，自己垫钱，把这场旷世官司打到了底，而且还取得了胜诉的结果。我则对他说，这是应该的，只要胜诉，比什么感谢都强。

新华社记者采访我时问道，是什么使你有这样的毅力和决心坚持下去，我回答说：“如果官司不打下去，华侨华人的生存和经营环境就会恶化，不法分子就会为所欲为，华商的利益就不能得到保护。我是学法律的，当同胞需要的时候，我必须用我所学的知识，为华侨华人做点事，为他们讨个说法。”

埃尔切市地方法院的判决，为震惊全球的西班牙烧鞋事件官司画上了一个应该画的句号。旅居西班牙的华人都说，“如果没有季奕鸿律师，那就没有对‘9·16’烧鞋事件肇事者的起诉，更说不上为受害者讨公道了”。

这对我是一个鼓励，也是对所有海外华人依法维权的鼓励。我要做的事还很多，我将努力前行。

（作者时任西班牙中国律师事务所律师　胡方松/整理）

第五章

我在中国落地生根

［韩］崔荣哲　我被称为“民间大使”

美丽的海滨城市青岛对我们极具吸引力

我们韩国茶山金属工业株式会社是从 1978 年只有 2.4 万美元起家的，由于经营得力而迅速发展，1989 年的出口额已达 900 万美元以上。

为了顺应经济发展的潮流，进一步扩大企业规模，扩大出口业务，我们作出了到国外投资办企业的决定。几经考察和比较，我们把眼光从东南亚各国转向了东北亚，最后选中了中国青岛。

1990 年 3 月，我同株式会社董事长尹泳相来到了青岛。当时韩中尚未建交，对中国政局也把握不透。对我们这个组建仅有 12 年的中小型企业来说，投资近千万人民币是带有一定冒险性的，所以我们非常谨慎。

但青岛这个美丽的海滨城市对我们极具吸引力，她拥有天然良港，与韩国隔海相望。我站到海滩上，就好像回到了韩国的仁川港。这里海陆空交通便利，乘飞机到汉城仅需 100 分钟，乘船至仁川用不了一天。这里空气湿润，冬暖夏凉，气候宜人，而人情更宜人。特别是韩国的资金和技术设备与中国丰富的劳动力资源、土地资源以及迅速的经济发展势头相结合，不仅会产生理想的效益，而且还具有很大的互补性。

茶山公司屡获殊荣

几经分析，我们毅然与青岛市人民政府有关部门签约，建立了青岛茶山人造首饰有限公司。以契约50年为限，在城阳流亭街道仙家寨社区租赁了11532平方米的土地，建造了6930平方米的厂房。投资97万美元，从事人造首饰加工生产，由尹泳相任董事长，我任总经理。

1990年10月第一批韩国技术人员抵达青岛，同年12月开始试制，1991年5月22日正式剪彩，当年即创汇120万美元。1992年产品就外销到了16个国家和地区，创汇280万美元。

到1995年，青岛茶山公司已经发展到有十多个分厂，拥有1809名职工的规模，年创汇585万美元。

青岛茶山公司与株式会社在韩国国内的两个企业加起来，取得了很好的整体效益，发展突飞猛进，客户遍及美国、加拿大、欧洲、东南亚等39个国家和地区，其中人造项链的生产和销售已跃居世界第一。

1992年，茶山公司被青岛市人民政府授予“出口创汇先进外商投资企业”称号；1993年，我本人被青岛市对外经济贸易委员会、青岛外商投资企业协会授予“青岛市外商投资企业优秀总经理”称号；1994年，我们青岛茶山公司又被中国外商投资企业协会授予“全国外商投资双优企业”称号；1995年，茶山金属工业株式会社因年创汇超过1000万美元，又在韩国获总统奖，这其中青岛茶山公司也是做出了重要贡献的。

“三喜三乐”的企业精神

“茶山”是韩国大实学家丁若庸先生的“号”，茶山公司由此而得名。尹泳相董事长很崇拜丁先生倡导的“办任何事情都要以实事求是为原则”的实学思想。

因此，提出了一个包括实事求是、实学思想在内的“社是”——“三喜三乐”，即：一喜在人和，你、我、他同乐在自己的岗位上，实现自我价值；二喜在公司，茶山人都乐在劳动奉献中，创造最佳效益；三喜在国家，两国人民全乐在互帮互助下，达到共同的和平繁荣。

“三喜三乐”是我们的企业精神，这种精神在青岛茶山公司发挥了很重要的作用。在青岛办企业，顺应了世界化和中国改革开放的“天时”；适应了青岛这个不可多得的“地利”；但更重要的是“人和”。没有企业全体人员的通力合作，企业就不可能有所发展，因此，我平时很注重贯彻“三喜三乐”精神。

在企业内部，一定要创造宽松的气氛与环境，让每个员工都能心情舒畅地进行工作，过多的约束和压抑是不能引发人的劳动积极性和创造性的，干事业最怕内部起摩擦。

有些韩国技师刚来到中国时，对中方某些职工的劳动态度不满，我便教育他们要站在对方的立场考虑问题，多想想对方的难处，不要把自己的意志强加于对方，对他们要采取正面教育，慢慢启发诱导，罚款、体罚等做法是绝不允许的。中华民族是善良的民族，有五千年的灿烂文化，中国的哲理奥妙无穷。

茶山公司也要为中国经济做出贡献

我要求韩国职工要同中国职工携起手来，共同干好事业，自己也努力同中国职工携手共进，不搞特殊。夏天，我的办公室里很闷热，坚持不装空调，要和在一线工作的人员一样过。

一次，有位工人想进办公室找我反映问题，办公室里的人不让进，我知道后作出规定：公司的职工要反映问题，随时可进办公室，找谁反映都行。

现在，工人有些细小的问题也随时来找我，通过和他们谈心，掌握了很多情况，遇到的问题也得到了及时处理，这对公司的健康发展十分有利。

我整理了在韩国早已形成的“全人类所需的人物”13条，又根据公司实际整理出“潇洒的茶山人”10条作为格言，配合许多内容对职工进行精神文明教育。

经过反复教育，公司里涌现出礼貌标兵于梅、工作标兵袁林，为全体职工树立了学习榜样。

每次回国，社长尹泳相都带回一些具有教育意义的书，给韩国技师们传阅，还让他们翻译中国报纸上的一些好文章进行学习，定期召集他们开会。

每周一的早上，公司全体人员早会时，我要求韩国技师与中国职工一起唱中国国歌，我要让大家明白，茶山公司也要为中国的经济建设做一份应有的贡献。

把根深扎在仙家寨这片沃土上

几年来，公司里已有四对中韩青年因工作上的接触加深了感情，喜结良缘，他们生活得都很幸福。其中有一对夫妇还在青岛投资兴办了娱乐厅，生意兴旺。

我们公司先后派出 122 位中国员工到韩国学习、研修，回来后大都成了生产骨干。

1995 年底，茶山公司的青年工人积极报名参军，其中有一位工作很出色的班长要求参军，我当即赞同。对他说，谁参军谁光荣，退役后欢迎再回茶山来，他的课长还送给了他一些路费。

为增进韩中两国人民的相互了解和信任，还邀请了汉城艺术团来青岛公演。剧团到公司表演时，特意请了村里的乡亲们来与职工一起观看，表示茶山公司要与村民共同喜乐，把根深扎在仙家寨这片沃土上。

吃水不忘掘井人

回顾在青岛多年来的经历，感慨良多，由衷地感谢山东省政府、青岛市政府及市贸易促进会等部门领导对青岛茶山公司的真诚帮助。

茶山建厂初期，青岛市贸易促进会特意派干部驻场协助，指导了好几个月，帮助解决了不少实际问题。

仙家寨社区的党委郝书记更是事无巨细，经常到公司实地了解情况，关怀备

至，对我们提出的具体事项竭尽全力帮助解决。

村里还成立了外资企业办公室，办公室的负责人与我们合作得很愉快，我和他们成了好朋友。

饮水思源，吃水不忘掘井人，想到这些中国的友人对我们公司的帮助，总觉得过意不去，一直想找个机会报答他们。

仙家寨社区一位村民因意外事故摔成重伤，成了残疾人，失去了工作能力，得知此事后总惦记着他，每到过春节时一定去他家中看望，并带上 600 元钱交给他妻子，表示我的一点心意和祝福。

我觉得中国朋友们心胸宽阔、朴实，连我在青岛二中读书的女儿允实也常说，这里的同学聪明善良，老师教课、待人也那么好。

公司里中方职工的素质提高很快，现在的技术骨干都是当地人。近年来我们也接受了一些外地工人，大多是山东内地山区农村来的打工妹，她们勤勉简朴，能吃苦，许多人很快成了生产第一线不可缺少的力量。

这些年来，我在韩国的老朋友、老同事和亲戚以及通过他们介绍来找我的韩国人有 100 多位。经我介绍，有东星纤维、新东矿泉水、大友贵金属等 50 多家韩国企业在青岛落了户，并取得了较好的效益。

1991 年，我和在青岛的 200 多家韩国企业自发组织成立了韩国经济人协议会，大家推选我当了负责人。

随着我的知名度的提高和韩中经济合作的发展，欲在青岛办企业的韩国人越来越多，找我了解情况或解决问题的人也越来越多。我由衷地告诉他们，青岛这个地方是韩国企业家投资的理想天地，我也尽我所能帮助他们解决难题。

我被大家称为“民间大使”

在中国朋友们的热情支持和韩国企业家的信任下，我 1994 年担任了青岛外商投资企业协会副会长，1995 年担任了中国外商投资企业协会理事。

我的心被感动着，更积极地开展工作，一方面进一步向韩国人介绍青岛，另一方面协助青岛有关方面为韩国企业创造更好的发展环境和条件。例如，我和韩国企业的负责人，通过经济人协会每月的定期会议互通信息，交流经验，翻译并学习中国的有关法律、法规和政策，还把遇到的困难集中起来向青岛市人民政府有关部门反映。

我们学习新《劳动法》时，真是下了功夫，几乎每项内容都熟记于心，以免在工作中出现差错。

新税制颁布后，我和青岛市税务局商定，举办了新税法学习班，有200多家韩国企业参加，取得了很好的学习效果。

我被大家称为"民间大使""韩国企业的头头"，青岛的报纸也这样宣传了我。其实，凭我个人的力量是做不了什么事情的，我所取得的成绩是当地政府和韩国企业支持的结果。

（作者时任青岛茶山人造首饰有限公司总经理）

［日］加藤纪生　**光阴似箭岁月酬**

1972年9月25日田中角荣首相访问北京，四天后在人民大会堂和周恩来总理一起签署了《日中共同声明》，在贺宴上两位首相为了两国的深交，对酌茅台酒，恭祝美好的未来。同年1月中国赠送两只熊猫给东京上野动物园。为了看一眼可爱的熊猫，许多日本人接连数日排长队等待，引起了当时的熊猫热潮。

时至今日，已经过去了41年，现在只能追忆那段只有在日本历史转变时才会涌现的情景。当时在世界上谁能预料到中国会有今日如此惊人的发展和变化呢？

这41年间日中两国的经济关系飞速发展，两国之间也广泛地开展友好交流活动，许多日本人以各种形式和中国建立关系，并且不断加深发展。我也是其中之一。

转职进入台湾合资企业

1972年秋天，当日本还沉浸在熊猫热潮和日本列岛改造热潮中时，报纸招募广告中登载的“招聘海外派遣要员——就任地台湾”这则消息吸引了我。因此我转职进入台湾的合资企业，这也是使我和中国之间产生长久关系的契机。我之所以做这个决定，是因为我在爱知大学学习时，中文是我的第一外语，我对自己花费两年时间努力学习的中文有些过于自信。

1972 年 12 月上旬，31 岁的我远赴台湾。工作单位是日台合资企业——台湾力王股份有限公司，位于台中市，是一家生产出口日本建设用劳动保护鞋的公司。我运气很好，只过了一年就被任命为总经理。一直常驻这家合资企业 6 年零 9 个月后，1979 年 8 月我调回力王公司日本总公司。

公司选址南通市

1979 年 7 月，中国政府公布了《中外合资基本法》，开始了对外开放。日本力王公司的老板当时正因为台湾地区经济快速增长导致的员工不足问题而苦恼，非常想进入有 9 亿多人口、拥有丰富廉价劳动力的中国设立工厂。正巧当时我已经回到日本赴任，于是我接受了中国投资的推进工作一职。

1980 年 6 月我和老板一起首次踏足中国大陆。我们最先拜访的是位于北京的中国国际信托投资公司（简称 CITIC）。通过 CITIC 的推荐，我们去了江苏省政府所在地南京，省政府向我们介绍了扬州市和南通市，随后我们考察了这两个城市。

在那之后，我们还考察了其他 6 个城市，综合比较了原材料布局、劳动力布局、港口、运输等的便利性后，我们最终选择了投资条件最适合的南通市。

中小企业合资的典范

1982 年 2 月合资企业南通力王公司成立，我成为首任总经理。次月将已选定的农业土地改为工厂用地，并加紧建设新工厂，于 1982 年 11 月试运行（1983 年 3 月正式运行）。其是江苏省最早开业的中外合资企业，也是长江下游华东地区的首家中日合资企业。

当时由于中国还处于计划经济时代，生产上有很多不便之处，但因为是江苏省首家合资企业，所以江苏省政府和南通市政府给了我们很多优惠政策，开业后第一年度的盈利情况就完全高于预算。实现当年投产，当年盈利。仅用两年半的时间就收回 12 万美元的投资总额，经营成果超乎想象。开业四年后，持续数年 100% 分红。

因为如此幸运，所以当时备受中国媒体的关注，被视为中国对外开放初期中小企业合资的典范，一度被推至“金字塔”的顶端，多次被媒体报道并成为热议的话题，江苏省地方政府的主要领导也来我公司参观。

常驻南通 30 年

我任南通力王公司总经理五年后，1987 年 2 月转职进入英瑞公司，最初担任南通第二家由英瑞开始运营的合成皮革生产合资企业——南通华丰公司总经理。经营这家工厂和经营南通力王时的情况截然不同，我经历了日日苦战的四年。

此后的 25 年间，我全程参加了英瑞以南通市为中心、纤维产业为主导的各关联企业——南通喜尔奇公司、南通英瑞纺织公司、南通大东公司、南通泰慕士公司等的经营管理工作。

时光飞逝、岁月如梭！回首常驻南通的生活，已经过去了整整 30 个年头。真是光阴似箭！因为长驻中国，其间遇到了很多人，也经历了很多故事。

穿着中山装乔装打扮

在开业后两年左右，我和当时的南通市民一样工作时身着中山装。

1984 年 4 月，谷牧副总理曾经来我们工厂视察。当时随行的人员也很多，公司的小会议室里济济一堂，大家都身着中山装。

谷牧同志刚坐到座位上就向大家发问：“这里有常驻的日本人吗？”

我立刻站起来回答：“我是总经理日本人加藤。”

谷牧同志随即又问:“为什么你穿着中山装?”

我回答说:“在南通穿着西装在大街上走的话，会被认为是电影演员而被大家围观，所以我穿着中山装乔装打扮!”

我话音刚落，会议室里笑声一片。当日的愉快交谈和视察过程至今令我印象深刻!

记忆犹新的领导接见

1987 年 7 月，时值天津市召开第一届全国外商投资企业经营管理研讨会。当时，我作为外籍总经理代表的四人之一发表演讲。在研讨会后的宴会上，我很荣幸有机会和国务委员谷牧以及后来成为国家领导人的时任天津市市长李瑞环、国家经委副主任朱镕基、对外经贸部副部长李岚清同席，亲密用餐。

1990 年 10 月在新中国成立 41 周年的国庆节时，受国家专家局的邀请，我有幸列席在北京人民大会堂举办的贺宴。当日由专车从宾馆接到人民大会堂，步行在庄严雄伟的人民大会堂走廊，得到姚依林副总理的亲切接见，然后步入宴会厅的那种荣誉感，至今仍记忆犹新!宴会厅宏伟气派。红地毯上整齐地摆放着约 10 张大圆桌，各国的大使、公使、军人、学者等陆续入场，赴宴人员约有 1800 人之多。贺宴结束后，我将餐桌上的菜单作为纪念带回，并将它珍藏至今。

感怀在通二十年

如果没记错的话，应该是在 2003 年 9 月，在由南通市政府主办的港洽会盛典会场，我有幸在国内外来宾的面前，朗诵了一首自创的汉语诗词。当时的场景在几日后的中央电视台进行了转播。这段记忆也成了我心中永恒的回忆。

在此，我再次献上当时我用中文朗诵的这首拙作——《感怀在通二十年》。

浩浩长江滚滚流，溯行江北富饶游。
南通客居二十载，光阴似箭岁月酬。
曾经物稀人寂时，假日狼山禅寺旁，
佛像面前思家人。
马鞍山呀黄泥山，山脚独步遥望江。
思乡岁月实难忘，如今岁增发虽少。
东方红船情依旧，改革开放浪浪高，
中华大地受青睐，南通宝地展事业，
通人合作结硕果。
感谢南通此经历，余生不忘忆过去，
憧憬未来志踌躇，中日友好尽全力。

南通已成为我的第一故乡

我常驻南通生活期间，结识的南通友人数不胜数，无数次暖人肺腑的交流，孕育出一份份新的缘分。并且，南通的治安状况很好，我完全感觉不到生活在异国他乡，使我的晚年生活备感愉悦。

在我的人生中，南通已经超越了养育我的故乡——日本国名古屋市，对这块土地我满怀感情、满怀眷恋，它已经成为我人生的第一故乡。

我已经年过七旬，幸运的是身体健康。现在我的希望是至少 3 年，如果可以贪心一点的话，希望 5—6 年，继续为中日间的经济交流略尽自己的绵薄之力！

（作者时任南通力王公司日方总经理）

[美]马修·布鲁诺　一个美国青年的“优创”之路

我叫马修·布鲁诺，来自美国纽约长岛。我于2002年来到中国，创立了青岛第一家服务外包企业——优创数据技术有限公司。十年以后，优创在青岛的规模已经达到1300多人，成为青岛市规模最大的服务外包企业。在这十年里，我在青岛迎娶了美丽的中国妻子，并生育了两个可爱的女儿，同时我见证了这座城市的飞速发展，在这里经历了奥帆赛、啤酒节，也经历了服务外包从无到有、做大做强的发展过程。

与青岛结缘

我于1999年在美国康奈尔大学获得学士学位，随后进入DPG，一家位于纽约的保险业务公司。当我加入DPG的时候，公司的业务都集中在房产保险。

2001年“9·11”恐怖分子发动袭击，纽约世贸中心垮塌，3000人罹难。整个纽约和纽约市民也都遭受重创，我也受到很大的影响。整个城市变得非常压抑，保险市场也变得相当不景气。

我当时还年轻，人也非常焦虑。同时也想寻找另一份工作的好机会。一个朋友那时候正在中国旅行，并写信告诉我在中国的旅行经历。他告诉我，如果我愿

意，在中国找到一份英语教师的工作相当容易，并向我推荐海滨城市青岛。按他的说法，比起北京、广州和上海等中国一线城市，青岛相对来说更加宜居。

就这样，2002 年，我来到青岛一家英语培训学校当老师。一年以后，我有了一个在青岛读大学的女朋友：李小燕（Eleven Lee）。

寻找新的发展机会

然而继续在青岛当老师并不能实现我的人生抱负，但我也舍不得与女朋友以及青岛这个城市分开太久，于是我在 2003 年 2 月回到纽约，和以前在 DPG 的领导杰里米·希齐格见了一面，看看有什么新的机会。

在和杰里米吃饭的时候我得知 DPG 的一个上游保险公司倒闭，杰里米需要把 1 万条保单转录到另一个新的保险公司的系统里去。这批业务曾是 DPG 公司做得最成功的项目，包括社区组织、共管式公寓，以及合作住宅项目。

DPG 面临的挑战是这样的：每一单保险的保险费都很低，但是为其转存录入的操作成本却很高。此外，DPG 以前也没处理过保单续存工作，在这之前仅仅是做保单销售工作。当每月 100—200 条保单续订申请接踵而来的时候，他们还必须对其进行严谨的损益评估，以确定其风险大小。

于是我建议把这个保单转存录入的项目外包到青岛来做。我以顾问的身份重新加入 DPG，并签订合同一周工作 4 天，领导保单从破产的保险公司向大美保险公司转录的项目。

最早我向 DPG 的 CEO 安德鲁·珀塔施（Andrew Potash）提议的时候，这件事还只是个玩笑。然而不久之后，我约见这位 CEO 共进午餐，并拿出一份详细的青岛地区人力及房租成本分析报告，这个项目的可行性立刻彰显出来。

公司的第一个员工

我于 2003 年 6 月回到青岛，开始启动 DPG 后台数据处理向青岛外包的前期工作。此时我还是 DPG 公司按小时计费的咨询师，既没有长期的劳动合同，也没有成立自己的企业。

为了实验这个项目的可行性，我按照 3 美元 / 小时的价格雇佣正在放暑假的李小燕来做这份工作。她就在我的公寓里用她的笔记本通过网络连接将六大领域的 1000 多条保单输入到大美保险公司的系统里。这项工作用了 3 个星期完成，之后杰里米（Jeremy）同意我开始建设小型后台服务运营中心。

通过我以前的同事和学生，我找到了一个律师，并以每月 100 美元的价格在他的办公室里租借了 4 张桌子，买了两台电脑，接着就开始招聘懂英文和电脑技能的员工。

所有前来面试的人都非常年轻，富有活力，他们都强调自己愿意为我工作，并且强调他们会把工作做得怎样好。

我面试的最后一个人叫张琼叶（Leat Zhang），当我在面试最后问她还有什么问题的时候，和其他的求职者完全不一样，她接连问道："你们是注册公司吗？""你有工作签证吗？""你的投资者是谁？""你怎么样支付工资？"

这一连串的问题我之前根本没有想到，我当即决定一定要雇她帮我把这些问题都搞明白。为了说服她留下来为我工作，我提出可以每两周结算一次工资。

9 月 15 日，张琼叶作为我的第一个员工进入我的公司，第一件事就是帮我把这些问题一一解决。

优创公司诞生

2004 年 DPG 将我的数据处理中心升级成为一个全资子公司，叫优创数据技

术有限公司，并享有优创青岛公司的全部所有权。优创青岛作为美资公司于 2004 年 8 月正式注册成立。DPG 的高层管理者都飞到青岛参观数据处理中心，并为新公司注册做准备。

一个青岛律师通过朋友介绍来给优创负责注册，但是我和张琼叶对这位律师的表现和她的高价收费都不是很满意。注册工作本身不是那么难，张琼叶坚持认为付给律师这么一大笔钱简直就是浪费。我试图说服她，说 DPG 的高管们都认同律师事务所的盛名和价值，他们觉得这样做不仅仅对公司注册本身是一种保障，而且对取得客户信任也有积极的影响。但是最后，还是张琼叶自己做了所有的注册准备，而律师仅仅做了校对和检查，从而节省了很大一笔费用。

对每一位新客户都给予一个月的免费试用期

继 DPG 之后，优创的第一个客户是一个专注于交通运输险的加利福尼亚公司。这家公司刚刚把自己的一笔业务卖给 AIG。AIG 要求所有的保单数据都要直接输入到自己的计算机系统。客户不想失去这单生意，但是他们无力承担将数据输入他们自己和 AIG 的系统。一位 AIG 高管对 DPG 在中国的后台数据处理运作有所了解，并介绍我们互相认识。

我们提出给他们一个月的免费试用期，如果客户满意，并希望继续使用我们的服务我们再开始收费。这个传统我们一直坚持，对每一位新客户我们都给予一个月的免费试用期。最后交易成功，我们帮助他们节省了 50%—70% 的成本，客户非常满意。

进驻软件园

2005 年，优创开始进驻青岛软件园。青岛软件园当时只有两栋楼，接待我们的相关领导对服务外包是什么样的业务都还不是很清楚，于是我开玩笑告诉他们，

IBM 做什么我们就做什么。园区给我们提供了良好的基础设施和物业服务，为我们快速发展提供了充分的物质保障。

青岛软件园背靠浮山生态山林，直面黄海之滨的奥帆赛场，是全国少有的坐落在城市中心区的软件产业基地。我们将办公室装修一新，并开始迅速扩大规模，大幅度在青岛招聘员工。同时，公司在美国的市场迅速拓展。

2007 年，公司员工人数达到 250 人，我们聘请鲁思（Ruth Stankovich）担任公司人力资源部总监。鲁思有 20 多年的人力资源管理经验，曾经在美国大型银行服务过。鲁思将现代人力资源系统及实践引入优创，并和我一起按照功能划分，重组公司管理结构，将优创进一步正规化。

由一个人变成了一家三口

在公司快速发展的同时，我人生最重要的时刻也来临了。

2006 年我和李小燕正式步入婚姻的殿堂。婚后我们有了一个美丽的女儿 Zoe。我们一家三口继续在青岛生活和工作。

在政策鼓励下逆势而上

2008 年是青岛举办奥运会帆船比赛的一年，全世界的目光都聚焦在青岛。在同一年青岛市也编制实施了《青岛市服务外包产业发展规划（2008—2015）》，出台配套《扶持办法》，重点支持服务外包企业录用大学生、国际认证、房租补贴、人才培训、园区建设等方面，对促进青岛市服务外包产业发展发挥了至关重要的引导和促进作用。

由于服务外包的行业性质和公司业务的特殊性，我们每年在招聘和培训方面都要投入大量资金，再加上全球金融危机的出现，公司也面临着前所未有的压力。青岛市扶持政策的出台为我们提供了及时的支持，优创在政策鼓励下逆势而上不断扩大规模。2007 年优创被国际外包专家协会评为外包 100 强和成长之星，2009 年我们在美国被评为成长最快企业之一。

2011 年，在青岛市商务局的支持下，优创牵手国际外包专家协会在青岛举行了峰会活动。会议期间，副市长吴经建会见了来出席峰会的国际外包专家协会主席迈克尔·卡伯特一行。会上，市商务局全面推介了青岛市服务外包产业发展环境，来自国内外的服务外包企业家共同探讨了全球服务外包发展最新趋势与青岛市的发展机遇。

第二年，为发挥外包企业集群效应和青岛外包品牌效应，青岛市商务局在市委书记李群的支持下着手组建青岛市服务外包协会。优创作为青岛市服务外包领军企业被选为协会副会长单位。

营销和城市品牌取得双赢

由于青岛是旅游城市，而且充满经济活力，所以，这里的物价、生活及运营成本都不低。近年来人民币对美元的汇率也不断上涨。相对来说我们的竞争对手都在印度，他们反而享受卢比不断贬值的优势。

作为应对措施，我们在技术革新和员工培训方面继续加大投入。很多员工都拥有美国保险行业的专业从业资格证书，而我们的数据自动提取和分析、处理等大大提高了效率和准确率。这两点我们的竞争对手都无法匹敌，也使得我们公司仍处在一个竞争优势上。

同时，我们不断向客户们宣传青岛优良的基础设施，可以保证我们为客户提供持续稳定安全的数据处理服务，这样的战略使得我们的营销与青岛市的城市品牌取得了双赢的效果。

在黄岛开设一个新的子公司

随着城市经济的发展，市南区开始将自身定位为总部经济，而黄岛和红岛开始被青岛市定位为新的服务外包中心。

2011年我们受邀去参观黄岛，发现那里改变非常大，沿海一线的黄金沙滩、良好的自然环境、高档的餐饮娱乐设施，特别是规划中的软件园给我留下了非常深刻的印象。同时优创在市中心的软件园扩张也遇到了瓶颈，公司业绩保持在每年25%左右的增长势头，然而青岛软件园位于市中心，无法再扩大面积，而园区办公室也早已经接近饱和。我们必须再寻求新的突破口。

在2008年，我们把业务扩展到济南，在济南设立第二个运营中心。此次选址，山东省的领导都很关心我们的发展，为我们的扩张提出了诸多建议。最后我们综合了大家的建议，决定在黄岛开设一个新的子公司。

新的公司于2013年11月正式运营，我们初期在那里派驻30名员工，并开始在黄岛区招聘，并坚持实行稳健发展的作风，预计2017年在黄岛达到500人的规模。

我早已把这里当作第二故乡

我现在也有了第二个女儿，在青岛生活和工作超过十年，我早已经把这里当作我的第二故乡。

在这里，我获得了来自各个部门、各个阶层的朋友的鼓励和支持，决心主动融入青岛的发展，为青岛经济社会发展做出更大贡献。

（作者时任优创数据技术有限公司总经理）

［美］柯必杰　**大连，我的中国家**

大连让人乐不思蜀

2009 年 1 月，我和妻子举家搬到了大连开发区。现在我们已经成了地道的大连人，尽情享受这里的美好生活。

平时，我们喜欢漫步海滩，呼吸新鲜空气，也经常在开发区爬爬山，锻炼身体。我们还参观了大连周边的著名景点。优美的景色深深地吸引了我们，真是让人乐不思蜀啊！

我觉得，大连不仅是一座迷人的海滨城市，更是一个活力无限的大都市，这里每天都在发生着翻天覆地的变化，大连已成为全国最具有吸引力的商业和工业中心之一。

2017 年 9 月，夏季达沃斯论坛在大连隆重召开，我相信，大连的国际影响力也将进一步提升。

大连芯片厂将采用 65 纳米制程技术

当年 6 月，我应邀出席了在大连举办的第七届中国国际软件和信息服务交易会，这个盛会为政府和 IT 企业提供了广阔的交流平台。英特尔已连续六年参加这个交易会，今年更是设置了超大的展台，成为我们展示尖端技术和产品、与客户和合作伙伴沟通交流的最佳平台。

在交易会上，我代表英特尔公司宣布大连芯片厂将采用 65 纳米制程技术，制造尖端芯片组产品。众所周知，65 纳米制程技术是美国政府批准采用的最高级别的生产技术，300 毫米则是半导体行业最先进的晶圆尺寸标准。

大连芯片厂未来制造的芯片组将面向全球市场销售，它们将应用在英特尔新型及主流的超 CPU 平台上，为将来最新款的笔记本和台式机电脑（包括当前流薄型和经济型笔记本电脑产品）提供支持。

邀请建筑工人代表参加芯片厂落成典礼

我真希望自己能够抽出更多的时间，好好享受在这座城市的生活。但我最近一直在准备大连芯片厂明年投产的筹备事宜。毕竟，这才是我的首要任务。

说到这里，我想特别感谢大连政府和开发区管委会。自始至终，他们对我们的工作给予了热切关注和大力支持，积极协调各部门，尽力满足我们在建设施工和运营方面的高标准要求，包括水电供应、物流、人才与环境等方面提出的要求。

我还要特别感谢 11000 多名为建造大连芯片厂而付出辛勤劳动的建筑工人。他们按照英特尔设定的高标准，高质量、顺利地建造了这座现代化工厂。

2009 年 4 月，大连芯片厂的综合办公大楼落成并投入使用。我们特地邀请了建筑工人代表参加落成典礼，感谢他们付出的努力。对所有在场的人来说，那都是一个难以忘怀的日子。

英特尔在大连建厂的意义已经超过了建厂本身

令我自豪的是，大连芯片厂的施工建设并未受到全球经济衰退的影响，它将按照原定计划投入运营。

随着综合办公大楼和 IT 数据中心投入使用，大连芯片厂的土木建设工作已经基本接近尾声，相关的生产设备也陆续进行安装和检测。大连芯片厂已经聘用了 500 多名员工。预计到正式投产时，员工人数将达到 1200 到 1500 名。

我高兴地看到，大连芯片厂已成为大连市半导体产业发展的催化剂，吸引了 12 家新的供应商前来投资。英特尔在大连建厂的意义已经超过了建厂本身，它对大连 IT 产业的发展、促进大连的就业及城市建设均具有重要意义。目前已有 70 多家与英特尔有关联的企业与大连签订了合作协议，或者在大连建厂，或者为英特尔提供配套。

在此，我真心地希望英特尔对大连的投资举措能够为中国东北地区的工业发展增添更多活力，进一步巩固大连在中国 IT 城市中的核心地位。

志愿服务让大连更加美好

尽管大连芯片厂仍在建设中，但我们有信心通过积极参与社会、社区活动和志愿者计划，成为大连优秀的企业公民。

2008 年，英特尔员工志愿者以各类形式开展社会公益活动，包括：英语教学、资助弱势群体、环保美化等，志愿者公益活动时间总计达 3000 小时以上。英特尔志愿者的活动，不仅让当地的居民从中受益，也进一步加强了企业与社区之间的关系。

2009 年，我们实现了 5000 小时的志愿服务，将大连市建设得更加美好！

我有了自己的中文名字

现在，作为一个大连人，我也有了自己的中文名字“柯必杰”，我希望这个名字能给我和大连芯片厂带来好运，也希望大连芯片厂真正成为“皇冠上的明珠”，为大连和中国 IT 产业的发展做出杰出的贡献!

（作者时任英特尔半导体大连有限公司总经理）

［美］苏珊·帕特里琦　**我看烟台的变与不变**

从洛杉矶飞到香港

我永远不会忘记我的第一次烟台之行，那一年是 1991 年。当时中国煤炭经济学院（今山东工商学院）邀请我们的一个教师团队，对一批中学英语教师进行为期四周的培训。我是教师团队的一员。我非常高兴能得到这次机会访问中国。

我们团队首先从洛杉矶飞到香港。当我们快要飞抵香港的时候，我们的飞行员说："朋友们，我们落地的时候你们要注意看窗外。你们将永远不会忘记这景象！"

他是对的！当我们穿越云层要降落在老香港机场时，我们居然飞进摩天大楼之间城市的心脏。建筑物明亮的灯光倒映在海港的水面上，真是令人惊叹的景象！

第一次在蚊帐中入睡

后来我们乘另一个航班飞往青岛，航程中我们边看下面的梯田边连声惊叹。

从青岛，我们要坐大巴到烟台。路上经过许多村庄，可以看到农民在地里干活。我们在一个铁路道口停了一段时间，看着一列蒸汽火车驶过。最后，我们终于到达了我们的目的地——中国煤炭经济学院。

我们住在煤炭经济学院靠近海边的招待所。晚饭我们吃的是鱼饺子，喝的是热水。晚饭后，我们沿着海滩散步。我很惊讶地看到附近村庄的渔民把海藻摊开在沙滩上晒干。那天晚上，我第一次在蚊帐中入睡。

青蛙从夜里一直叫到清晨

第二天，由于天气炎热，为了让下午的微风吹进屋里，招待所所有的窗户都被打开了。突然，微风变成了大风，大风又变成了狂风。事实上，风刮得太猛，窗户开始被吹得猛地合上。我们都能听到玻璃碎裂的声音。我们赶紧跳起来，帮助前台工作人员以最快的速度关上所有窗户。紧接着，大雨倾盆，下了好几个小时。

我永远不会忘记雨小了以后的声音。我们听到无数青蛙从夜里一直叫到清晨。蛙声如此响亮，让人难以入睡。

晚上总会吹进清凉的海风

我们搬出招待所住进了公寓。公寓结构简单，地板和墙都是混凝土的。我的公寓没有热水，所以不得不习惯于用凉水洗澡。屋里有一张床、一张桌子和一把椅子，没有风扇。但如果晚上把窗户打开，总会吹进清凉的海风。

有一件事让我很吃惊，那就是当时校园里不分昼夜进行大量建设施工。每当我向窗外看去，总是看到工人站在新建设项目的横梁上忙碌。

我们的钱不能买农民卖的西瓜

校园本身很大，周围是田野和果园。我们步行前往邻近的烟台大学，得走一条穿过高高的茅草丛的狭窄小路。我们到达烟大校园北门时，发现在一个小邮局旁边有一个小商店。大门外，农民在叫卖一堆堆的西瓜。我们想买些西瓜，但发现我们用的钱不对。1991 年，外国人使用的是外汇兑换券，并且只能在市中心的友谊商店使用。中国人使用的是一种与我们不同的货币。

我们走进烟台大学校园后，发现了一个卖教学用品和杂货的商店。在两个校园周围再没有其他商店或餐厅了。

我们注意到有许多人在经过烟台大学和煤炭学院的主干道上骑自行车，但很少看到小轿车。我们被告知骑自行车很危险，而且我们不应该自己去市区。他们说很乐意用面包车带我们去我们想去的地方，并且会总是很乐意陪着我们并担任我们的翻译。

和学生互相听不懂对方

我们在公寓里安顿下来之后，见到了我们的学生。我们发现，他们是来自山东省许多不同城市和村庄的中学英语教师。他们说我们是他们见到的第一批外国人；而我们告诉他们，这是我们第一次来中国。

最初几天，我们在沟通上有问题。他们听不懂我们说的，我们也听不懂他们说的。他们抱怨说，我们教他们的书面练习太容易，而口语又太难。

随着时间一天天过去，我们的沟通也有所改善。我们学会了放慢讲话速度，并且更注意我们的用词。他们学会了更有信心地说英语，并且对尝试不同的教学方法更有兴趣了。

在我们为期四周的课程的后期，随着我们逐渐理解和欣赏彼此的国家和文化，我们也建立了亲密的友谊。回到美国后，我意识到我想再次回中国，并在那里待更长一段时间。

成为烟台大学中文系的学生

我再次回到烟台是在1993年，这一次已不再是短暂的访问。我决定报名成为烟台大学中文系的一名学生，因为我想更多地了解中国的语言和文化。

我所住的1号楼，是校园里最老的建筑之一。我住在五楼，所以可以很清楚地看到北门。

当第一次从公寓窗口向外看的时候，我注意到校园周边区域跟我两年前访问时相比已经发生了变化。北门的街对面建了一家新饭店，而且邮局前面有一个卖新鲜农产品的农贸市场。

烟台的冬季和夏季

在冬季，我们可选择的水果和蔬菜并不是很多。大多数农民都在卖白菜。另外，总有一辆平板货车，车上橘子堆成了小山。

在春天和夏天，农贸市场就变大了。我们能买到许多不同的水果和蔬菜，还有热气腾腾的面条和饺子。

那年冬天，我发现大部分建筑物都没有暖气，我们不得不穿上一层又一层的衣服保暖。我在烟台大学的第一年，大多数公寓、教室、商店、餐馆和出租车都没有暖气。

到了夏天，我们就会遇到相反的问题，没有空调。所以我总是拿着一把扇子，让自己凉快些。

走到哪里都能吸引别人的注意

作为学生，尤其我开始学习一些基本的汉语之后，我有更多的自由独自游览这座城市。我坐公交车去市里买东西，但是有时候要等很长时间才能离开学校的站点。那时，公交车司机并不严格遵守发车时刻表，他们通常会等车上坐满乘客才出发去市里。

在烟台最初的那几年，不管我走到哪里，似乎总是吸引别人的注意，因为当时在烟台的外国人很少。我去邮局的时候，人们会聚集到我身边，看我邮寄什么；我去照相馆拿照片的时候，陌生人会凑过来，这样就可以看到我全部的照片。人们盯着我，对我的一举一动都特别好奇。当我用中文跟他们打招呼时，他们通常会特别友善，总是很愿意帮我的忙。

（作者为美籍教师、烟台市荣誉市民、山东省“齐鲁友谊奖”获得者）

鸣 谢

在《大潮》丛书出版之际，谨向下列省市政协在文稿编选方面给予的大力支持表示谢意！

天津市政协文史资料委员会、上海市政协文史资料委员会、浙江省政协文史资料委员会、重庆市政协学习及文史委员会、海南省政协文史资料委员会、贵州省政协文史与学习委员会、石家庄市政协学习和文史资料委员会、秦皇岛市政协文史资料委员会、沈阳市政协学习宣传文史委员会、大连市政协文史和学习委员会、南通市政协教文卫体和文史委员会、连云港市政协学习文史资料委员会、宁波市政协文史委员会、温州市政协文史委员会、福州市政协文史资料和学习宣传委员会、厦门市政协文史和学习宣传委员会、青岛市政协文史资料委员会、烟台市政协科教文卫体和文史资料委员会、广州市政协学习和文史资料委员会、深圳市政协文化文史和学习委员会、珠海市政协文史资料委员会、汕头市政协文化和文史资料委员会、湛江市政协学习和文史资料委员会、北海市政协文史资料委员会等。